U0739072

国际贸易系列教材

INTELLIGENT WAREHOUSING OPERATION MANAGEMENT

智慧仓储 作业管理

丁 琪 ◎主 编
李芸嘉 ◎副主编

ZHEJIANG UNIVERSITY PRESS
浙江大学出版社
·杭州·

图书在版编目(CIP)数据

智慧仓储作业管理 / 丁琪主编. -- 杭州 : 浙江大
学出版社,2024.11
ISBN 978-7-308-24811-2

Ⅰ. ①智… Ⅱ. ①丁… Ⅲ. ①仓库管理 Ⅳ.
①F253

中国国家版本馆CIP数据核字(2024)第071698号

智慧仓储作业管理

ZHIHUI CANGCHU ZUOYE GUANLI

丁 琪 主编

策划编辑	李 晨	
责任编辑	李 晨	
文字编辑	沈巧华	
责任校对	汪荣丽	
封面设计	春天书装	
出版发行	浙江大学出版社	
	(杭州市天目山路148号 邮政编码310007)	
	(网址:http://www.zjupress.com)	
排 版	杭州林智广告有限公司	
印 刷	杭州捷派印务有限公司	
开 本	787mm×1092mm 1/16	
印 张	12.5	
字 数	274千	
版 印 次	2024年11月第1版 2024年11月第1次印刷	
书 号	ISBN 978-7-308-24811-2	
定 价	49.50元	

随着智能技术的发展和社会消费的升级，"智慧"成为当下的热词，智能技术与电商经济的发展推动着物流行业不断革新升级，"智慧仓储"成为当下各物流企业争相布局的领域。近几年来，许多知名电商企业陆续布局智慧仓储，如京东的"亚洲一号"，阿里巴巴旗下的菜鸟网络等，都实现了仓储运作效率质的飞跃。智慧仓储通过应用大量实时感知技术、信息处理技术以及人工智能技术实现了仓储的智能化、自动化，解放了大量人力和物力，大大提高了运作效率和订单实时响应能力，目前已成为大型物流企业和新兴仓储企业的标配。

本书以党的二十大精神为指引，落实立德树人根本任务，在编写过程中注重培养学生的劳动精神、奋斗精神、奉献精神、创造精神、勤俭节约精神。本书共包括八个模块，即智慧仓储行业认知、智慧仓储装备与技术、智慧仓储规划与设计、入库管理、在库管理、出库管理、库存管理和智慧仓储数据分析。

本书紧密结合智慧仓储企业的管理和实践，力求体现"重在操作"和"简单明了、方便使用"的特色，具体体现在以下几个方面：编者均是来自教学研究与实践工作第一线的优秀教师，教材编写过程中紧密结合当今物流领域的实践，从强化培养操作技能的角度出发，积极融入当前物流业最新的实用知识与操作技术。本书的编写大纲由主编提出，经海南省物流管理专业指导委员会讨论后确定。具体分工如下：模块一由丁琪、林麟编写，模块二由丁琪编写，模块三由丁琪、李华编写，模块四由丁琪编写，模块五和模块六由符瑜、丁琪编写，模块七和模块八由李芸嘉编写；此外，智慧仓储典型案例分析由潘珠整理编写，并以二维码形式呈现，读者可扫描二维码进行阅读。

本书可供高职院校和大专院校以及应用型本科物流管理专业的学生使用，也可作为物流企业、仓储管理部门、配送管理部门和物流咨询机构的职工培训教材，以及其他相关行业人员、物流科研人员和教学人员的参考用书。

本书配有视频、课件、案例、习题等资料，力图使初学者有更多的感性认识。本书在编写的过程中，得到了海南省交通物流协会会长、改革开放四十年交通运输与物流杰出专家冯学词，京东集团海南区域物流中心经理李少帮等人的大力协助，并得到海南经贸职业技术学院双高经费的支持，在此表示感谢。

由于时间比较仓促，书中难免存在不妥与错误之处，我们将在以后的教学实践过程中不断改进。

目　录

【知识目标】了解仓储和智慧仓储的概念、功能，以及现代仓储业的发展现状与发展趋势。掌握
　　　　　常见的仓储种类和智慧仓储的几种信息技术。

【技能目标】具备仓储行业分析能力和仓储组织结构设计能力。

【素质目标】提升文化素养，树立正确的价值观，具备敬业精神与职业道德。

【思维导图】

```
                                                    ┌─ 仓储的含义
                                                    │
                                                    ├─ 仓储的功能
                                          学习任务1 ─┤
                                          仓储概述   ├─ 常见的仓储种类
                                                    │
                              项目一                 └─ 现代仓储业的发展历程与发展趋势
                              基础知识单元
                                                    ┌─ 智慧仓储概念和特点
                                                    │
                                                    ├─ 智慧仓储的发展现状和趋势
                                          学习任务2   │
                                          智慧仓储概述 ├─ 智慧仓储的优势
    模块一                                          │
    智慧仓储行业认知                                  ├─ 几种常见的智慧仓库
                                                    │
                                                    └─ 智慧仓储的信息技术

                              项目二 ──── 学习任务1 智慧仓储企业组织结构设计
                              实务操作单元
                                    └──── 学习任务2 智慧仓储企业主要岗位职责设计
```

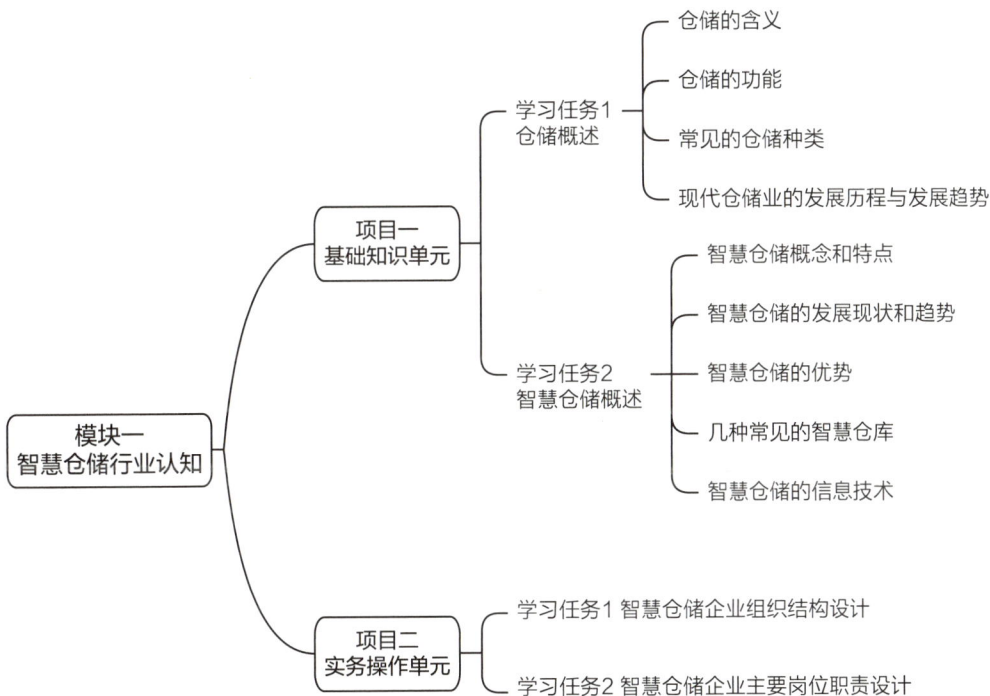

模块一引导案例

项目一　基础知识单元

学习任务 1　仓储概述

仓储概述

一、仓储的含义

仓储是现代物流管理中的核心环节之一，是重要的物流节点。现代物流的发展离不开现代化仓储管理，社会再生产的顺利进行和现代商品流通的进步更与现代化仓储管理密不可分。仓储活动既可以解决集中性生产与均衡性消费之间、均衡性生产与集中性消费之间的矛盾，也可以通过分拣、组合、配货、配载、流通加工等增值性服务环节更多地满足客户的个性化、多样化的需求；既可以降低成本，实现经济利益的增加，也可以创造更大的社会效益。目前的物流中心、配送中心就可以认为是仓储高度发展的产物。仓储是指利用仓库和相关设施设备进行物品入库、储存、出库的活动（根据 GB/T 18354—2021《物流术语》）。

仓储的概念可以从两个方面来理解，即狭义的仓储与广义的仓储。狭义的仓储仅指通过仓库等场所实现对在库物品的储存与保管，是一种静态仓储。而广义的仓储是指除对物品的储存、保管外，还包括物品在库期间的装卸搬运、分拣组合、在包装上刷制唛头、流通加工等各项增值服务功能，是一种动态仓储。

二、仓储的功能

仓库作为物流服务的据点，在物流作业中发挥着重要的作用。它不仅具有储存、保管等传统基本功能，还具有配送、加工、调节货物运输能力和信息传递等功能，并具有多品种小批量、多批次小批量等配送功能和附加标签、重新包装等流通加工功能。

（一）储存和保管

这是仓库最基本的功能，仓库具有一定的空间，用于储存物品，并根据物品的特性，配有相应的设备，以保持储存物品的完好性，如储存精密仪器的仓库要防潮、防尘、恒温等，应设置空调、恒温等控制设备。

（二）配送和加工

现代仓库的功能已由保管型向流通型转变，即仓库由原来的储存、保管货物的中心向流通、销售的中心转变。现代仓库不仅具有仓储、保管货物的设备，而且增加了分袋、配套、捆装、流通加工、移动等设施。这既扩大了仓库的经营范围，提高了物资的综合利用率，又方便了消费者，提高了服务质量。

（三）调节货物运输能力

不同运输工具的运输能力差别较大，船舶的运输能力很大，一般都在万吨以上；火车的运输能力次之，一列火车的运量为几千吨；汽车的运输能力较小，一般在 10 吨以下。它们之间运输能力的差异，是由仓库调节的。

（四）信息传递

信息传递功能总是伴随着以上三个功能而发生的。在处理有关仓库管理的各项事务时，需要及时而准确的仓库信息，如仓库利用水平、进出货频率、仓库的地理位置、仓库的运输情况、顾客需求状况，以及仓库人员的配置等，这对一个仓库管理能否取得成功至关重要。

三、常见的仓储种类

虽然仓储的本质都是储藏和保管物品，但由于经营主体不同、经营方式不同、仓储对象不同、仓储物的处理方式不同、仓储的功能不同，仓储活动具有不同的特性。正确划分仓储的种类，有利于正确认识仓储的任务，做好仓储管理的工作。

（一）按仓储经营主体划分

1.企业自营仓储

自营仓储是指物品的仓储业务由企业自己经营或管理。我国大多数外贸公司都采用自营仓储。自营仓储又可分为：①自有仓储。即企业使用自建或购买的仓库储存自己的产品。企业与仓库所有人为同一人，在法律关系上，企业与仓库部门是上下级的行政关系，而非平等的民商事法律关系。②租赁仓储。企业对仓库不具有所有权，但有使用权和经营权，其双方的权利义务按有关财产租赁的法律法规的规定确定。

2.商业营业仓储

商业营业仓储是指仓储经营人以其拥有的仓储设施，向社会提供商业性仓储服务的仓储行为。仓储经营人与存货人通过订立仓储合同的方式建立仓储关系，并且依据合同约定提供服务和收取仓储费。商业营业仓储的目的是在仓储活动中获得经济回报，实现经营利润最大化。

3.公共仓储

公共仓储是公用事业的配套服务设施，为车站、码头提供仓储配套服务。其主要目的是对车站、码头的货物作业和流畅运输起支撑和保证作用，具有内部服务的性质，处于从属地位。但对于存货人而言，其与公共仓储的关系类似于与营业仓储的关系，只是不独立订立仓储合同，而是将仓储关系列在作业合同、运输合同之中。

（二）按仓储对象划分

1.普通物品仓储

普通物品仓储是指不需要特殊保管条件的物品的仓储。一般的生产物资、生活用品、普通工具等杂货类物品，不需要设置特殊的保管条件，可采取无特殊装备的通用仓库或货场进行存放。

2.特殊物品仓储

特殊物品仓储是指在保管中有特殊要求和需要满足特殊条件的物品的仓储，如危险物品仓储、冷库仓储、粮食仓储等。特殊物品仓储一般为专用仓储，按照物品的物理、化学、生物特性，以及法律规范进行仓库建设和实施管理。

（三）按仓储的功能划分

1.储存仓储

储存仓储为商品较长期存放的仓储。因商品存放时间长，存储费用低廉和储存条件保证就很有必要；储存仓储的地点一般较为偏远，储存商品较为单一，品种少，但存量较大。

2.配送中心仓储

配送中心仓储也称配送仓储，是在商品配送、交付消费者之前所进行的短期仓储，是商品在销售或者供生产使用前的最后储备，并在该环节进行销售或使用的前期处理。配送仓储一般在商品的消费经济区间内进行，应能迅速地送达消费者或销售点，其仓储对象品种繁多，批量少，需要一定量进货、分批少量出库操作，往往需要进行拆包、分拣、组配和贴标签等增值作业，主要目的是支持销售，注重对商品存量的控制。

3.物流中心仓储

物流中心仓储是以物流管理为目的的仓储活动，是对物流的过程、数量、方向进行控制的环节，是为了实现物流的时间价值的环节。物流中心活动一般在一个经济区域的中心、交通较为便利、储存成本较低的地区进行。其仓储对象品种较少，批量较大，整批进分批出，整体吞吐能力强，设备比较先进。

4.运输转换仓储

运输转换仓储是为了保证不同运输方式的高效衔接，减少运输工作的装卸和停留时间，在不同运输方式的相接处，如港口、车站和空港库场所进行的仓储。运输转换仓储需具有大进大出的特性，货物存期短，注重货物的周转作业效率和周转率。

（四）按仓储物的处理方式划分

1.保管式仓储

保管式仓储又称纯仓储，是以保管物原样保持不变的方式所进行的仓储，即存货人将特定的商品交由保管人进行保管，到期保管人将原物交还存货人，保管物除了所发生的自然损耗和自然减量外，其数量、质量不发生变化。保管式仓储又分为仓储物独立保管仓储和将同类仓储物混合在一起的混藏式仓储。

2.加工式仓储

加工式仓储是保管人在仓储期间根据存货人的要求对保管物进行一定加工的仓储方式。一般地，对仓储物进行外观、形状、成分构成及尺寸等进行加工，使仓储物发生委托人所希望的变化，以适应消费者的需要。

3.消费式仓储

消费式仓储是保管人在接收保管物的同时接收保管物的所有权，保管人在仓储期间有权对仓储物行使所有权，在仓储期满时，保管人将相同种类、品种和数量的替代物交还给委托人所进行的仓储。消费式仓储特别适合保管期较短、市场供应变化较大的商品的长期存放，具有一定的商品保值和增值功能，是仓储经营人利用仓储物开展经营的增值活动，已成为仓储经营的重要发展方向。

四、现代仓储业的发展历程与发展趋势

（一）现代仓储业发展历程

人类社会自剩余产品出现，就产生了储存。"积谷防饥"是中国古代的一句警世名

言，其意思是将丰年剩余的粮食储存起来以防歉年之虞。

原始社会末期，当某个人或者某个部落获得食物且满足自身需要仍有剩余时，就把多余的食物储存起来，这就产生了专门储存食物的场所和条件，于是"窑穴"就出现了。西汉时建立的"常平仓"是我国历史上最早的由国家经营的仓库。中国古代的"仓"是指储存粮食的场所，而"库"则是指储存物品的场所。之后，人们逐渐将"仓"和"库"两个字连在一起用，表示储存各种商品的场所。随着商品经济的飞速发展，现代意义上的仓库已不同于古代的仓库了，其含义广泛得多。仓储业发展已有几百年的历史，按照其发展过程，可以把它大致分为五个历史阶段。

1. 人工仓储

人工仓储阶段是仓储系统发展的原始阶段，在这一阶段中，仓库物资的输送、存储、管理和控制主要靠人工实现，效率低下。但是在当时的历史背景下，人工仓储技术在相应社会生产力下具有投资少、收益多等优点，促进了物流乃至供应链的发展。

2. 机械化仓储

机械化仓储阶段，仓库通过传送带、工业输送车、机械手、吊车、堆垛机和升降机来移动和搬运物料，用货架、托盘和可移动式货架等存储物料，通过人工操作机械存取设备，用限位开关、螺旋机械制动和机械监视器等控制设备的运行。

3. 自动化仓储

20世纪50年代末之后，自动化技术的发展与应用对仓储技术的发展起了重要的促进作用，自动导引车（automated guided vehicle，AGV）、自动货架、自动存取机器人、自动识别系统、自动分拣系统、移动式货架和巷道式堆垛机等加入了仓库系统自动控制设备的行列，大大提高了工作效率。

尽管此时自动化设备已经很多，但是各个设备还处于独立工作阶段，系统集成度不高，还不能实现无人化运行，被称为"自动化孤岛"，自动化仓储在当前仓储行业仍处于重要地位。

4. 集成自动化仓储

到了20世纪70年代末，自动化技术被越来越多地用到生产和分配领域。而"自动化孤岛"不能满足企业对系统整体性能的更高要求，严重影响了企业效益，自动化仓储的研究重点逐渐转向物资的控制和管理的实时、协调和一体化，于是产生了"集成系统"的概念。计算机、数据采集点、机械设备的控制器等及时高效地汇总信息，使得系统各个部分有机协作，使生产的应变能力和总体效益大大超过各部分独立效益的总和。

5. 智能自动化仓储

20世纪90年代后期以来，人工智能技术的发展促使仓储技术向更高级的阶段——智能化方向发展。智能仓储系统是集物料搬运、仓储科学和智能技术于一体的综合科学技术工程，因节约劳动力、作业迅速准确、保管效率高、物流费用低等优点而得到广泛重视。它是供应链、物流和生产制造中不可或缺的重要组成部分，其智能化管理在增加企业利润、提高企业竞争力和满足客户服务需求等方面已成为一个重要的因素。

智能仓储系统不仅具有集成自动化的无人参与功能，还有一定的决策能力，利用计算机的运算速度优势，结合人工智能、优化算法等技术，可实现系统决策。

（二）现代仓储业发展趋势

仓储作为物流的重要组成部分，在现代物流发展中起着至关重要的作用。高效合理的仓储可以帮助厂商加快物资流动的速度，降低成本，保障生产的顺利进行。随着物流业的迅猛发展，仓储业对物流系统的要求也越来越高，

1.社会化、功能化

我国仓储业目前的效率低、利用率不高、作业条件差、缺乏自身发展能力。在市场经济环境中，任何社会资源只有在市场中自由交换才能充分体现其价值，也只有在自由交换体制的激励之下，才会更好地发挥其创造性。仓储业需要以"产权明晰、权责明确、政企分开、管理科学"为原则进行现代化改造，建立科学的企业治理结构，成为自负盈亏、自主经营的市场竞争的主体，才能彻底改变不良状况，真正成为市场资源，向更加完善的方向发展。社会分工既是生产力发展的结果，又是促进生产力发展的动力。我国仓储业的技术水平低和功能重复的现状，只有通过分工和专业化的发展才能得以改变。社会对仓储的需要与对其他社会资源的需要一样，向着社会化、功能化的方向发展。

2.信息化、网络化

对于存货品种繁多、存量巨大的物流与配送中心，要提高仓库利用率，保持高效率的存货流转，实施精准的存货控制，没有计算机的信息管理和处理是不可能实现的。仓储信息化管理包括：账目处理、结算处理，提供实时的查询；货位管理、制作单证和报告表，进行存量控制，甚至进行自动控制等。可以说，仓储要提高效率、降低损耗，从而降低成本，就必须实现信息化。仓储是物流的节点，是企业存货管理的核心环节。企业在进行生产、经营决策时需要仓储部门及时地把存货信息反馈给管理部门，企业在充分掌握物品的存量、储备情况、存放地点、消费速度等信息的情况下，才能够准确地进行生产和经营决策。高效的物流管理是建立在对物流进行控制和组织基础上的，要想实现高效的物流管理就需要在仓库、厂商、物流管理者、物流需求者、运输工具之间建立有效的信息网络，实现仓储信息共享，通过信息网络控制物流，做到仓储信息网络化。

3.机械化、自动化

随着科学技术的发展，生产机械化已是现代企业生产的基本要求。机械具有承重能力强、效率高、工作时间久、损害少等多种特点。仓储作业大多负荷重，作业量大，作业环境恶劣，时间紧，存在众多系统性不安全隐患，因而仓储机械化是仓储业发展的必然。仓储企业应通过机械化实现减少人力作业、加大企业集成度、减少人身伤害和货物损害、提高作业效率的目标。随着货物运输包装向着大型化、托盘化发展，仓储也必然要向机械化过渡。仓储自动化是指由计算机管理控制仓库。自动化仓库通过仓储管理、扫描技术、条形码、射频通信、数据处理等技术，指挥仓库堆垛机、传送带、自动导引车、自动分拣机等设备自动完成仓储作业，自动控制空调、监控设备、制冷设备进行环

境管理，向运输设备下达运输指令，安排运输等，同时完成单证、报表的制作和传递。对于危险品、冷库暖库、粮食等，有必要采取自动化控制的仓储。

4.标准化、智能化

标准化是现代物流管理的要求。仓储标准化不仅能够实现仓储环节与其他环节的密切配合，提高仓库内部作业效率，而且是充分利用仓储设施和设备的有效手段，是实现信息化、机械化、自动化仓储的前提条件。仓储标准化包括包装标准化、标志标准化、托盘标准化、容器标准化、计量标准化、作业工具标准化等技术标准化以及服务、单证报表、合同格式等标准化。

人工智能技术的发展必将推动自动化仓库技术向更高阶段即智能自动化方向发展。在智能自动化物流阶段，生产计划做好后，系统自动生成物料和人力需求，查看存货单和购货单，规划并完成物流。如果物料不够，无法满足生产要求，则系统会自动建议修改计划以便生产出等值产品。这种系统将人工智能集成到物流系统中。在自动化仓储的基础上升级系统，使仓储业越来越贴近人们的日常生活，是智能仓储发展的必然趋势。

5.科学管理

仓储管理包括仓储的管理体制、治理结构、管理组织、管理方法和管理目标五个方面。根据不同的管理体制，仓储活动可以分为向社会提供仓储服务的商业仓储和为企业生产、经营服务的企业自营仓储。无论管理体制如何，只有对仓储管理进行科学化管理，才能提高仓储管理的效率。作为一种经济活动，向社会提供服务的商业仓储也正如其他经济活动主体一样，只有在充分市场化的条件下，才能充分发挥其经济价值。也就是说，商业仓储必须发展成为独立的市场经济主体，按照独立市场经济主体的要求进行现代企业制度的改造和开展科学化的现代企业管理，才能使仓储企业产权独立，给予企业充分的经营自主权，按照满足社会需要的原则向社会提供服务。企业以追求利润最大化为目标。为企业生产经营服务的自营仓储，应该在以企业的整体发展为目标的基础上确定仓储的地位，高度重视仓储的作用，强化对仓储的管理，合理地调配企业资源，使企业仓储部门成为企业生产和经营发展的可靠保障。

学习任务 1–
思考与练习

🖱 学习任务 2　智慧仓储概述

一、智慧仓储概念和特点

（一）智慧仓储的概念

智慧仓储是指利用先进的信息技术和物流管理方法，对仓储进行智能化升级和优化的一种管理模式。它通过自动化设备、物联网、大数据分析等技术手段，实现仓库的高效运作和智能化管理。

智慧仓储作为智慧物流中的一个核心环节，将仓配数据与互联网系统相连接，利用互联网系统集合、计算、分析、统筹仓配数据信息，依靠互联网将这些数据信息分配至物流系统中，使整个物流系统实现动态监控、智慧管理、有效控制，"互联网＋"的广泛推广和使用为智慧仓储提供了便利条件，使其成为仓储产业发展的重中之重。在仓储系统中应用物联网技术，使工作人员在仓库内挑选货物时可利用智能手持终端，选择"电子标签拣选系统""货到人"拣选模式以及"语音拣选系统"，实现快速、准确的货物分拣。视频监控联网技术、输送分拣技术、自动识别技术、灵活的叉车服务模式、智能穿梭车与货架系统、嵌入了智能控制与通信模块的物流机器人技术、智能控制和通信模块的物流机器人技术、嵌入了RFID（radio frequency identification，射频识别）的托盘与周转箱等智能技术得到了广泛应用。

（二）智慧仓储的特点

1.管理信息化

在仓储作业中，会产生大量的货物信息、设备信息、环境信息和人员信息等，如何实现信息的智能感知、处理和决策，利用信息对仓储作业的执行和流程进行优化，是智慧仓储研究的重点之一。智慧仓储在仓储管理业务流程再造基础上，利用RFID、网络通信、信息系统等信息化技术，以及大数据、人工智能等管理方法，实现入库、出库、盘库、移库管理的信息自动抓取、自动识别、自动预警及智能管理功能。

2.运行自动化

仓储运行自动化主要是指硬件部分如自动化立体仓库系统、自动分拣设备、分拣机器人和可穿戴设备［如增强现实（AR）］技术的应用。自动化立体仓库系统包括立体存储系统、穿梭车等，分拣机器人主要包括关节机器人、机械手、蜘蛛手等。智慧仓储设备和智能机器人的使用能够提高作业的效率，提高仓储的自动化水平。智能控制是指在无人干预的情况下自主地驱动智能机器实现控制目标的自动控制技术。对仓储设备和机器人进行智能控制，使其具有像人一样的感知、决策和执行的能力，设备之间能够进行沟通和协调，设备与人之间也能够更好地交互，从而大大减轻人力劳动的强度，提高操作的效率。自动化与智能控制的研究与应用是实现智慧仓储系统运作的核心。

3.决策智慧化

仓储决策智慧化主要是指互联网技术如大数据、云计算、人工智能（AI）、深度学习、物联网、机器视觉等的广泛应用。利用这些数据和技术进行商品的销售和预测，以及智能库存的调拨和对个人消费习惯的发掘，能够实现精准推销。目前技术比较成熟的企业如京东、菜鸟等已运用大数据进行预分拣。在仓储管理过程中，仓储单据、报表能快速生成，问题货物实时预警，特定条件下货物自动提示，通过信息联网与智能管理，形成统一的信息数据库，从而为供应链整体运作提供可靠依据。

二、智慧仓储的发展现状和趋势

（一）智慧仓储的发展现状

随着现代经济社会的发展和电商产业的不断成熟，物流业对于生产生活等各环节的影响日益深入。在物流业中，仓储是至关重要的一环。近年来，我国物流仓储面积持续扩大，发展重点正从用地、容积向提质增效方面转变。因此，在智慧化浪潮下，推动智慧仓储发展尤为关键。

传统仓储属于劳动密集型行业，需要大量的人力资源投入，并依赖大量的人工操作。一般来讲，仓库货物多且杂，仓库面积大，如果只靠人工进行编码入库和信息统计，就需要耗费巨大的人力和时间，且无形中会增加作业过程的出错风险。智慧仓储则可以减少对人工的需求，将许多工作转交给机器人或网络系统来完成。这样仓储员工的工作价值与工作效率将得到同步提升，让员工可以专注于其他更重要的任务，降低仓储总体运营成本，提高总体盈利能力，并更好地融入智慧物流体系中。

目前，智慧仓储已经成为仓储行业的主流趋势。智慧仓储的发展已经取得了一定的成果。一方面，物流企业引入智慧仓储技术，以提高仓储设备的自动化程度，实现仓储设备的智能化管理；另一方面，物流企业引入物联网、云计算、大数据等技术手段，以实现仓库管理系统的智能化升级，提高仓库管理的效率和精度。

智慧仓储作为物流行业的重要发展方向，正改变着传统仓储的模式和方式。通过自动化、大数据分析和人工智能等先进技术的应用，智慧仓储可以提高仓储效率、降低成本、提升客户满意度。未来，随着物联网技术、机器学习技术和无人仓储的不断发展，智慧仓储将更加智能化、高效化，并能可持续发展。

（二）智慧仓储的发展趋势

1.智能化程度将不断提高

随着物联网、云计算、大数据等技术的不断发展，智慧仓储的智能化程度将不断提高。未来，仓储设备将更加智能化，仓库管理系统也将更加智能化，实现全方位的智慧化管理。

2.人工智能将广泛应用

人工智能将成为智慧仓储的重要组成部分。未来，人工智能技术将广泛应用于仓库管理系统、仓储设备等方面，实现更加智能化的管理。

3.机器人将广泛应用

机器人将成为智慧仓储的重要组成部分。未来，机器人将广泛应用于仓库管理、仓储设备等方面，实现更加自动化、智能化的管理。

4.无人仓库将逐渐普及

随着物联网、云计算、大数据等技术的不断发展，无人仓库将逐渐普及。未来，无人仓库将成为智慧仓储的重要形式之一，实现更加高效、智能化的管理。

智慧仓储作为一种新型的仓储方式，已经成为仓储行业的主流趋势。随着物联网、云计算、大数据等技术的不断发展，智慧仓储的智能化程度将不断提高，人工智能、机器人等技术也将广泛应用于仓库管理、仓储设备等方面。未来，无人仓库将逐渐普及，成为智慧仓储的重要形式之一。智慧仓储的发展将为物流行业的发展提供更加强有力的支撑，推动物流行业的不断升级和发展。

三、智慧仓储的优势

智慧仓储在当今物流行业中扮演着重要的角色，它不仅提升了仓储效率，还具有诸多优势。

（一）提高仓储效率

传统的仓储管理往往依赖人工，工作效率较低且容易出错。而智慧仓储利用自动化设备，如机器人和自动化仓储系统，能够实现高度自动化的仓储操作，大大降低了人力成本，提高了工作效率。例如，智能货架和自动拣选系统能够根据订单信息自动分拣和配送商品，减少了人为因素带来的错误和延误，大大提升了仓储效率。

（二）提供实时可视化的仓储管理

传统的仓储管理往往需要人工盘点库存，而且信息更新速度较慢。而智慧仓储通过物联网技术和传感器设备，能够实时监控仓库的各项数据，包括库存量、货物流动情况、温湿度等信息。这些数据通过系统集成和大数据分析，可以实现对仓库运作情况的实时监控和分析，使管理者能够及时了解仓储状况，并做出相应的决策，提高仓储管理的准确性和灵活性。

（三）提供精细化的库存管理

在传统的仓储管理中，库存的管理通常比较粗放，容易出现库存过剩或短缺的问题。而智慧仓储通过对库存数据的实时监控和分析，能够精确预测需求和销售趋势，实现精细化库存管理。通过合理的库存调配和供应链优化，可以避免出现库存积压和断货的问题，提高库存周转率和客户满意度。

（四）提供更高的安全性和可靠性

智能化设备和系统能够实现对仓库的全天候监控，遇到异常情况能够及时报警并采取措施。同时，智慧仓储的数据备份和恢复机制能够保证数据的安全性和可靠性，防止数据丢失和损坏。这为仓储管理者提供了更高的安全保障，减少了意外损失，降低了风险。

（五）能够促进供应链的协同和优化

在传统的供应链管理中，信息流、物流和资金流之间的联系往往存在断层，导致供应链协同效率低下。而智慧仓储通过信息技术手段，实现了供应链的全程可视化和数据共享，实现了信息的实时传递和决策的协同优化。这不仅能提高供应链的运作效率，还能降低整个供应链的成本，增强企业的竞争力。

四、几种常见的智慧仓库

智慧仓类型很多，常见的有云仓库、社区仓库、智能柜、立体仓库等。

（一）云仓库

云仓库是一种全新的仓储管理模式，云仓库的"云"取自云计算，借鉴了云计算将成千上万台电脑和服务器集中在一个远程的数据中心里，从而实现超级计算的模式。云仓库将全国各区建立的分仓通过总部的一体化信息系统进行联网，实现整合资源、优化资源配置的目标，从而提升整体配送网络的响应速度。在云仓库的管理模式中，快递可通过总部信息管理平台直接分拨到客户就近的配送点进行配送，配送点实时接收总部指令，可极大地减少配送时间，提升客户体验。

（二）社区仓库

社区仓库，又称微仓库，指的是一种仓储前置的手段。所谓社区仓库，就是在居民社区 3 公里内租一个仓库，仓库内安排分拣员、配送员等，将新鲜的菜品送到仓库储存，消费者下单后，由仓储人员完成"最后一公里"配送。前置仓模式属于到家模式中自营模式下的一种类别，这种模式更适用于生鲜电商行业，主要用于满足社区用户对生鲜产品的日常及时性要求，它的供应链体系主要由城市分拣中心和前置仓构成，由前置仓完成用户订单，实现 30 分钟或 1 小时送达的快捷配送服务。

（三）智能柜

智能柜是一种新型的储物柜，其采用先进的技术，能够自动开启或关闭，并且可以根据用户的需要进行调节。此外，智能柜还具有一些额外的功能，例如用户可以通过手机监控储物状况等。它是一个全新的存储方式，能够自动识别物品，并将其放在最佳的位置。智能柜配备了先进的算法，能够根据物品的大小、形状和重量最佳化存储空间。它还具有超强的避障能力，能够自动躲避障碍物，保证物品安全地到达目的地。

其中最典型的是智能物流柜，智能物流柜是一个基于物联网的，能够对快件进行识别、暂存、监控和管理的设备，它与上游服务器一起构成智能快递投递箱系统。服务器能够对本系统的各个快递投递箱的信息进行统一化管理，并对各种信息进行分析处理。快递员将快件送达指定地点并将其存入快递投递箱后，系统便自动为用户发送一条短信，包括取件地址和验证码，用户到达该终端处输入验证码或扫描二维码即可取出快件。

（四）立体仓库

立体仓库也称为高架库或高架仓库，一般是指采用几层、十几层乃至几十层高的货架储存单元货物，用相应的物料搬运设备进行货物入库和出库作业的仓库。由于这类仓库能充分利用空间储存货物，故常被形象地称为"立体仓库"。自动化立体仓库（automatic storage and retrieval system，AS/RS）是物流技术的革命性成果，它一般由高层货架、托盘、巷道堆垛机、输送机、自动导引车、自动控制系统和库存信息管理系统等构成，可以在计算机系统控制下完成单元货物的自动存取作业。

（1）高层货架：用于存储货物的钢结构。目前主要有焊接式货架和组合式货架两种基本形式。

（2）托盘：用于承载货物的器具，亦称工位器具。

（3）巷道堆垛机：用于自动存取货物的设备。按结构可分为单立柱和双立柱两种基本形式；按服务方式可分为直道、弯道和转移车三种基本形式。

（4）输送机：立体仓库的主要外围设备。负责将货物运送到堆垛机或从堆垛机移走。输送机种类非常多，常见的有辊道输送机、链条输送机、升降台、分配车、提升机、皮带机等。

（5）AGV：自动导引车，根据导向方式可分为感应式导引车和激光导引车。

（6）自动控制系统：驱动自动化立体仓库系统各设备的自动控制系统。目前主要采用现场总线方式作为控制模式。

（7）库存信息管理系统：亦称中央计算机管理系统，是全自动化立体仓库系统的核心。目前典型的自动化立体仓库系统均采用大型的数据库系统（如 Oracle、Sybase 等）构筑典型的客户机/服务器体系，可以与其他系统［如 ERP（enterprise resource planning，企业资源计划）系统］联网或集成。

五、智慧仓储的信息技术

（一）物联网技术

物联网技术是通过射频识别、红外感应器、全球定位系统、激光扫描器等信息传感设备，按约定的协议，将物品与互联网相连接，进行信息交换和通信，以实现智能化识别、定位、追踪、监控和管理的一种网络技术。物联网技术的核心和基础仍然是互联网技术，是在互联网技术基础上的延伸和扩展的一种网络技术，其用户端延伸和扩展到了物品和物品之间的信息交换和通信。和传统的互联网相比，物联网有其鲜明的特征。

首先，它是各种感知技术的广泛应用。物联网上部署了海量的多种类型的传感器，每个传感器都是一个信息源，不同类别的传感器所捕获的信息内容和信息格式不同。传感器获得的数据具有实时性，按一定的频率周期性地采集环境信息，不断更新数据。

其次，它是一种建立在互联网上的泛在网络。物联网技术的重要基础和核心仍旧是互联网技术，通过各种有线和无线网络与互联网融合，将物体的信息实时准确地传递出去。物联网上的传感器定时采集的信息需要通过网络传输，而这些信息数据极其庞大，在数据传输过程中，为了保障正确性和及时性，这些数据必须适应各种异构网络和协议。

最后，物联网不仅仅提供了传感器的连接，其本身也具有智能处理的能力，能够对物体实施智能控制。物联网将传感器和智能处理相结合，利用云计算、模式识别等各种智能技术，扩大其应用领域。对传感器获得的海量信息进行分析、加工和处理，从而获取有意义的数据，以适应不同用户的不同需求，发现新的应用领域和应用模式。

物联网技术在仓储管理中的应用主要有：第一，通过射频识别、二维码、各类传感器等技术和设备的综合应用，提高物资出入库过程中的识别率，可不开箱检查，并同时识别多个物资，提高出入库效率；有效提高了拣选与分发过程的效率与准确率，并加快了配送的速度，减少了人工，降低了配送成本。第二，采用物联网一体化智能设备，结合先进的系统架构理念，缩短了盘点周期，提高了数据实时性，能掌握实时动态库存情况，实现对库存物资的可视化管理。第三，综合运用物联网相关技术，改造现行业务管理流程，实现物资的标准化管理、精细化管理、全寿命管理、信息可追溯以及业务可优化的管理目标。

（二）云计算技术

对云计算的定义，现阶段广为接受的是美国国家标准与技术研究院（National Institute of Standards and Technology，NIST）给出的定义：云计算是一种按使用量付费的模式，这种模式提供可用的、便捷的、按需的网络访问，用户进入可配置的计算资源共享池（资源包括网络、服务器、存储、应用软件服务），这些资源被快速提供给用户，用户只需投入很少的管理工作，或很少与服务供应商进行交互，就能获得这些资源。云计算特点如下：

1.超大规模

"云"具有相当大的规模，谷歌云计算已经拥有100多万台服务器，亚马逊、IBM、微软、雅虎等的"云"均拥有几十万台服务器。企业私有云一般拥有成百上千台服务器。

2.虚拟化

云计算支持用户在任意位置使用各种终端获取应用服务。所请求的资源来自"云"，而不是固定的有形的实体。应用在"云"中某处运行，但实际上用户无须了解，也不用担心应用运行的具体位置。只需要一台笔记本电脑或者一部手机，就可以通过网络服务实现需求，甚至包括超级计算这样的任务。

3.高可靠性

"云"使用数据多副本容错、计算节点同构可互换等措施保障服务的高可靠性，有时使用云计算比使用本地计算机可靠。

4.通用性

云计算不针对特定的应用，在"云"的支撑下可以构造出千变万化的应用，同一个"云"可以同时支撑不同的应用运行。

5.高可扩展性

"云"的规模可以动态伸缩，满足应用和用户规模增长的需要。

6.按需服务

"云"是一个庞大的资源池，用户可以按需购买，就像自来水和电一样。

7.极其廉价

"云"的特殊容错措施使得"云"可以采用极其廉价的节点。"云"的自动化集中式管理使大量企业无须负担日益高昂的数据中心管理成本，"云"的通用性使资源的利用率较传统系统大幅提升，因此用户可以充分享受"云"的低成本优势，通常只要花费几百美元、几天时间就能完成以前需要数万美元、数月时间才能完成的任务。

8.潜在的危险性

云计算服务既包括计算服务，也包括存储服务。但是云计算服务当前被私人机构（企业）垄断，而他们仅仅能够提供商业信用。对于政府机构、商业机构（特别是像银行这样持有敏感数据的商业机构）对于选择云计算服务应保持足够的警惕。一旦商业用户大规模使用私人机构提供的云计算服务，无论其技术有多强，都不可避免地会导致这些私人机构以"数据（信息）"的重要性控制整个社会。对于信息社会而言，信息是至关重要的。云计算中的数据对于数据所有者以外的其他云计算用户是保密的，但是对于提供云计算的商业机构而言确实毫无秘密可言。所有这些潜在的危险，是商业机构和政府机构选择云计算服务，特别是国外机构提供的云计算服务时，不得不考虑的一个重要因素。

当前物流仓储行业面临大量资源浪费问题，可利用云计算技术将闲置的社会资源整合成大规模资源集群，并通过互联网让这个资源集群为网络上的企业和个人提供更有价值的服务。物流行业是一个存在大量分散资源的行业，如运力、仓储等，如果利用"云"的概念，将资源整合起来，为经销商和生产、运输企业再次利用，突破物流过程中的信息流转障碍，减少货物在物流过程中的重复搬运环节，进一步减少物流资源浪费，或许能够产生信息时代物流行业资源利用的"云变革"新思路。

（三）大数据技术

最早提出大数据时代到来的是全球著名管理咨询公司麦肯锡，其称："数据，已经渗透到当今每一个行业和业务职能领域，成为重要的生产因素。人们对于海量数据的挖掘和运用，预示着新一波生产率增长和消费者盈余浪潮的到来。"目前大数据的定义多而杂，不同企业、行业等都从自身角度来定义大数据，但意思都差不多，即大数据是由巨型数据集组成的，这些数据集规模超出了常用软件在可接受时间内收集、管理、处理和使用的能力。业界将大数据的特征归纳为4个"V"。

（1）Volume，即数据量大。传感器、物联网、工业互联网、车联网、手机、平板电脑等，无一不是数据来源或者数据承载的方式。当今的数字时代，人们的日常活动（如微信、QQ聊天、上网搜索信息与购物等）都在产生数据。大数据不再以GB或TB为单位来衡量，而是以PB（1000TB）、EB（100万TB）或ZB（10亿TB）为计量单位。从TB跃升到PB、EB乃至ZB，顾名思义，这就是大数据的首要特征。

（2）Variety，即数据种类多。大数据不仅在量上急剧增长，数据类型亦多样，可分为结构化、半结构化和非结构化数据。多年来结构化数据存储一直主导着IT应用的关系型数据库；半结构化数据包括电子邮件、文字处理文件以及大量的网络新闻等，以内容为基础；非结构化数据因社交网络、移动计算和传感器等新技术应用的不断产生，而广泛存在于社交网络、物联网、电子商务之中。

（3）Value，即数据价值密度低。在信息爆炸的时代，如何挖掘出大数据的有效信息，是至关重要的。价值密度的高低与数据总量的大小成反比。虽然价值密度低是大数据日益凸显的特性，但是对大数据进行研究、分析、挖掘仍然是具有深刻意义的，大数据的价值依然是不可估量的。毕竟，价值是推动一切技术（包括大数据技术）研究和发展的内生决定性动力。

（4）Velocity，即数据产生和处理速度快。大数据的产生速度通常非常快，只有及时捕捉、处理和分析数据，才能获取有用的信息。例如，社交媒体上的实时数据、传感器网络中的即时反馈等都需要快速处理，以支持实时决策和应用。

大数据对于未来物流仓储的发展有着变革性的意义。对仓内的各种物资完成高效运转作业的关键在于挖掘出仓储相关大数据的价值，并把它与仓内的各种设备和作业策略结合起来。随着物流的智慧化发展，大数据技术的作用日益凸显。在物流企业的仓储、运输、配送、加工等环节中每天都会涌现海量的数据，面对海量数据，物流企业在不断增加大数据技术方面投入的同时，不再仅仅把大数据技术看作一种数据挖掘、数据分析的信息技术，而更多地把大数据看作一项战略资源。随着大数据时代的到来，物流企业利用大数据技术构建数据中心，挖掘出隐藏在数据背后的信息价值，充分发挥大数据给企业带来的发展优势，在战略规划、商业模式和人力资本等方面做出全方位的部署，为物流运营过程中的战略决策、运营规划、资源统筹、人效提升、成本控制等方面提供有力支撑，从而优化管理，提高行业竞争力。

（四）RFID 技术

随着计算机应用的普及，目前大多数企业对仓库管理数据采用计算机数据系统管理，但还是采用先纸张记录，再手工输入计算机的方式进行采集和统计整理。这不仅造成大量的人力资源浪费，而且由于人为因素，数据录入速度慢、准确率低。随着企业规模的不断扩大，仓库管理的物资种类数量不断增加、出入库频率迅速提高，仓库管理作业也已十分复杂和多样化，传统的人工仓库作业模式和数据采集方式已难以满足仓库管理的快速、准确要求，严重影响了企业的运行工作效率，成为制约企业发展的一大障碍。

目前 RFID 技术正在为供应链领域带来一场巨大的变革，以识别距离远、快速、不易损坏、容量大等条码无法比拟的优势，有效提高供应链的效率和透明度。基于 RFID 的仓库管理系统是在现有仓库管理中引入 RFID 技术，对仓库到货检验、入库、出库、调拨、移库移位、库存盘点等各个作业环节的数据进行自动化数据采集，保证仓库管理各个环节数据快速和准确地输入，确保企业及时准确地掌握库存的真实数据，合理保持和控制企业库存。通过科学的编码，可方便地对物品的批次、保质期等进行管理。利用系统的库位管理功能，可以及时掌握所有库存物资当前所在位置，有利于提高仓库管理的工作效率。

1.RFID 系统的优点

RFID 系统采用无源电子标签，这种标签使用寿命长，免维护，设计独特，而且可以很好地嵌入塑质托盘，不易在托盘运输过程中受到碰撞、磨损。此外，电子标签可重复写入数据，有利于解决托盘货物调整、拼装等仓储物流问题。电子标签可以循环使用，大幅度节约了用户成本。电子标签能实现远距离识别，读写快速可靠，能适应传送带运转等动态读取，符合现代化物流的需要。在标签信息处理中采用先进的数据压缩技术，使电子标签携带托盘载物信息（数据包）。用户只需扫描托盘电子标签，即可了解物品信息，免除拆托盘和重装托盘所需的人力物力，节省时间，降低出错率和货物损坏概率，实现快捷准确的库存盘点。RFID 系统可以提高企业物流的整体透明度；提高管理信息系统中数据的可靠性；高效、准确地采集数据，提高作业效率；分区盘点，实时进行适时的工作指导，准确、高效地使用稀缺资源，提高生产作业能力。

2.RFID 应用流程

（1）入库。当货物通过进货口传送带进入仓库时，读写器将经过压缩处理的整个托盘货箱条码信息写入电子标签中，计算机仓储管理信息系统算出货位，网络系统将存货指令发到叉车车载系统，货物按照要求被存放到相应货位。

（2）出库。叉车接到出货指令后，到指定货位叉取托盘货物。叉取前叉车读写器再次确认托盘货物准确性，然后将托盘货物送至出货口传送带，出货口传送带读写器读取托盘标签信息是否准确，校验无误则出货。

（3）库存盘点。仓库内读写器实时读取在库货物标签信息，核对实时盘点数据与数据库中统计的仓储信息是否一致。

（4）货物区域定位、转移。仓库内读写器实时读取货物标签信息，控制中心根据读写器得到的数据判断各个货物存放区域，统计仓库使用情况，并据此安排新入库货物存放位置。

（五）区块链技术

区块链技术是一种高级数据库机制，允许在企业网络中透明地共享信息。区块链数据库将数据存储在区块中，而数据库则一起链接到一个链条中。数据在时间上是一致的，在没有网络共识的情况下，不能删除或修改链条。因此，可以使用区块链技术创建不可改变的分类账，以便跟踪订单、付款、账户等。系统内置的机制可以阻止未经授权的交易条目并在这些交易的共享视图中创建一致性。

区块链技术是一种分布式分类账，它拥有数据记录功能，从而使数据具有可追溯性。虽然许多用户可以访问、检查或添加数据，但他们不能更改或删除数据。原始信息得以保留，可以存储永久性的公共信息线索或交易链。

仓储环节效率直接关乎电商物流货品的安全性和时效性。利用区块链技术，并有效结合RFID、GPS、传感器、条码等技术对电商物流仓储进行智能化管理，可实现对出仓、入仓货物的有效实时监控，从而降低查找、识别、追踪货物的人力成本、时间成本。货运管理人员通过区块链系统可以追踪储物柜信息与货物运输状况，当出现问题批次货物时可第一时间进行拦截。托运人可以基于分布式账本技术连接专属货柜，通过移动设备追踪和查询货品的仓储信息。简言之，在仓储环节充分利用区块链技术不仅可以提高整个流程的透明性，而且可以使仓储运营商在安全和被信任的环境下对货物进行保管和运输。

学习任务2-
思考与练习

项目二　实务操作单元

学习任务1　智慧仓储企业组织结构设计

一、实训目的

了解仓储企业组织结构设计的步骤，学会仓储企业组织结构的主要形式如直线式、职能式、直线职能式、事业部式、矩阵制等。

二、实训学时

建议2学时。

三、实训地点

校内教室、调研对象办公室。

四、实训准备

（1）了解仓储公司的组织设计流程。

（2）制订问卷调研提纲。

（3）班级同学分组，明确分工。

五、实训任务

（1）制订访谈调研提纲。

（2）选择典型调研对象。

（3）前往目标公司，调研并了解该公司的组织结构。

（4）撰写调研报告，描绘出调研对象组织结构图。

六、评分标准

评价的方式有教师评价、小组内部成员评价和第三方评价组成员评价三种。教师评价占 60%权重，小组内部成员评价占 20%权重，第三方评价组成员评价占 20%的权重。将三者的分数综合后的分值为该生的得分，如表 1-1 所示。

表 1-1　评价表

评价人		被评价人	
评价地点			
评价内容	储配企业组织结构的设计		
评价标准	具体内容	分值	实际得分
	工作态度	10	
	沟通水平	10	
	调研提纲的合理性	20	
	选择典型调研对象	10	
	实地调研	20	
	调研报告	30	
合计		100	

注：满分为 100 分，59 分及以下为不及格，60~69 分为及格，70~79 分为中，80~89 分为良，90 分及以上为优。

学习任务 1-
相关知识

学习任务 1-
思考与练习

学习任务 2　智慧仓储企业主要岗位职责设计

一、实训目的

　　了解智慧仓储企业主要职能部门和主要岗位，熟悉仓储部门的主要职责和仓库部门主要操作岗位的职责。通过模拟招聘会现场，适应招聘会现场，了解招聘流程。

二、实训学时

　　建议 2 学时。

三、实训地点

　　校内教室、模拟招聘现场。

四、实训准备

　　（1）了解应聘岗位的要求和岗位职责。

　　（2）准备招聘会现场布置工作。

　　（3）招聘方准备面试的考题。

　　（4）全班同学分成 6 组，组内同学分别扮演招聘方考官、应聘者。

五、实训任务

　　（1）模拟仓储企业招聘三个岗位，即业务员、仓管员、客户服务人员。

　　（2）以组为单位，布置招聘会现场。

　　（3）招聘方准备面试考题、答案以及设计面试的评分标准和评分表。

　　（4）每组按照要求，模拟招聘现场。

　　（5）每组招聘方对应聘者每个环节进行打分，选出最适合岗位要求的应聘者，并公布面试结果。

六、评分标准

　　评价的方式有教师评价、小组内部成员评价和第三方评价组成员评价三种。教师评价占 60% 权重，小组内部成员评价占 20% 权重，第三方评价组成员评价占 20% 的权重。将三者的分数综合后的分值为该生的得分，如表 1–2 所示。

表 1–2　评价表

评价人		被评价人	
评价地点			
评价内容	储配企业主要岗位职责设计		
评价标准	具体内容	分值	实际得分
	工作态度	10	
	招聘前准备工作	10	
	招聘现场布置作业	20	
	模拟招聘现场	20	

评价标准	考官表现	20	
	应聘者表现	20	
合计		100	

注：满分为100分，59分及以下为不及格，60~69分为及格，70~79分为中，80~89分为良，90分及以上为优。

学习任务2- 学习任务2-
相关知识 思考与练习

模块二

智慧仓储装备与技术

【知识目标】掌握智慧仓储的储存装备的种类、特点，了解其应用领域；了解智慧仓储的自动输送装备的种类、特点及应用；掌握自动分拣装备的工作原理，熟悉自动分拣装备的特点与组成；了解几种常用的自动分拣装备，掌握自动分拣装备的选用原则等。

【技能目标】能够为特定操作选择合适的设备和设施。

【素质目标】热爱本职工作，具备职业精神和职业素养。树立正确的价值观，培养吃苦耐劳的精神。

【思维导图】

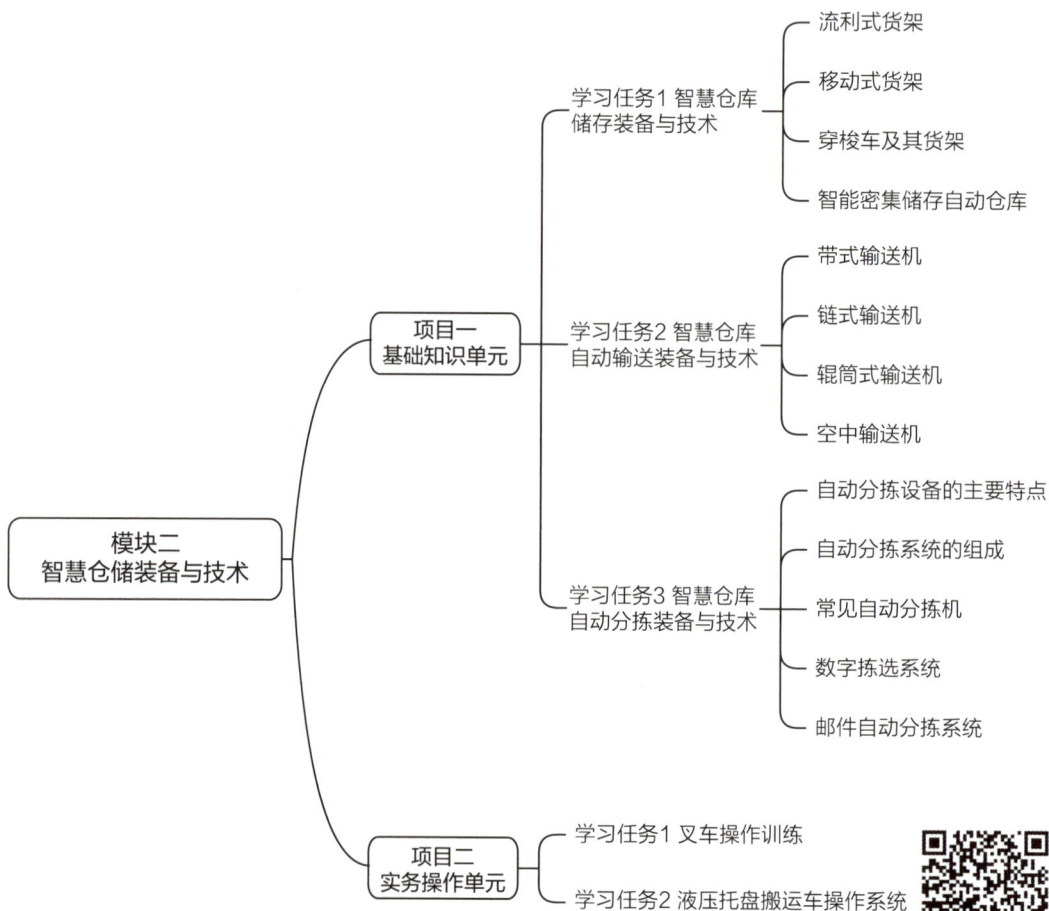

模块二引导案例

项目一　基础知识单元

学习任务 1　智慧仓库储存装备与技术

仓储设备

一、流利式货架

流利式货架又称滑移式货架，采用辊轮铝合金、钣金等流利条，利用货物台架的自重，从一边通道存货，另一边通道取货，实现先进先出、一次补货多次取货。可配电子标签，实现货物的轻松管理，常用滑动容器有周转箱、零件盒和纸箱，也可用托盘。常见的有托盘式流利式货架和箱式流利式货架。

流利式货架的流利条直接连接到前后横梁和中间支撑梁上，横梁直接挂在支柱上，流利条安装的倾斜度取决于货箱的尺寸、重量以及流利架的深度，通常取 5°～9°。流利条滚轮的承载力为 6kg/个，当货物较重时，可以在一个滚道上安装 3～4 根流利条。通常在深度方向上每隔 0.6m 安装一根支撑梁以增加流利条的刚度。当滚道较长时，可用分隔板将滚道隔开。取货端需安装制动片使货物减速，降低冲击力。

（一）流利式货架的特点

（1）用于大量储存和短时发货的货物。

（2）用于先进先出的货物。

（3）安装快，易搬动。

（4）托盘流利式货架的储存空间比一般托盘式货架的储存空间多 50% 左右。

（5）人工拣取方便，可安装显示器，可实现计算机辅助拣货作业。

（6）高度受限，一般在 6m 以下，适用于一般叉车作业。

（7）货架的承重能力一般是每层 300kg，一列最多承载 2t。

（8）货架的空间利用率可达到 85%。

（二）流利式货架的应用

流利式货架广泛应用于配送中心、装配车间以及出货频率较高的仓库。

二、移动式货架

移动式货架是空间利用率最高的一种货架，平时密集相接排列，在固定的轨道上形成一个整体，仅需设一条通道。存取货物时通过手动或电力驱动装置使货架沿轨道水平移动，可以大幅度减小通道面积，可高度利用空间，而且可直接存放每箱货物，作业效率高，满足货物先进先出的需求，存储安全，密封。

（一）移动式货架的特点

（1）比固定式货架储存量大，可节省空间，地面使用率达 80%。

（2）适合少品种、大批量、低频率保管。

（3）不受先进先出原则的限制。

（4）高度可达 12m，单位面积的储存量可达托盘式货架的 2 倍左右。

（二）移动式货架的种类

根据货物承重的等级，移动式货架可分为重型、中型和轻型三种，一般重型货架采用电动控制移动，中、轻型采用手摇移动。

电动式移动货架又称电动密集库，其特点是便捷、节约空间、存储密度大、安全性高、抗震性强，适合小零部件和托盘装载单元的保管，适用于3～8m高的库房，可配合叉车使用。电动密集库可通过上位机管理，进行计算机联网操作，同时设有红外保护装置和密码锁定机构，保证操作人员和库内物品的安全，优化库房管理。采用电动密集库作为库房存储设备是中小库房设备的最佳选择。这种货架具有变频控制功能，可控制驱动和停止时的速度，以防止货架上的物品抖动、倾斜或倾倒。在其适当位置还装有定位用的光电传感器和可刹车的齿轮马达，提高了定位精度。

（三）移动式货架的特点

相对来说，移动式货架机电装置较多，建造成本较高，维护也比较困难，主要适用于档案馆、图书馆、银行、企业分类资料和工厂生产线专用物资的保管和存储。

三、穿梭车及其货架

（一）穿梭车

穿梭车是一种智能机器人，通过编程可执行取货、运送、放置等任务，并可与上位机或WMS系统进行通信，结合RFID、条码等识别技术，实现自动化识别、存取等。

1. 穿梭车的主要形式

在仓储物流设备中，穿梭车主要有两种形式：穿梭车式出入库系统和穿梭车式仓储系统。它是以往复或者回环方式，在固定轨道上运行的台车，将货物运送到指定地点或接驳设备。配备智能感应系统，能自动记忆原点位置，能自动减速。

穿梭车式出入库系统是自动化立体仓库系统的组成部分，由轨道式台车来完成货物的出入库接驳任务，与堆垛机配合完成仓储作业。这种穿梭车也称为有轨穿梭小车（rail guided vehicle，RGV）。

穿梭车式仓储系统也称为穿梭货架，目前在中国已获得广泛应用。

2.穿梭车的扩展应用

（1）子母车。母车在横向轨道上运行，并自动识别作业巷道，释放子车进行存取作业，一定程度上提高系统自动化程度。

（2）与堆垛机的配合。自动化立体仓库也可以应用穿梭车来提高仓储利用率，堆垛机自动识别穿梭车并分配作业巷道，由穿梭车在巷道内存取货物，再由堆垛机完成出入库作业，实现全自动出入库和系统管理。

（3）多向穿梭车。多向穿梭车可以在横向和纵向轨道上运行，货物的水平移动和存取只由一台穿梭车来完成，系统自动化程度大大提高。

（二）穿梭车货架

在现代仓储系统中，穿梭车货架已经成为很受欢迎的货架系统。穿梭车货架是由穿梭式货架、穿梭车以及叉车组成的完整的高密度存储系统，其高效率的存储方式提高了仓储库房空间利用率，带来了一种全新的选择。

1.穿梭车货架的构成

（1）穿梭车体系统。该系统主要由车架体、行走驱动装置、装饰罩等组成。车架体是承载其他部件的主体，主要由型钢焊接而成。穿梭货架的行走驱动装置由传动轴、驱动轮及电机等组成。装饰罩主要起装饰和保护车体的作用。

（2）穿梭车外部输送装置。输送装置是物料的输送部分，安装于穿梭货架车体上，框架采用钢结构。根据物料的形式，可选择辊道输送、链式输送、皮带输送等输送形式。

（3）内部智能认址装置。认址装置是穿梭货架出入库站台的定位信号装置。认址装置有链条式、同步带式、摩擦轮式编码认址，以及激光认址、条码认址等多种方式。可根据不同的电控模式进行选择。

（4）穿梭车行走导轨系统。导轨系统由导轨和停止器组成，是承载穿梭车货架的基础和行走的导向。导轨有轻型钢轨、铝材型导轨两种形式，两种导轨都配置停止器，包括缓冲器和支架等，安装在轨道的两端，防止穿梭货架在意外情况下冲出而脱离轨道。

（5）穿梭车保护装置。穿梭车配备距离和障碍物检测装置，该装置如果检测到在其设定的范围内有异常，则会发出声光提示直至穿梭车停止运行，保证作业人员、货物在进入穿梭货架运行区域时的安全，并防止自身损坏。

2.穿梭车货架的特点

（1）托盘单元最高密度存放，极大地减少了库房建设费用。

（2）工作效率高，极大地减少了作业等待时间。

（3）自由选择先进先出或先进后出的存储原则。

（4）遥控操作，无须驶入，进出货效率高。

（5）抗震安全性高于驶入式货架。

（6）锂电池寿命长，一般约为1500次充电循环，充电一次可以行驶6～8h，而铅酸电池为300～500次。锂电池充电快，一般1～2h充满。

锂电池体积小、更换方便、重量轻，一般为13.3kg、40A·h/48V。

（7）具备先进的技术特性，运行速度快，性能卓越，并且具有很强的韧性。

（8）使用方便，功能强大。

（9）安全、可靠。有防止硬物碰撞装置、多车操作防止硬物碰撞装置、激光定位防护系统等。具有电池缺电报警功能，当电池电量不足以运行一次时，自动停止在入口端待命。当充电环境温度不适应时自动停止充电。

（10）综合成本低于驶入式货架、压入式货架、重力式货架等。

四、智能密集储存自动仓库

（一）作业流程

1.穿梭车存货

把穿梭车放在轨道面上，托盘单元置于托盘承载面上。在遥控命令指导下，穿梭车顶升面向上升起，举起托盘单元并运行到货架端口待命。

2.穿梭车取货

将托盘放在导轨最前端。通过无线遥控指令穿梭车顶升面顶起托盘，并在导轨上运行。此时，托盘离开托盘导轨，两者之间保持一定间隙。穿梭车将货架深处的托盘单元移动到货架的最前端，以待堆垛机取货出库。

（二）智能穿梭车系统

1.智能穿梭车系统性能

智能穿梭车通过系统与堆垛机、RGV与升降机在线操作，均可实时监控货物。就承重能力而言，智能穿梭车可分为轻载型（500~1000kg）、中量型（1000~1500kg）、重载型（1500~2000kg）和超重载型（>2000kg）四种。

托盘式智能穿梭车基本车体尺寸为1060mm×1030mm，托盘尺寸为1000mm×1100mm或1200mm×1200mm。车身高度为185mm，举升高度仅为50mm。机体重230kg，承载托盘单元稳定性较好。使用锂电池可选用快、慢充电方式，每次充电可工作8~10h，可重复充放1500次。具有独立的PLC（programmable logical controller，可编程控制器）控制功能，且可与系统联机。

可用条形码寻址方式指定库位，托盘间距可控制在100mm以内；若用光电感应法，则托盘间距可控制在500mm以内。

一般地，穿梭车的行走速度可达到70m/min，巷道长度80m以内是其最佳移载距离。

2.托盘单元的密集储存自动仓储系统

托盘单元的密集储存自动仓储系统由高密度储存、拣货、导轨、穿梭车、垂直输送机、出库输送机、控制系统等构成。托盘单元的密集储存自动仓储系统是入库、存储、出库、拣货、包装、发货、退货等作业流程融为一体的自动化系统，实现了存储与分拣一体化，达到了高效、灵活、零误检率、省空间、低成本的目标。

（1）托盘单元出入库与存储环节。通过高速托盘堆垛机实现托盘单元自动出入库作业。整个系统仅有一个入库巷道和两个出库巷道，托盘单元密集存放，最大限度地压缩平面范围。此系统将储存与分拣融为一体，储存货位就是拣选货位，大大减小了拣货区占地面积。

（2）发货作业。拣货出库的托盘单元通过出库输送机出库。

（3）退货作业。退货物品经过条形码识别后可以再入库。

学习任务 1–
思考与练习

学习任务2　智慧仓库自动输送装备与技术

输送机是指以连续、均匀的方式沿着一定的线路从装货地点到卸货地点输送散料和成件包装货物的机械装置，它是智慧仓库中必不可少的重要搬运设备。考虑到传输货物的特性和系统的需求，在智慧仓库中使用最普遍的传输设备是带式输送机、链式输送机、辊筒输送机和空中输送机。

一、带式输送机

带式输送机是一种摩擦驱动的以连续方式运输物料的机械，主要由机架、输送带、托辊、滚筒、张紧装置、传动装置等组成。它可以在一定的输送线上将物料从最初的供料点输送到最终的卸料点。它既可以进行碎散物料输送，也可以进行成件物品输送。除进行纯粹的物料输送外，还可以与各工业企业生产流程中的工艺相配合，形成有节奏的流水作业运输线。

（一）特点

（1）输送能力大，效率高。

（2）结构比较简单紧凑，动作单一，自身质量较轻，造价较低，受载均匀，速度稳定，工作过程中所消耗的功率变化不大。

（3）输送距离较长，不仅单机长度较长，且多台单机可组成更长距离的输送线路。

（4）便于实现程序化控制和自动化操作。

（5）输送带种类有橡胶带、纺织带、树脂带、钢带、金丝网带等。

（二）种类

带式输送机应用广、种类繁多。根据输送工艺的要求，可以单机输送物料，也可多机组合成水平或倾斜的运输系统来输送物料。在使用时，可根据实际需要进行选择。带式输送机通常有直行式、转弯式、特殊角度式、爬坡式、伸缩式、钢带式、窄式、轻型式和装卸式等。

（三）适用范围

带式输送机广泛地应用在冶金、煤矿、交通、水电、化工等行业，是因为它具有输送量大、结构简单、维修方便、成本低、通用性强等优点。另外，还应用于建材、轻工、粮食、港口、船舶等。带式输送机是煤矿业最理想的高效连续运输设备，与其他运输设备（如机车类）相比，其运行可靠，易于实现自动化和集中化控制，已成为煤矿开采机电一体化技术与装备的关键设备。

二、链式输送机

链式输送机是利用链条牵引、承载物料，或由链条上安装的板条、金属网带和辊道等承载物料的输送机。

（一）种类

链式输送机根据链条上安装的承载面的不同，可分为链条式、链板式、链网式和板条式等。此外，也常与其他输送机、升降装置等组成具有不同功能的生产线。

（二）特点

（1）输送能力强，高效的输送机允许在较小空间内输送大量物料。

（2）输送能耗低，借助物料的内摩擦力，变推动物料为拉动物料。

（3）密封、安全，全密封的机壳使粉尘无缝可钻，操作安全，运行可靠。

（4）使用寿命长，用合金钢材经先进的热处理手段加工而成的输送链，其正常寿命为5年以上，链上的滚子寿命（根据不同物料）为2年以上。

（5）工艺布置灵活，可高架、地面或地坑布置，可水平或爬坡（≤15°）安装，也可同机水平加爬坡安装，可承载较多进出料。

（6）使用费用低，节电且耐用，维修率低，费用低，能确保主机正常运转，可增加产出、降低消耗、提高效益。

（7）系列齐全，FU系列有FU150、FU200、FU270、FU50、FU410、FU500、FU600和FU700等各种型号，并均可提供两种形式的双向输送。

（三）适用范围

链式输送机广泛用于食品、药品、饮料、化妆品和洗涤用品、纸制品、调味品、乳品等的自动输送、分配和后道包装的连线输送。

三、辊筒输送机

辊筒输送机适用于底部是平面的物品的输送，主要由传动滚筒、机架、支架、驱动部等部分组成。辊筒输送机具有输送量大，速度快，运转轻快，能够实现多品种共线分流输送的特点。辊筒输送机之间易于衔接过滤，可用多条滚筒线和其他输送设备或专机组成复杂的物流输送系统。

（一）种类

（1）按驱动方式可分为动力滚筒线输送机和无动力滚筒线输送机。

（2）按布置形式可分为水平输送滚筒线输送机、倾斜输送滚筒线输送机和转弯滚筒线输送机。

（3）按客户要求可进行特殊设计，以满足各类客户的要求。标准滚筒线内宽度为200mm、300mm、400mm、500mm、1200mm等，也可按客户需求设计其他特殊规格。转弯滚筒线标准转弯内半径为600mm、900mm、1200mm等，也可按客户需求设计其他特殊规格。直段滚筒线的直径为38mm、50mm、60mm、76mm、89mm等。

（二）特点

（1）机架材质有碳钢喷塑、不锈钢、铝型材等。

（2）动力方式有减速电机驱动、电动滚筒驱动等。

（3）传动方式有单链轮、双链轮、O形皮带、平面摩擦传动带、同步带等。

（4）调速方式有变频调速、无级变速等。

（5）动力滚筒线考虑链条抗拉强度，最长单线长度一般不超过10m。

（6）定制滚筒输送机要确认以下技术参数：输送物体的长度、宽度和高度，每个输送单元的重量，输送物的底部状况，有无特殊工作环境的要求（比如湿度、温度、化学品的影响等），输送机是无动力式还是电机带动式。

为确保货物能够平稳输送，必须在任何时间点都至少有三只滚筒与输送物保持接触。对软袋包装物，必要时应加托盘输送。

（三）适用范围

滚筒输送机适用于各类箱、包、托盘等件货的输送，散料、小件物品或不规则物品需放在托盘上或周转箱内输送。能够输送单件重量很大的物料，或承受较大的冲击载荷，滚筒线之间易于衔接过滤，可用多条滚筒线和其他输送机或专机组成复杂的物流输送系统，完成多方面的工艺需要。可采用积放滚筒实现物料的堆积输送。滚筒输送机结构简单，可靠性高，使用维护方便。

四、空中输送机

（一）悬挂链输送机

1.种类

悬挂链输送机分为提式悬挂链输送机、推式悬挂链输送机和拖式悬挂链输送机。

（1）提式悬挂链输送机

提式悬挂链输送机，又称普通悬挂链输送机，由架空轨道、牵引链、滑架、吊具、改向装置、驱动装置、张紧装置和安全装置等组成。提式悬挂链输送机不能将物品从一条输送线路转送到另一条线路。

（2）推式悬挂链输送机

推式悬挂链输送机可将物品从一条输送线路转送到另一条线路。它在结构上与提式输送机的区别是：沿输送线路装有上、下两条架空轨道；除滑架外，还有承载挂车（简称挂车），各滑架与牵引链相连沿上轨道运行；挂车依靠滑架下的推头推动而在下轨道上运行且不与滑架相连；线路由主线、副线、道岔和升降段等部分组成。

推头与挂车挡块结合或脱开，使挂车运行停止或经道岔从一条输送线转向另一条输送线。升降段可使挂车从一个层高的轨道转向另一个层高的轨道。挂车增加前杆、尾板和挡块等组成的杠杆系统，便成为积放式挂车。积放式挂车用于积放推式悬挂链输送机。

（3）拖式悬挂链输送机

拖式悬挂链输送机与提式悬挂链输送机的不同之处是前者将悬挂的吊具改为在地面上运行的小车。提式悬挂链输送机和推式悬挂链输送机的每个吊具或挂车的承载量一般在600kg以下，拖式悬挂链输送机每个小车的承载量可大于1000kg，因此比较常用。

2.特点

（1）可以灵活地满足生产场地变化的需要。

（2）除用于物件搬运外，还可以用于装配生产线。

（3）方便实现自动化或半自动化生产。

（4）可在三维空间作任意布置，能起到在空中储存物件的作用，节省地面使用场地。

（5）速度可调，能够灵活满足生产的需要。

（6）输送的物料既可以是成件的物品，也可以是装在容器内的散装物品。

悬挂链输送线可以使工件连续不断地经过高温烘道、冷却水池、有毒气体区喷粉室、冷冻区等人工不适应的区域，完成人工难以操作的生产工序，达到改善工人劳动条件、确保安全的目的；但是悬挂链输送线也存在一些不足，最明显的不足是输送系统出现故障时需要全线停机检修，这将影响整条生产线的生产。

（二）垂直输送机

垂直输送机能连续地垂直输送物料，使不同高度上的连续输送机保持不间断的物料输送。也可以说，垂直输送机是把不同楼层间的输送机系统连接成一个更大的连续的输送机系统的重要设备。

1.特点

垂直输送机是最普通的运输设备之一，其中垂直带式输送机正向大运距、大运量、大倾角的方向发展。从节约设备的占地面积，节省设备的投资和土建费用，提高运输能力方面来说，垂直提升带式输送机是一种较理想的运输设备。波纹挡边带式输送机是垂直输送物料的重要形式。垂直输送机的主要特点如下：

（1）占地面积小，便于工艺布置。

（2）节约电能，料槽磨损小。

（3）噪声小，结构简单，安装、维修方便。

（4）物料可向上输送，亦可向下输送。

2.适用范围

垂直输送机是一种新型的垂直振动输送设备，广泛适用于冶金、煤炭、建材、粮食、机械、医药、食品等行业。用于粉状、颗粒状物料的垂直提升作业时，输送机也可对物料进行干燥、冷却作业。

学习任务 2–
思考与练习

学习任务 3　智慧仓库自动分拣装备与技术

自动分拣系统（automated sorting system）是第二次世界大战后美国、日本的物流中心广泛采用的分拣系统，该系统目前已经成为大中型物流中心不可缺少的一部分。当商品数量较大时，往往需要投入大量人力，才能迅速、正确地将物品分配到各个用户，而自动分拣系统可以完成这一烦琐而又枯燥的任务。随着分拣系统规模越来越大，分拣能力越来越高，应用范围也越来越广，自动分拣系统已经成为物流系统中的重要组成部分。

一、自动分拣设备的主要特点

物流自动化分拣系统工程的一大亮点就是模块化设计，其优点是可通过简单的数字化模块和升级来满足社会发展的需要。自动分拣系统有如下主要特点。

（一）能连续、大批量地分拣货物

由于采用大生产中使用的流水线自动作业方式，自动分拣系统不受气候、时间、人力等限制，可以连续运行；同时由于自动分拣系统单位时间分拣件数多，因此自动分拣系统的分拣能力是人工分拣系统所不能比拟的。

（二）分拣误差率极低

自动分拣系统分拣误差率的大小主要取决于所输入分拣信息的准确性，而分拣信息的准确性又取决于分拣信息的输入机制。如果采用人工键盘或语音识别方式输入，则误差率可达 3% 以上；如采用条形码扫描输入，除非条形码本身印刷有误，否则不会出错。

因此，目前自动分拣系统主要采用条形码技术来识别货物。

（三）分拣作业基本实现无人化

建立自动分拣系统的目的之一，就是减少人工的使用，降低劳动强度，提高效率。分拣作业本身并不需要人工，可基本做到无人化，而人员的工作仅局限于以下几种：

（1）送货车辆抵达自动分拣线的进货端时，由人工接货；

（2）由人工控制分拣系统的运行；

（3）分拣线末端由人工将分拣出来的货物进行集载、装车；

（4）对自动分拣系统进行经营、管理与维护。

二、自动分拣系统的组成

自动分拣系统由输送机、附加设施和控制系统等组成。货物到达分拣点以前，要经过输送、信号设定、合流、主传送带输送等流程；到达分拣点时，通过对分拣过程进行控制，系统发出指令把货物传送到分拣机上，再由分拣机的瞬时动作将货物分拣到指定的滑道，使其分流。自动分拣系统的工作流程包括合流、分拣信号输入、分拣和分流、分运四个阶段。

（一）合流

在货物进入分拣系统前，应在货物的外包装上贴上或打印上表明货物品种、规格、数量、货位、货主等的标签。根据标签上的代码，在货物入库时，可以知晓入库的货位，从而在输送货物的分叉处正确引导货物的流向，而且堆垛起重机可以按照代码把货物存入指定的货位。当货物出库时，标签可以引导货物流向指定的输送机的分支上，以便集中发运。可用人工搬运方式或机械化、自动化搬运方式使货物进入分拣系统，也可以通过多条输送线使货物进入分拣系统。通过合流逐步将各条输送线上输入的货物合并于一个汇集输送机上，同时，对货物在输送机上的方位进行调整，以适应分拣信号输入和分拣的要求。汇集输送机具有自动停止和启动的功能，如果前端分拣信号输入装置偶然发生事故，或货物和货物连接在一起，或输送机上货物已经满载，则汇集输送机会自动停止，等恢复正常后再自行启动，所以它也起到缓冲的作用。

（二）分拣信号输入

为了对货物按要求进行分拣，并将其送到指定地点，一般需要对分拣过程进行控制。通常是把分拣的指示信息存储在货物或分拣机中。当货物到达时，激光扫描器对货物条形码标签进行扫描，将货物分拣信息输入计算机，把识别的信息与计算机下达的指令进行对照，并向自动分拣机发出执行的信息，开动分支装置，进行分流。控制方式分为外部记忆和内部记忆两种。外部记忆是把分拣指示标签贴在分拣货物上，工作时用识别装置进行区分，然后进行相应的操作。内部记忆是在自动分拣机的货物入口处设置控制盘，利用控制盘，操作者在货物上输入分拣指示信息，当该货物到达分拣位置时，分拣机接收信息，开启分拣装置。

（三）分拣和分流

货物离开分拣信号输入装置后在分拣输送机上移动时，系统根据不同货物分拣信号所确定的移动时间，使货物行走到指定的分拣道口，由该处的分拣机构按照所确定的移动时间自行启动，将货物移离主输送机，再将其送入分流滑道。大型分拣输送机可以高速度地把货物分送到数十条输送分支上。分拣机的控制系统采用程序逻辑控制合流、分拣信息输入、分拣和分流等全部作业，目前普遍采用的是以PC机或若干台微处理机为基础的控制方式。

（四）分运

分拣后的货物离开主输送机，再经滑道到达分拣系统的终端，这就是分运。分运中的滑道一般是无动力的，其借助货物的自重从主输送机上滑行下来。在各个滑道的终端，由操作人员将货物搬入容器或搬上车辆。

三、常用自动分拣机

根据国内外的先进经验可知，成功的仓储管理系统都具有先进的拣选系统。先进的物流拣选系统是提高配送中心作业效率的基础，也是现代化物流的重要标志。因此数字化的拣选系统也成为物流信息化技术的研究重点。

（一）挡板式分拣机

挡板式分拣机利用一个挡板（挡臂）挡住在输送机上向前移动的货物，将货物引导到一侧的滑道排出。挡板的另一种形式是以挡板一端为支点，可旋转。挡板运行时，像一堵墙一样挡住货物向前移动，利用输送机对货物的摩擦力推动，使货物沿着挡板表面移动，从主输送机上排出至滑道。平时挡板处于主输送机一侧，可让货物继续前移；如挡板作横向移动或旋转，则商品就排向滑道，如图2-1所示。

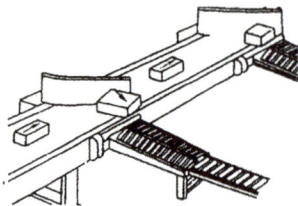

图 2-1　挡板式分拣机

挡板一般安装在输送机的两侧，和输送机上平面不接触。即使在操作时也只接触货物而不触及输送机的输送表面，因此它对大多数形式的输送机都适用。挡板本身也有不同形式，如直线形、曲线形等。还有的挡板在工作面上装有滚筒或光滑的塑料材料，以减小摩擦阻力。

（二）滑块式分拣机

滑块式分拣机如图2-2所示，它是一种特殊形式的条板输送机。输送机的表面用金属条板或管子构成，如竹席状，而在每个条板或管子上有一枚用硬质材料制成的导向滑块，能沿条板作横向滑动。平时滑块停止在输送机的侧边，滑块的下部用销子与条板下导向杆连接，通过计算机控制，当被分拣的货物到达指定道口时，控制器使导向滑块有序地自动向输送机的对面一侧滑动，

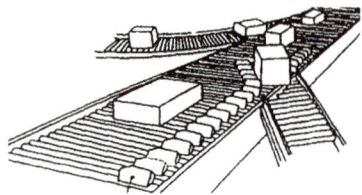

图 2-2　滑块式分拣机

把货物推入分拣道口，从而货物被引出主输送机。这种方式是将货物侧向逐渐推出，并不冲击货物，货物就不容易损伤，它对分拣货物的形状和大小没有严格限制。

（三）浮出式分拣机

浮出式分拣机是把货物从主输送机上托起，从而将货物引导出主输送机的一种结构。从引离主输送机的方向看，一种是引出方向与主输送机构成直角；另一种是呈一定夹角（通常是30°~45°）。一般前者比后者工作效率低，且容易对货物产生较大的冲击力。浮出式分拣机大致有以下两种形式。

1.胶带浮出式分拣机

这种分拣结构用于辊筒式主输送机，其中由动力驱动的两条或多条皮带或单个链条横向安装在主输送辊筒之间的下方。当分拣机启动时，皮带或链条向上提升，接触货物底部把货物托起，并将其向主输送机一侧移出，如图2-3所示。

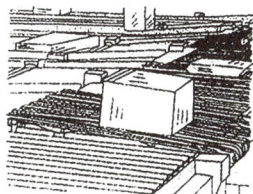

图2-3　胶带浮出式分拣机

2.辊筒浮出式分拣机

这种分拣机构用于辊筒式或链条式的主输送机，其中一个或数个由动力驱动的斜向辊筒安装在主输送机表面下方。分拣机启动时，斜向辊筒向上浮起，接触货物底部，将货物斜向移出主输送机。其中有一种是采用一排能向左或向右旋转的辊筒，可将货物向左或向右排出，如图2-4所示。

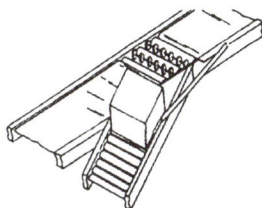

图2-4　辊筒浮出式分拣机

（四）托盘式分拣机

托盘式分拣机是一种应用十分广泛的机型，它主要由托盘小车、驱动装置、牵引装置等构成。其中，托盘小车有多种类型，如平托盘小车、U形托盘小车、交叉带式托盘小车等。

传统的平托盘小车和U形托盘小车利用盘面倾翻的方法依靠重力卸落货物，结构简单，但存在上货位置不准、卸货时间过长的缺点，易造成高速分拣不稳定和格口过宽。

交叉带式托盘小车的特点是取消了传统的盘面倾翻、利用重力卸落货物的结构，而在车体下设置了一条可以双向运转的短传送带（称为交叉带），用它来承接上货机输送来的货物，并将货物牵引到相应的格口，再由交叉带运转，交叉带将货物强制卸落到左侧或右侧的格口中。托盘分拣机对货物形状没有严格限制，箱类、袋类，甚至超薄的货物都能分拣，分拣能

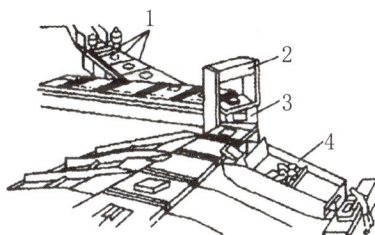

1—上货架；2—激光扫描器；
3—交叉带式托盘小车；4—格口。

图2-5　交叉带式托盘分拣机

力可达10000件/时，是当前配送中心广泛采用的一种高速分拣装置。交叉带式托盘分拣机如图2-5所示。

（五）倾斜式分拣机

1.条板倾斜式分拣机

这是一种特殊的条板输送机，如图2-6所示，货物装载在输送机的条板上，当货物

行走到需要分拣的位置时，条板的一端自动升起，条板倾斜，从而将货物移离主输送机。货物占用的条板数随不同货物的长度而定，已占用的条板如同一个单元，同时倾斜，因此，这种分拣机对货物的长度在一定范围内不受限制。

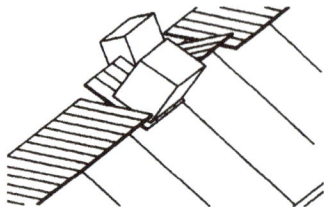

图 2-6　条板倾斜式分拣机

2.翻盘式分拣机

这种分拣机由一系列的盘子组成，如图 2-7 所示，盘子采用铰接式结构，向左或向右倾斜。装载货物的盘子上行到一定位置时倾斜，将货物翻到旁边的滑道中，为减小货物倾倒时的冲击力，有的分拣机能以抛物线轨迹倾倒出货物。这种分拣机对分拣货物的形状和大小无特殊要求，但以不超出盘子为限。对于长型货物可以跨越两只盘子放置，倾倒时两只盘子同时倾斜。这种分拣机常采用环状连续输送方式，占地面积较小，又由于采用水平循环模式，使用时可以分成数段，每段有一个分拣信号输入装置，以便货物输入，而分拣后的货物在同一滑道排出，这样可提高分拣能力。

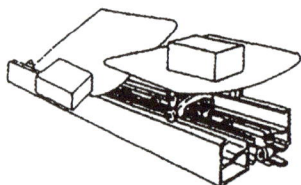

图 2-7　翻盘式分拣机

（六）悬挂式分拣机

悬挂式分拣机是用牵引链（或钢丝绳）作牵引件的分拣设备，如图 2-8 所示。按照有无支线，它可分为固定悬挂和推式悬挂两种机型。前者用于分拣、输送货物，它只有主输送线路，吊具和牵引链是连接在一起的；后者除主输送线外还备有储存支线，并有分拣、储存、输送货物等多种功能。

1.固定悬挂式分拣机

它主要由吊挂小车、输送轨道、驱动装置、张紧装置、编码装置、夹钳等组成。分拣时，货物吊夹在吊挂小车的夹钳中。通过编码装置控制，由夹钳释放机构将货物卸落到指定的搬运小车或分拣滑道上。

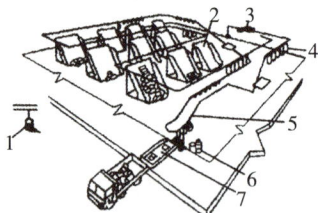

1—吊挂小车；2—格口；3—张紧装置；
4—货物；5—输送轨道；6—编码台；
7—传送带

图 2-8　悬挂式分拣机

2.推式悬挂式分拣机

它具有线路布置灵活、允许线路爬升等优点，较普遍用于货物分拣和储存业务中。

悬挂式分拣机具有悬挂在空中、利用空间进行作业的特点，它适合分拣箱类、袋类货物，对包装物形状要求不高，分拣货物的重量较大，一般可达 100kg 以上，但需要专用场地。

（七）滚柱式分拣机

滚柱式分拣机是对货物进行输送、存储与分路的分拣设备，如图 2-9 所示。按处理货物流程需要，滚柱式分拣机可以布置成水平形式，也可以和提升机联合使用构成立体仓库。

滚柱式分拣机的每组滚柱（一般由3~4个滚柱组成，与货物宽度或长度相当）各自均具有独立的动力，可以根据货物的存放和分路要求，由计算机控制各组滚柱转动或停止。输送货物过程中，在需要积放、分路的位置设置了光电传感器以进行检测。当货物输送到需分路的位置时，光电传感器给出检测信号，由计算机进行分析，控制货物下面的那组滚柱停止或转动，并控制推送器动作，将货物推入相应支路，实现货物的分拣。

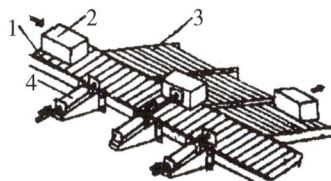

1—滚柱机；2—货物；
3—直线滚柱机；4—推送器。

图2-9　滚柱式分拣机

滚柱式分拣机一般适用于包装良好、底面平整的箱装货物，其分拣能力较强，但结构较复杂，价格也较高。

（八）分拣机器人

利用机器人（搬运机械臂），基于视觉、触觉等智能控制系统，可以将来自输送线上的货物拣出，置于托盘或另一条输送线上，达到高速分拣的目的；也可将货架上或托盘上的货物拣出后置于输送带上，达到分拣的目的。

对以上几类分拣机，在运用时具体选择哪种类型，需要综合考虑以下因素：分拣货物的形状、体积、重量、数量，输送的路线和变动性，单位时间内的处理能力、分拣量、设备费用、占地面积、周围环境等。

四、数字拣选系统

拣选工作人员利用PDA（personal digital assistant，手持数据终端）设备通过无线网络从中心系统上下载作业内容和最优路径，完成拣选作业后，将作业结果反馈给中心数据库系统。利用数字拣选系统，可大大提高拣选作业的效率，对提高仓储管理的智能化水平也有很大的促进作用。

（一）货架数字拣选系统

这种系统由带电子标签的普通货架或移动式货架、运送拣选物品的传送带、主控计算机和拣选人员组成。电子标签固定在货架的每一个货位上，显示各个货位的拣货品种和数量。传送带上有若干个容器，每个订单占用一个或多个容器。在传送带运行过程中，拣选员按订单拣选出本区段的货物置于传送带上的容器中，容器到达终点，该订单配货完毕。这种模式的货架多采用拣选式货架（如重力式货架或回转式货架等）。货架电子标签拣选系统的控制方式一般有两种，即与传动带连动的方式和与传动带非连动的方式。

1.信息显示与传动带连动的拣选方式

这种系统一般设有能自动定量供应空箱的供应输送机，拣货传送带能够在每个拣选货位前暂时停止运行。拣选人员根据电子标签的指示，从货位上取出物品放入传送带上的拣货箱，作业结束，按下结束按钮，则传送带启动拣货箱将货物传给下一个拣选人员，第二轮的拣选指示又显示在电子标签上，依次进行。这种系统的信息显示与拣货传送带是连动的，拣选的品种以60~200种为宜，适用于客户数量多、订货量少，但总的发货量多的场合。

2.信息显示与传动带非连动的拣选方式

这种系统的拣选信息显示可以分区显示，也可以全区显示。若全区显示，则首先显示第一个客户的货物信息，拣选人员按电子标签的指示拣选出相应的货物放在传动带上或小车上运出；其次，显示第二个客户的货物信息，并拣选出货物放在传动带上或小车上运出，依次进行。当客户不太多、需求量参差不齐时，可采用分区显示方式，以提高拣选效率。信息显示与传送带非连动的拣选方式速度比较快，适用于多品种（500～3000 种）的场合。

（二）小车式数字显示拣选系统

小车式数字显示拣选系统主要由拣货小车和拣货货架组成，此系统不仅可用于拣选作业，也可用于分货作业。拣货小车是系统中的关键设备，小车上设有显示屏、路线识别导引系统和无线传输装置等。小车式数字显示拣选系统的工作原理如下。

（1）配送中心的业务调度管理系统通过无线通信向拣选小车发出作业信息，包括需拣选的货物的种类以及存储货位、拣选数量等。同时，把拣选路线发送给小车的控制系统。

（2）拣选小车驾驶人员通过车上指令显示系统接收车辆行走路线指令，驾驶小车前进，小车控制系统通过路线数字传感器扫描行走路线上的路线数字编码，利用识别系统识别出路线编码，确定车辆位置。

（3）小车控制系统比较小车行走路线与当前位置，规划车辆前进方向，并显示在小车的显示屏上，指导驾驶人员操作。

（4）当车辆到达拣选货位时，则显示停车指令，驾驶员停车，并根据显示屏上显示的货位编号和拣选货物数量进行拣货作业。该货位拣选完成后，驾驶员将拣选完成信号发送给配送中心的业务调度管理系统。

（5）小车的控制系统显示下一个拣选作业的前进方向，继续进行后续作业。

五、邮件自动分拣系统

在快递包裹上贴上条码，其目的是快速准确地识别包裹上的信息。我国邮政部门已经制定了明确的标准，要求在包裹上贴上条码，以便系统自动识别，提高分拣速度。海南省邮政管理局是我国最先配备包裹自动识别分拣系统的枢纽。其一般操作流程是，在投递窗口将包裹的信息输入计算机，条码打印机按照计算机的指令自动打印出条码标签，工作人员将条码标签贴在包裹上。将包裹装入邮袋或集装箱后，由邮车送到中心枢纽，卸车后送到由输送机组成的供包线上，然后汇集到一台自动分拣机上。每条供包线上都有工作人员翻转包裹，使条码标签朝上，自动分拣机的上方装有一台全方位条码扫描器，每当包裹通过时就自动识读条码。由于包裹形状、大小各异，条码在包裹上的位置也不一致，所以要求扫描器不仅能全方位识读，而且要有较大的景深。通常，要配备一个光幕，以测定包裹的高度。然后扫描器根据高度信息自动调整焦距，获得清晰的条码信息。自动分拣

学习任务 3-
思考与练习

机有多个出口，它收到条码扫描器的识读信息后，能准确地把包裹分拨到对应的出口滑槽。

项目二　实务操作单元

学习任务 1　叉车操作训练

一、实训目的

通过本项目的实训操作，掌握叉车的基本操作技能，以便熟练地进行叉车装卸作业。

二、实训学时

建议 2 学时。

三、实训地点

操场（20m×20m）。

四、实训准备

1.5t 电动叉车、空纸箱若干、托盘 1 个。

五、实训过程

在操场上用黄漆画一条长 18m 的直线，在距离这条线左边 3.7m 处平行地再画一条同样的直线；在第一条线右边用黄漆画一个车库桩位（代表叉车车库），在距离车库桩位大概 5m 处画一条直线长 12m 的"8"字线，如图 2-10 所示，○为标杆，居于两端的直线中间，杆距为 4m，虚线为正向行驶路线，实线为倒向行驶路线，起（终）点线与第一个标杆的距离 S_1=2m。

在操场上用黄漆画"工"字形的线路，如图 2-11 所示。

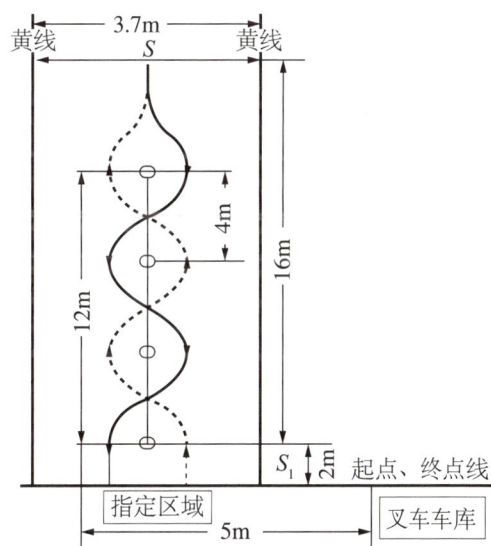

图 2-10　叉车驾驶（"8"字线）场地

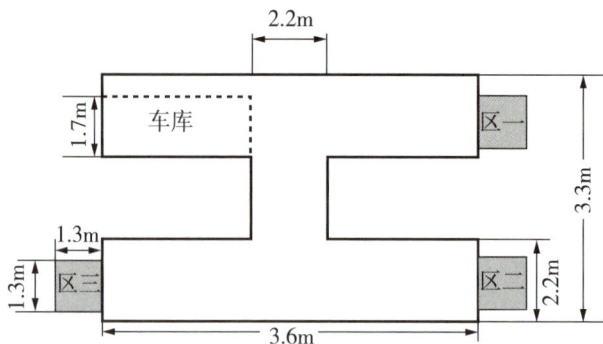

图 2-11　叉车驾驶（"工"字线）场地

（一）叉车驾驶操作（空车过"8"字线）

在用黄漆画好的直线处练习叉车起步，然后练习直线行驶。熟练后再将起步和直线行走连贯起来，在 3 分钟内一次性完成 16m 的行驶里程。

在用黄漆画好的车库桩位处练习出入车库，然后练习前进"8"字和后退"8"字。熟练后，从车库桩位处出发，在 3 分钟内完成"8"字进退，然后回到车库桩位处。以上操作熟练后可进行测试。

1.操作规则

在规定的时间内，按指定路线行驶，路线如图 2-10 所示。

注意事项如下：

（1）1 人操作，时间为 3 分钟，超过 3 分钟不计分；

（2）操作过程中，除教师、技术人员与操作者外，任何人不得进入操作场地；

（3）操作者上下车均须拉着扶手；

（4）驾驶叉车过程中，轮胎不得压线或超出指定区域；

（5）操作过程中，需注意驾驶安全，如出现摔下叉车等危险情况，教师有权取消该操作者的操作资格；

（6）操作过程中，叉车不得驶出操作场地；

（7）驾驶过程中，不得撞到或撞倒障碍物（标杆）；

（8）驾驶过程中，转向必须打开转向灯；

（9）操作者将叉车驶回停车位停车后，车辆不得超出停车位边界；

（10）操作者如不按照指定的路线和顺序操作，则成绩取消；

（11）操作完成后，须马上离开操作场地。

2.操作流程

（1）到教师处报到并抽签决定操作顺序；

（2）教师请操作者检查设备（标杆、叉车），操作者检查完毕后，向教师示意可以开始；

（3）教师宣布开始，按下计时器，操作者开始操作；

（4）操作者拉扶手上车，启动叉车，挂挡位，松开手刹，鸣笛起步；

（5）操作者驾驶叉车按照指定路线行驶并驶回停车位；

（6）操作完毕，操作者将叉车熄火，鸣笛，拉起手刹，下车后按下计时器，报告结束。

3. 评分标准

成绩主要用操作耗时来评定，因操作失误或不当而增加的处罚时间如表 2-1 所示。

表 2-1　叉车驾驶操作（空车过"8"字线）中因操作失误或不当而增加的处罚时间

序号	不符合要求的操作	处罚加时标准 / 秒	加时数 / 秒	用时记录
1	提前起步	+5/ 次		
2	起步不鸣笛	+2/ 次		
3	不按要求打灯	+2/ 次		
4	碰杆	+5/ 次		
5	倒杆	+30/ 次		
6	压黄线	+5/ 次		
7	越线	+30/ 次		
8	行驶过程中熄火	+10/ 次		
9	正向行驶过程中倒车	+15/ 次		
10	倒向行驶过程中前行	+15/ 次		
11	叉车不停到指定区域	+20/ 次		
12	停车不拉手刹	+5/ 次		
13	头部超出车体	+30/ 次		
14	未完成任务（超时）	取消成绩		

注：总操作时间＝完成项目的正常时间＋因操作失误或不当而增加的处罚时间。

（二）叉车驾驶操作（空车过"工"字线）

在用黄漆画好的"工"字线的叉货桩位处分别练习叉货、搬货过桩。熟练后，在 5 分钟内完成叉货、搬货过桩两个动作。以上操作熟练后可进行"工"字线堆叠托盘测试。

1. 操作规则

在规定的时间内，按指定规则和路线行驶。从车库出车，行驶到区二取一个托盘放置在区三的指定位置，到区一取第二个托盘到区三进行第二层叠放，回到区二取第三个托盘到区三进行第三层叠放，到区一取第四个托盘到区三进行第四层叠放；最后将车驶回车库。

注意事项如下：

（1）1 人操作，时间为 5 分钟，超过 5 分钟不计分；

（2）操作过程中，除教师、技术人员与操作者外，任何人不得进入操作场地；

（3）操作者上下车均须拉扶手；

（4）驾驶叉车过程中，轮胎不得压线或超出指定区域；

（5）操作过程中，需注意驾驶安全，如出现摔下叉车等危险情况，教师有权取消该操作者的操作资格；

（6）操作者将叉车驶回停车位停车后，不得超出停车位区域；

（7）操作过程中，叉车不得驶出操作场地；

（8）驾驶过程中，车辆转向必须使用转向灯；

（9）驾驶过程中，不得撞到或撞倒障碍物（标杆）；

（10）操作者驾驶叉车到指定的取货区域取托盘时，不得将托盘撞出区域边界；

（11）叉车行驶过程中，不得进行货叉的升降作业；

（12）进行托盘堆叠作业时，上下两层托盘之间的垂直、水平误差均不得超过10cm，并且不得将托盘撞出区域边界；

（13）叉车驾驶过程中，操作者可根据自己的操作技能灵活选择直行或倒行；

（14）操作者操作完成后，须马上离开操作场地。

2.操作流程

（1）到教师处报到并抽签决定操作顺序；

（2）教师请操作者检查设备（标杆、叉车），操作者检查完毕，向教师示意可以开始；

（3）教师宣布开始，按下计时器，操作者开始操作；

（4）操作者拉扶手上车，启动叉车，挂挡位，松开手刹，鸣笛起步；

（5）操作者驾驶叉车按照指定路线行驶；

（6）操作者驾驶叉车到指定的位置取货，然后放到指定的堆叠位置；

（7）按规则重复上述动作；

（8）操作完毕，操作者将叉车熄火，鸣笛，拉起手刹，下车后按下计时器，报告结束。

3.评分标准

成绩主要用操作耗时来评定，因操作失误或不当增加的处罚时间如表2-2所示。

表2-2　叉车驾驶操作（空车过"工"字线）中因操作失误或不当而增加的处罚时间

序号	不符合要求的操作	处罚加时标准/秒	加时数/秒	用时记录
1	提前起步	+5/次		
2	起步不鸣笛	+2/次		
3	不按要求打灯	+2/次		
4	不按线路行驶	+60/次		
5	碰杆	+5/次		
6	倒杆	+30/次		
7	压黄线	+5/次		

序号	不符合要求的操作	处罚加时标准/秒	加时数/秒	用时记录
8	越线	+30/次		
9	行驶过程中熄火	+10/次		
10	托盘堆叠错位5～10cm（含10cm）	+5/处		
11	托盘堆叠错位大于10cm	+10/处		
12	第二层以上托盘着地	+30/次		
13	托盘压线	+5/边		
14	托盘出界	+10/次		
15	叉车不停到指定区域	+20/次		
16	停车不鸣笛	+5/次		
17	停车不拉手刹	+5/次		
18	头部超出车体	+30/次		
19	未完成任务（超时比赛）	取消成绩		

注：总操作时间＝完成项目的正常时间＋因操作失误或不当而增加的处罚时间。

学习任务1–
相关知识

学习任务1–
思考与练习

学习任务2　液压托盘搬运车操作训练

一、实训目的

认识液压托盘搬运车的结构与使用方法、在物流活动中的应用。通过实训，掌握液压托盘搬运车的操作程序，增强对托盘车的精确定位能力，增强作业规范意识、安全意识。

二、实训学时

建议2学时。

三、实训地点

多媒体设备、现代仓储实训室、现代超市实训室。

四、实训准备

设备：液压托盘搬运车3辆、木制托盘3个、纸箱20个、瓶装饮料27瓶。

分组：将学生分为两组，一组为操作组，另一组为观摩组。操作组进行操作时，观摩组进行一对一的评价，之后互换角色。

五、实训过程

（一）了解液压托盘搬运车结构

液压托盘搬运车（见图2-12）是一种应用广泛的轻小型仓储工业车辆，是物料搬运不可缺少的辅助工具，适合狭窄通道和有限空间内的作业，是装卸和搬运托盘化货物的理想工具，超市仓库和店面理货多用此设备。

1.舵柄

开启舵柄后，液压系统可以产生压力；释放后，液压系统的压力随之消失。

2.手柄

上下摇动手柄可以升降货叉，通过手柄连动转向轮可控制方向。

3.液压起升系统

液压起升系统主要由液压泵构成，能满足大多数起升要求。

4.货叉

货叉用高抗拉伸槽钢做成。

5.车轮

货叉前端小轮为承载滚轮，跟手柄连接的大轮为转向轮，用来控制方向。

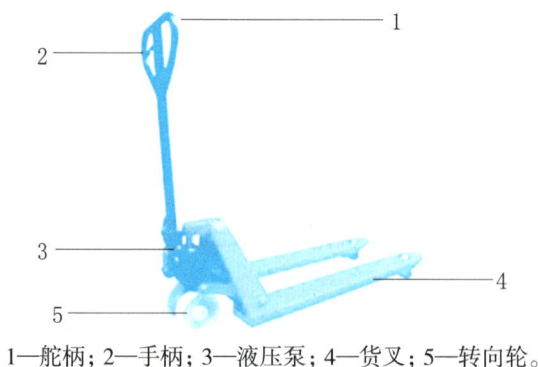

1—舵柄；2—手柄；3—液压泵；4—货叉；5—转向轮。

图2-12 液压托盘搬运车

（二）熟悉液压托盘搬运车

对液压托盘搬运车进行简单使用（升降、转向）。教师边示范边讲解以下注意事项：

（1）检查捏手是否正常；

（2）检查液压状况，升降是否完好。

让操作组的学生积极观察，明确下一步的操作规范和操作时的注意事项，进而给操作组点评，等操作组完成作业后，与观摩组对换角色。

（三）液压托盘搬运车搬运货物训练

利用液压托盘搬运车叉取托盘，沿指定路线将托盘运至指定目的地（见图2-13）。具体操作说明如下：

（1）从A处，获取液压托盘搬运车（设备起始状态：手柄与货叉成垂直状态）；

（2）在B处，叉取堆有箱子的托盘；

（3）将托盘搬运至D处；

（4）将液压托盘搬运车归至C处；

（5）进行反向路线操作，使托盘和液压托盘搬运车都回到起始状态。

	B	A

C	D

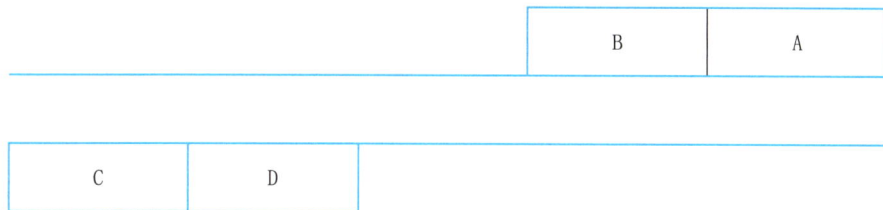

图2-13　液压托盘搬运车行走路线

（四）教师示范，强调注意事项

（1）在货叉进入托盘插孔时，不允许碰撞托盘，并要保证货叉进入托盘后，托盘均匀分布在货叉上，否则运行时易引起侧翻。

（2）抬升托盘，将托盘搬运车捏手下压至上升挡，手柄上下往复运动，至托盘离地2～3cm即可，将捏手回至空挡。

（3）载货起步时，应先确认所载货物平稳可靠。须缓慢平稳起步。

（4）运行过程中，不允许与其他设备或货物产生任何碰撞。

（5）运行过程中，避免人面向托盘倒着行走。

（6）货物搬运至目的位置时，将捏手提升至下降挡，在货叉降至最低时，方可拉出液压托盘搬运车。

（7）停车时，手柄应与货叉垂直。

（8）保证货叉已降至最低位置。

（9）不允许将液压托盘搬运车停在指定设备存放区之外。

学生进行练习与强化训练，当操作组的学生在进行作业时，观摩组的学生做好"一对一"的表格登记。

六、评分标准

学生按照实训操作流程和操作规范进行液压托盘搬运车搬运作业，作业时如违反操作规范，一次扣5分，依次累加。操作点评表如表2-3所示。

表2-3　液压托盘搬运车操作点评表

操作员：_____　观摩员：_____

序号	考核项目	出错打"×"
1	插取托盘时，货叉不能与之碰撞	
2	托盘离地2～3cm，方可行走	
3	行进时，捏手回到空挡	
4	行进时，避免人面向托盘倒着行走	
5	行进间制停，双腿成弓步	

续表

序号	考核项目	出错打"×"
6	设备复位，手柄与货叉垂直	
7	瓶子碰倒（碰撞）数量	
8	操作时间	

其他：_____

学习任务 2–
相关知识

学习任务 2–
思考与练习

【知识目标】熟悉智慧仓库的选址原则和影响因素，掌握智慧仓库选址步骤和选址方法。熟悉智慧仓储规划原则和规划步骤，了解仓库的总体构成和货区布置的形式，了解仓库总体布局遵循的原则和常见的布局形式。

【技能目标】能够选择合适的方法正确地对智慧仓库进行选址，能够根据智慧仓库的类型进行仓库布局，能够对智慧仓库的总体布局和库内储存空间布局提出合理的建议。

【素质目标】培养规范意识和风险意识，传递工匠精神的理念，会思考方案设计的创新问题，培养团队合作的意识和创新精神。

【思维导图】

```
                                                              ┌─ 仓库选址的含义
                                                              ├─ 智慧仓库选址的基本原则
                                          学习任务1            ├─ 智慧仓库选址的影响因素
                                          智慧仓库选址 ────────┤
                                                              ├─ 智慧仓库选址的步骤
                                                              ├─ 智慧仓库选址方法
                              项目一                          └─ 特殊仓库选址的注意事项
                              基础知识单元 ──┤
                                                              ┌─ 智慧仓储规则原则
                                                              ├─ 智慧仓储规划步骤
                                          学习任务2 智慧       ├─ 智慧仓库布局所遵循的原则
                                          仓储布局规划 ───────┤
    模块三                                                    ├─ 常见的仓库区域动线类型
    智慧仓储规划与设计 ──┤                                    └─ 智慧仓库储位规划

                              项目二          ┌─ 学习任务1 用Excel求解精确重心法选址问题
                              实务操作单元 ───┤
                                              └─ 学习任务2 智慧仓库的规划布局设计
```

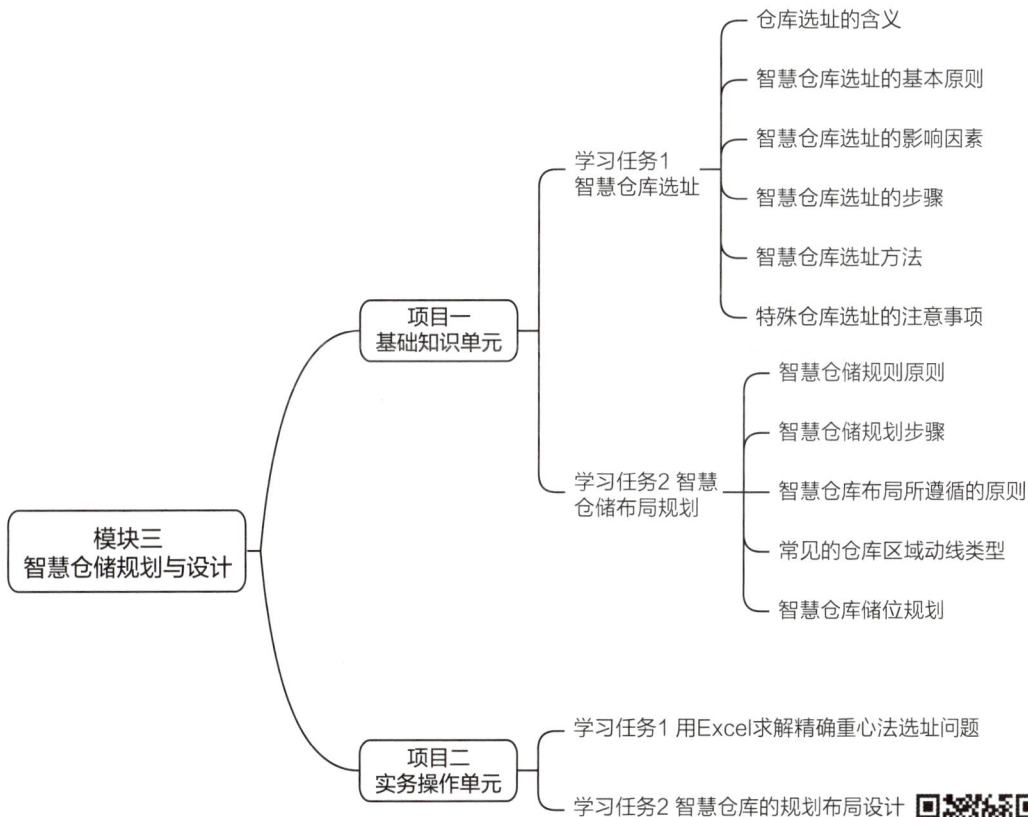

模块三引导案例

项目一　基础知识单元

仓库选址

学习任务 1　智慧仓库选址

仓库的选址是仓库规划中至关重要的一步。一方面，仓库是不动产，拥有众多建筑物、构筑物以及固定机械设备，一旦建成就很难搬迁，如果选址不当，则将付出沉重的长期代价；另一方面，如果仓库选址得当，就会使货物在仓库的汇集、中转、分发，直到输送到需求点的全过程中，有比较高的物流效率。

一、仓库选址的含义

仓库选址是指运用科学的方法决定仓库的地理位置，使之与企业的整体经营运作系统有机结合，以便有效、经济地达到企业的经营目的。仓库选址包含企业自建仓库选址与租赁仓库选址。

仓库选址包括两个层次的问题：一是选位，即选择什么地区，如选择沿海地区还是内地，南方还是北方；二是定址，即地区选定以后，具体选择该地区的什么位置。

二、智慧仓库选址的基本原则

（一）适应性

要与国家和地区的产业导向和产业发展战略相适应，与国家的资源分布和需求分布相适应，与国民经济和社会发展相适应，避免造成资源浪费和设施重复建设。

（二）协调性

仓库选址时应将国家的物流网络作为一个系统来考虑，使仓库的设施设备在地域分布、物流作业生产力、技术水平等方面互相协调。

（三）经济性

要充分考虑经济因素的影响，以总费用最低为原则，不能仅追求一项或某几项费用最低。比如，仓库选址在市区、近郊区、远郊区，其未来物流活动辅助设施的建设规模、建设费用和运费等是不同的。

（四）战略性

要有大局观和战略思维，用发展的眼光看问题，不能局限于眼前利益和局部利益。比如，要考虑企业经营的战略规划、服务对象的未来分布等因素。

（五）可持续发展

可持续发展原则主要指在环境保护上，要充分考虑长远利益，维护生态环境，促进城乡一体化发展。

三、智慧仓库选址的影响因素

（一）自然环境因素

1.气象条件

详细了解当地的自然气候等环境条件，根据存储物资的性质、保管要求及运输条件等因素，列出重点需要考虑的因素，如年降水量、空气温湿度、风力等。

2.地质条件

主要考虑土壤的承受能力。货物会对地面形成较大的压力，如果地下存在淤泥层、流沙层、松土层等不良地质环境，就不适宜建设仓库。

3.水文和水文地质条件

在沿江河地区选择仓库地址时，要调查和掌握有关的水文资料，特别是汛期洪水最高水位等情况，防止洪水侵害。同时在水文地质条件方面还要考虑地下水位的情况，水位过高的地方不适宜建设仓库。

4.地形条件

仓库宜建在地势高、平坦的地方，且应具有适当的面积与外形。尽量避开山区和陡坡。另外，最好选长方形地形，不宜选择狭长或不规则地形。

（二）经营环境因素

1.政策环境背景

选择建设仓库的地区是否有物流产业政策扶持，将对物流的效益产生直接影响。有些地区的政府采取积极的扶持政策，并在税收和资金等方面提供大力支持。有些地区的交通、通信及能源等方面的基础设施建设比较完善。

2.商品特性

不同类型商品的仓库应该布局在不同地域。例如，钢铁企业的仓库选址应紧密结合产业结构和工业布局进行考虑。

3.物流费用

仓库应该尽量选择建在接近物流服务需求地，以便缩短运输距离，降低运费等物流费用。

4.服务水平

衡量仓库服务水平高低的一个重要指标就是能否实现准时送达。所以在仓库选址时，要考虑是否能将商品及时送达，能否使客户获得满意的服务。

5.用工问题

由于当前的仓储作业仍属于劳动密集型，因此在决定仓库位置时必须考虑工人的来源、技术水平、工资水平及数量是否充足等因素。

6.竞争对手情况

竞争对手的仓库选址对企业的选址也有一定的影响。需要充分考虑竞争对手的实力、竞争策略及经营差异等因素。

（三）基础设施状况

1.交通条件

交通条件是影响物流成本和效率的重要因素之一，仓库的位置必须交通便利。既要考虑当前的交通状况，又要考虑未来的交通状况和周边地区的发展状况等因素。比如，仓库周边的高速公路、国道、铁路、港口等是否有交通限制规定，是否有利于两种以上运输方式的衔接等。

2.公共设施状况

仓库所在城市的道路和通信等公共设施设备应齐全便利，比如有充足的水、电、气、热的供应能力，有污水和垃圾处理能力等。

（四）其他因素

1.土地条件

土地的使用必须符合相关法律规定和城市规划，仓库尽量选在物流园区或经济开发区。另外，还要考虑土地大小与地价。在考虑现有地价和未来增值的前提下，配合未来可能扩充的需求，确定最合适的面积大小。尽量选用不适合耕作的土地建设仓库，而不去占用农业生产用地。

2.环境保护要求

需要考虑自然环境与人文环境等因素。尽可能降低对城市生活的干扰，不影响城市交通，不破坏城市生态环境。

3.地区周边状况

仓库是火灾重点防护单位，不宜设在易散发火种的工业设施附近，也不能靠近居民住宅区。另外，要综合判断仓库所在地周边地区的经济发展情况是否对物流产业有促进作用。

综上所述，影响仓库选址的因素复杂多样，重要性也不完全相同。而且极有可能因为一个不起眼的因素给仓库后续的运营带来超出预料的影响，因此要特别重视。

四、智慧仓库选址的步骤

仓库的选址可分为两个步骤，第一步为分析阶段，具体有需求分析、费用分析、约束条件分析等；第二步为筛选和评价阶段，根据所分析的情况，选定具体地点，并对所选地点进行评价。

（一）分析阶段

1.需求分析

根据物流产业的发展战略和产业布局，对某一地区的顾客和潜在顾客的分布、供应商的分布进行分析，具体有以下内容：工厂到仓库的运输量；向顾客配送的货物数量（客户需求）；仓库预计最大容量；运输路线的最大业务量。

2.费用分析

选址时，应掌握的费用主要包括工厂与仓库之间的运输费，仓库与顾客之间的配送费，设施、土地有关的费用及人工费、业务费等。运输费和配送费随着业务量和运送距离的变化而变动，所以必须对每吨公里的费用进行成本分析，而设施费用、土地费用是固定的，人工费和业务费是可变费用。

3.约束条件分析

应考虑的约束条件包括：①地理位置是否合适。应靠近铁路货运站、港口、公路主干道等。②道路通畅情况是否符合城市或地区的规划。③是否符合政府的产业布局。④有没有法律制度约束。⑤地价是否合适。

（二）选址和评价阶段

1.地址筛选

在对所取得的上述资料进行充分的整理和分析，考虑各种因素的影响并对需求进行预测后，就可以初步确定选址范围，即确定初始候选地点。

2.定量分析

针对不同情况选用不同的模型进行计算，得出结果。如果是对单一仓库进行选址，则可采用重心法等；如果是对多个仓库进行选址，则可采用奎汉·哈姆勃兹模型、鲍摩–瓦尔夫模型、CFLP（capacitated facility location problem）法等。

3.结果评价

结合市场适应性、购置土地条件、服务质量等条件对计算所得结果进行评价，看其是否具有现实意义和可行性。

4.复查

分析其他影响因素对计算结果的相对影响程度，分别赋予它们一定的权重，采用加权法对计算结果进行复查。如果复查通过，则原计算结果即为最终结果；如果复查发现原计算结果不适用，则返回第1步再计算，直至得到最终结果。

5.确定选址结果

在用加权法复查通过后，计算所得的结果即可作为最终的计算结果。但是，所得解不一定为最优解，可能只是符合条件的满意解。

五、智慧仓库选址方法

仓库选址问题很复杂，涉及法律法规、规划、土地使用权、物流业务种类、物流设施、筹资能力、交通环境、自然条件等诸多因素。利用数学方法对仓库位置进行量化分析是仓库选址的重要方法之一。常用的仓库选址分析方法有盈亏点平衡评价法、重心法、综合因素评价法、层次分析法等。这些方法都是仓库选址的量化分析方法，各有优势，也各有不足。

（一）量本利分析法

1.原理

任何选址方案都有一定的固定成本和变动成本，选址方案的成本和收入会随仓库储量的变化而变化。量本利分析全称为产量成本利润分析，也叫保本分析或盈亏平衡分析，可采用作图或计算比较数值的方法进行分析。进行计算比较数值的方法要求计算各方案的盈亏平衡点的储量和各方案总成本相等时的储量。在同一储量点上选择利润最大的方案。

2.假设条件

（1）可变成本与一定范围内的产出成正比；

（2）所需的产出水平能近似估计；

（3）只包括一种产品；

（4）产出在一定范围时，固定成本不变。

3.计算公式

在成本分析中，要计算每一地点的总成本TC，公式如下：

$$TC = FC + VC \cdot Q$$

式中，FC为固定成本，VC为单位可变成本，Q为产出产品的数量。

4.计算步骤

首先，确定每个备选地点的固定成本和变动成本；其次，在同一张图上绘出各地点的总成本线；最后，在某一预定的产量水平上，确定哪一地点的总成本最少或哪一地点的利润最高。

【例3-1】某公司有三个不同的仓库建设方案，由于各地址的征地费、建设费不同，工资、原材料等成本费用也各不相同，所以仓储成本不同。三个地址的仓储成本如表3-1所示，试确定不同仓储规模下的最优选址。

表3-1 三个不同仓库建设方案的仓储成本

项目	A方案	B方案	C方案
固定成本/元	600000	1200000	1800000
单位可变成本/元	40	20	10

解：根据题意列出三个备选方案的成本函数，并画出函数图像（见图3-1）：

$$TC_A = FC_A + VC_A \cdot Q_A = 600000 + 40Q_A$$

$$TC_B = FC_B + VC_B \cdot Q_B = 1200000 + 20Q_B$$

$$TC_C = FC_C + VC_C \cdot Q_C = 1800000 + 10Q_C$$

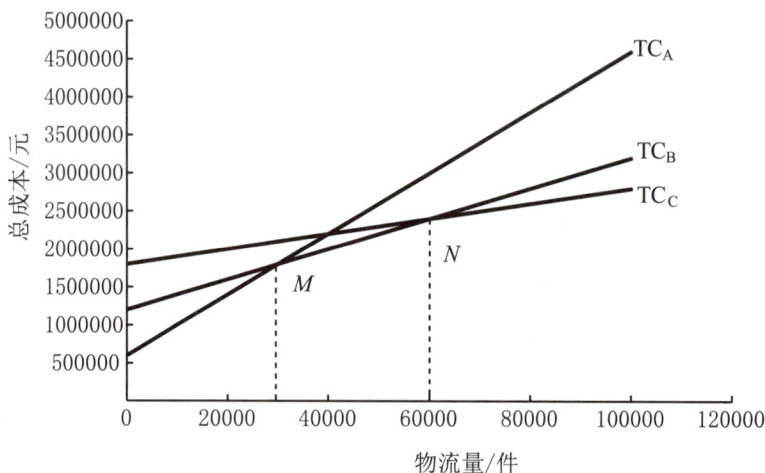

图3-1 不同仓库建设方案的成本函数

先求A、B两个方案的交点物流量，再求B、C两个方案的交点物流量，就可以确定不同物流规模下的最佳选址。

设在M点A、B方案物流成本相同，该点物流量为Q_M，则

$$Q_M = (FC_B - FC_A) / (VC_A - VC_B) = 30000 （件）$$

设在 N 点 B、C 方案物流成本相同，该点物流量为 Q_N，则

$$Q_N = (FC_C - FC_B) / (VC_B - VC_C) = 60000（件）$$

如以物流成本最低为标准，当物流量低于 30000 件时选 A 方案，物流量在 30000 件到 60000 件之间时选 B 方案，物流量大于 60000 件时选 C 方案。

（二）加权因素法

1.原理

仓库选址经常要考虑成本因素，但还有许多非成本因素需要考虑。经济因素可以用货币量来权衡，而非经济因素要通过一定的方法进行量化，并按一定规则和经济因素进行整合（综合因素评价法）。对非经济因素进行量化，一般采用加权因素法。

2.假设条件

仓库选址时要考虑的因素很多，但是总是有一些因素比另一些因素相对更重要，决策者要判断各种因素孰轻孰重，从而使评估更接近现实。

3.计算步骤

（1）决定一组相关的选址决策因素。

（2）对每个因素赋予一个权重以反映这个因素在所有权重中的重要性。每个因素的分值根据权重来确定，而权重则根据成本的标准差来确定，而不是根据成本值来确定。

（3）对所有因素的得分设定一个共同的取值范围。

（4）对每一个备择地址，对所有因素按设定范围打分；对各因素就每个备择地址进行评级，可分为五级，用五个元音字母 A、E、I、O、U 表示。各个级别分别对应不同的分数，常见的级别分数为：A＝4 分、E＝3 分、I＝2 分、O＝1 分、U＝0 分。

（5）用各个因素的得分与相应的权重相乘，并把所有因素的加权值相加，得到每一个备择地址的最终得分。

（6）选择具有最高总得分的地址。

4.注意事项

计算过程中，由于确定权数和等级得分完全靠主观判断，若判断有误差就会影响评分数值，最后影响决策的准确性。

【例 3-2】某企业对配送中心进行选址规划，设计了甲、乙、丙三个备选地址。专家罗列了影响配送中心选址的因素，并给出了每项因素的权重，如表 3-2 所示。

表 3-2　配送中心选址的因素和权重

影响因素	权重	影响因素	权重
地理位置	9	风向、日照	5
公路运输情况	8	铁路接轨条件	7
面积和配套	6	供应商情况	3
地势和坡度	2	与城市规划的关系	10
能源供应情况	7		

专家经过实地市场调查，对甲、乙、丙三个备选地址进行了影响因素打分，如表3-3所示。

表3-3 甲、乙、丙三个备选地址的影响因素得分

影响因素	权重	备选地址		
		甲	乙	丙
地理位置	9	3	1	2
公路运输情况	8	2	3	4
面积和配套	6	3	5	1
地势和坡度	2	4	3	5
能源供应情况	7	5	7	6
风向、日照	5	2	3	5
铁路接轨条件	7	4	5	2
供应商情况	3	5	3	4
与城市规划的关系	10	6	5	7

根据以上资料，确定甲、乙、丙三个备选地址哪个是配送中心基地的最佳选择。

对表3-3中甲、乙、丙三个备选地址的因素得分与相关权重相乘计算，如表3-4所示。

表3-4 甲、乙、丙三个备选地址的相关因素最终得分

影响因素	权重	备选地址		
		甲	乙	丙
地理位置	9	3×9=27	1×9=9	2×9=18
公路运输情况	8	2×8=16	3×8=24	4×8=32
面积和配套	6	3×6=18	5×6=30	1×6=6
地势和坡度	2	4×2=8	3×2=6	5×2=10
能源供应情况	7	5×7=35	7×7=49	6×7=42
风向、日照	5	2×5=10	3×5=15	5×5=25
铁路接轨条件	7	4×7=28	5×7=35	2×7=14
供应商情况	3	5×3=15	3×3=9	4×3=12
与城市规划的关系	10	6×10=60	5×10=50	7×10=70
合计		217	227	229

从表3-4的计算结果可以看出，丙地址得分最高，因此丙地址为配送中心基地最佳选择。

（三）重心法

重心法是单设施选址中常用的模型。在这种方法中选址因素只包含运输费率和该点

的货物运输量，在数学上被归纳为静态连续选址模型。

1.原理

重心法原理是将物流系统的资源点与需求点看成分布在某一平面范围内的物体系统，各资源点与需求点的物流量可分别看成物体的重量，物体系统的重心将作为仓库的最佳位置。该方法利用费用函数求仓库和顾客间运输成本最小的地点，因为选址因素只包括运输费率和该点的货物运输量，所以这种方法很简单，也很实用。

2.假设条件

重心法是在理想条件下求出仓库位置，但模型中的假设条件在实际生活中会受到一定的限制。重心法计算中简化的假设条件包括以下几个方面。

（1）模型常常假设需求量集中于某一点，而实际上需求来自分散于广阔区域内的多个消费点。

（2）模型没有区分在不同地点建设仓库所需的资本成本，及其与在不同地点经营有关的其他成本的差别，而只计算运输成本。

（3）运输成本在公式中是以线性比例随距离增加的，而运费由不随运距变化的固定部分和随运距变化的可变部分组成。

（4）模型中通常假定仓库与其他网络节点之间的路线为直线，而应该选用的是实际运输所采用的路线。

（5）模型未考虑未来收入和成本的变化。

从以上假设可以看出，模型存在诸多的限制条件，但这并不意味着模型没有使用价值。重要的是选址模型的结果对事实问题的敏感程度。如果简化假设条件，对模型仓库选址的影响很小或根本没有影响，那么可以证明简单的模型比复杂的模型更有效。

3.计算公式

应用重心法时首先要在坐标系中标出各个地点的位置，以确定各点的相对距离。在国际选址中，经常采用经度和纬度建立坐标，然后根据各点在坐标系中的横、纵坐标值求出运输成本最低的位置坐标，坐标值对应的地点就是仓库的最佳选址。

重心法的公式是：

$$C_x = \frac{\sum D_{ix} V_i A_i}{\sum V_i A_i}, \quad C_y = \frac{\sum D_{iy} V_i A_i}{\sum V_i A_i}$$

式中，C_x 为重心的 x 轴坐标值；C_y 为重心的 y 轴坐标值；D_{ix} 为第 i 个地点的 x 轴坐标值；D_{iy} 为第 i 个地点的 y 轴坐标值；V_i 为运到第 i 个地点或从第 i 个地点运出的货物量；A_i 为第 i 个地点到仓库的运输费率。

用重心法可进行配送中心地址的选择，但手工计算的过程非常复杂，而用 Excel 电子表格可简化计算过程。

【例 3-3】某物流公司拟建一个仓库，负责向四个工厂配送物资，各工厂的具体位置坐标与年物资配送量如表 3-5 所示。假设拟建仓库到各工厂的单位运输成本相等，请利用重心法确定该物流公司的仓库位置坐标（注：表 3-5 中坐标数据单位为 km，配送量单位为 t）。

表 3-5　各工厂的具体位置坐标与年物资配送量

	P_1		P_2		P_3		P_4	
	x_1	y_1	x_2	y_2	x_3	y_3	x_4	y_4
	20	70	60	60	20	20	50	20
年配送量 /t	2000		1200		1000		2500	

解：利用重心法，可以得到仓库的地理坐标数据（运输费率 A_i 相同）：

$$C_x = \frac{\sum D_{ix} V_i A_i}{\sum V_i A_i} = \frac{20 \times 2000 + 60 \times 1200 + 20 \times 1000 + 50 \times 2500}{2000 + 1200 + 1000 + 2500} = 38.4 \,（km）$$

$$C_y = \frac{\sum D_{iy} V_i A_i}{\sum V_i A_i} = \frac{70 \times 2000 + 60 \times 1200 + 20 \times 1000 + 50 \times 2500}{2000 + 1200 + 1000 + 2500} = 53.3 \,（km）$$

因此，该仓库地址应选在坐标为（38.4，53.3）的位置。

4. 局限性

通过重心法只能确定一个仓库位置，若需要确定两个或两个以上的仓库位置，则此方法不适用。通过重心法得出的最佳仓库位置只是理论最佳位置，有时这个理论最佳位置很难找到，甚至无法运用于实际选址操作，例如，在江河中间、街道中间或处于人口稀少、环境恶劣的地区。实际运用重心法时，往往还要考虑可能面临的社会问题与经营环境问题等。社会问题包括国家政策、治安情况、国土资源利用情况、环境保护情况、生活环境、就业情况等方面。经营环境问题包括经营条件、服务条件、周边的消费水平、商品特征等方面。只有充分考虑这些可能面临的问题才能最大限度地运用好仓库选址重心法，为企业节省更多的物流成本。

六、特殊仓库选址的注意事项

（一）冷藏品仓库

冷藏品仓库是以机械制冷的方式，保持一定的温湿度，以储存食品、工业原料、生物制品和药品等对温湿度有特殊要求的商品的仓库。往往选择建在屠宰场、加工厂、毛皮处理厂等附近。由于有些冷藏品仓库会产生特殊气味、污水、污物，而且设备和运输噪声较大，可能对所在地环境造成一定影响，故多选择建在城郊。

（二）危险品仓库

所储存货物具有易爆炸、易燃、毒害性、腐蚀性、放射性等性质，在储存过程中容易造成人身伤亡和财产损毁的仓库需要特别防护。一般选择较为空旷的地区，远离居民区、供水地、主要交通干线、农田等，处于当地主风向的下风位。如果必须建立在市区，则大、中型的甲类和大型乙类仓库与居民区和公共设施的间距应大于 150m，与企业、铁路干线的间距应大于 100m，与公路的间距应大于 50m，在库区大型库房间距应为 20～40m，小型库房间距应为 10～40m。易燃商品应放置在地势低洼处，桶装易燃液体应放在库内。

（三）粮食仓库

由于粮食自身具有易潮性、易受虫害性、易流失性，粮食仓库应该优先选择建设在粮食主产区、主销区和交通干线粮食集散地，以免运输距离拉得过长，商品损耗过大。

学习任务1–
思考与练习

学习任务2　智慧仓储布局规划

一、智慧仓储规划原则

智慧仓储规划必须遵循一定的规则，对能力与成本进行合理规划，使系统既能满足库存量和运输能力的需求，又能够降低规划成本。

仓库总体布局

（一）总体规划原则

在进行布局规划时，需对整个系统的物流、信息流、商流进行统筹考虑。

（二）最小移动距离原则

保持仓库内各项操作之间的最经济距离，在保证需求的前提下，尽量缩短物料和人员流动距离，节省时间，降低物流费用。

（三）充分利用空间原则

在保证仓库正常运转前提下，适当安排设备、人员、物料，充分利用垂直和水平空间，提高仓库空间利用率。

（四）生产力均衡原则

维持各种设备、各工作站的均衡，使全库都能维持一个合理的速度运行。

（五）顺利运行原则

对货品的出入库和保管营造良好的环境，提供适宜的条件，促进仓储业务顺利进行。

（六）弹性原则

能够保持一定的空间以利于设备的技术改造和工艺的重新布置，并保持一定的维护空间。

（七）能力匹配原则

设备的存储和输送能力要与系统的需求和频率相协调，以避免设备能力的浪费。

（八）安全性原则

设计时要考虑操作人员的安全和方便性。

二、智慧仓储规划步骤

（一）基础数据获取和分析

智慧仓库设计均基于基础数据，因此在做整体仓储设计时，首要任务就是获取智慧仓库设计的基础数据。一般情况下，进行智慧仓库设计，需要掌握以下基础数据：

（1）产品明细，包括产品SKU（stock keeping uint，库存量单位）物料号、长、宽、高、重量、堆码标准、储存要求；

（2）产品出入库预估数据；

（3）未来仓库业务变化趋势：未来1～3年或1～5年仓库业务的变化趋势。

（二）产品分析

智慧仓库最基本的功能就是进行产品的储存和出入作业。进行智慧仓库设计时，首先要对产品进行分析，不同的产品对储存模式、拣选模式、仓储系统有不同的要求。在产品分析中，需要明确：

（1）储存SKU产品数量；

（2）产品包装规格：长、宽、高；

（3）产品重量；

（4）每种SKU产品的储存特性和要求；

（5）每个SKU的堆码标准。

（三）仓库作业流程设计

按照工业生产理论，从产品入库，到库内处理，再到产品出库，是一次严格的生产作业过程。因此，在仓库设计过程中，需要进行仓库作业流程的设计。库内作业流程包括：

（1）入库流程设计：包括如何入库卸货、如何上架；

（2）盘点流程设计：包括日盘、周盘、月盘、盘点方式；

（3）出库流程设计：包括补货流程、拣货流程、装车流程；

（4）单据传递流程设计：包括如何传递入库单据、拣货单据、出库单据、提货单据。

（四）库内功能区域规划

不同行业对智慧仓库功能区域设计要求不同，相同行业不同类型的仓库对区域功能的要求也不同。智慧仓库功能区域的规划，需要明确功能设计的原则、功能区域变量的定义和属性，结合两者进行功能区域设计。以快消品行业为例，智慧仓库规划需要考虑以下功能区域：

（1）储存功能区域；

（2）分拣功能区域；

（3）备货缓冲区；

（4）入库缓冲区；

（5）设备和充电区域；

（6）托盘存放区域。

（五）仓库人员和设备投入设计

智慧仓库设计需满足项目运作要求和效率最高、效益最大的要求，还应满足未来业务发展需求。智慧仓库人员和设备是库内主要的成本投入。人员和设备投入应考虑以下因素：

（1）人员投入：包括仓库管理、仓库操作、系统处理等岗位的人力成本，高峰低谷人员如何配置。

（2）设备投入：包括储存设备、搬运设备、系统设备等投入。

三、智慧仓库布局所遵循的原则

仓库是存放物品的建筑物和场地，主要由办公区、验货区、自动化立体仓库存储区、入库区、出库区、自动分拣区、辅助作业区等部分构成。仓库布局是指仓库的各个组成部分，在规定的范围内，进行位置的合理安排。这些位置的确定要经过周密细致的考虑，因为布局合理与否，在很大程度上影响仓库的作业效率、储运质量和经营水平，同时，对保证仓储生产的顺利进行、实行科学管理、降低储运成本等都具有重要意义。

（一）适应仓储生产的作业流程

1.仓库布局的物品流向应是单一方向

仓库内商品的卸车、验收、存放地点之间的安排要适应仓储作业需要，按一个方向流动且线路尽量是直线。

2.最短的运距

商品出入库和库内搬运时，要求库内外交通运输线相互衔接，并与库内各个区域有效连接，满足作业流畅性要求，避免相互交叉和干扰，减少各个作业环节之间重复装卸、搬运，避免迂回、回流等无效运输。

3.最少的装卸环节

减少在库品的装卸搬运次数，物品的卸车、验收、堆码作业最好一次完成。

4.最大限度地利用空间

仓库总体布置应有利于物品的合理储存和充分利用库容。

（二）有利于提高仓储经济效益

在总体布局时，要考虑地形、地质条件等，因地制宜，利用现有资源和外部协作条件，满足货物运输和存放的要求。

（三）有利于保证安全和员工的健康

库内各区域间、各建筑间应根据建筑设计防火规范的有关规定，留一定的防火间距，并设置防火、防盗等安全设施。此外，库内布置要符合卫生和环境要求，既满足库房的通风、日照等需求，又要考虑环境绿化，以利于员工身体健康。

四、常见的仓库区域动线类型

依据货物流动方式，常见的仓库布局形式有I形、U形和L形。

（一）I形

I形布局形式的进货区和出货区设置在仓库相对的两侧，如图3-2所示，货物进—存—出，形成一个类似于"I"字形的移动路线。

图 3-2　I 形移动路线

I形布局形式的进货、出货月台相距甚远，延长了货物的整体运输路线，降低了效率，但是由于I形的流程较简单，操作人员比较容易适应。此外，由于进货、出货月台分布在仓库的两旁，需至少两个保安小组负责两个月台的监管，增加了人力投入和运作成本。I形布局形式的仓库无论订单大小、货品多少，均需要通过仓储流程，适合用于作业流程简单、快速流转的货物的物流作业。

（二）U形

U形布局形式进货区和出货区设置在仓库的同一侧，如图 3-3 所示，货物进—存—出，形成了一个类似倒"U"字形的移动路线。

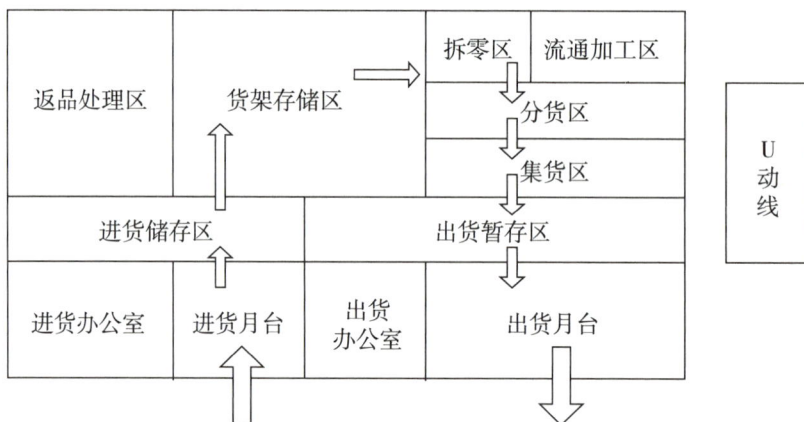

图 3-3　U 形移动路线

U形布局形成的仓库各功能区的运作范围经常重叠，交叉点也比较多，容易降低运作效率。另外，由于进出仓库的货物在月台进行收发，也容易造成混淆，特别是在繁忙时段和处理类似货物的情况下。解决的方法可以是组建不同小组，分别负责货物进出。

由于U形布局形式的进货、出货月台集中在同一边，只需在配送中心其中一边预留货车停泊和装卸货车道，这样一方面可以更有效地利用配送中心外围空间；另一方面可以集中月台管理，减少月台监管人员。U形布局适用于大量物品需要一入库就进行出库操作的仓库。在土地少而人工成本高的时期，采用U形布局的配送中心是最常见的，也是目前仓储业较多采用的布局形式。

（三）L形

L形布局形式的货物进货区和出货区设置在仓库相邻的两侧，如图3-4所示，货物进—存—出，形成一个类似于"L"字形的移动路线。

需要快速处理货物的仓库通常会采用L形布局形式，以把货物出入仓库的途径缩至最短。L形布局形式既可以应对进出货高峰同时产生的情况，也可同时处理高频率出入库和低频率出入库的物品。所以，L形布局形式适用于流通加工中心或有库存和无库存同时并存的配送中心。

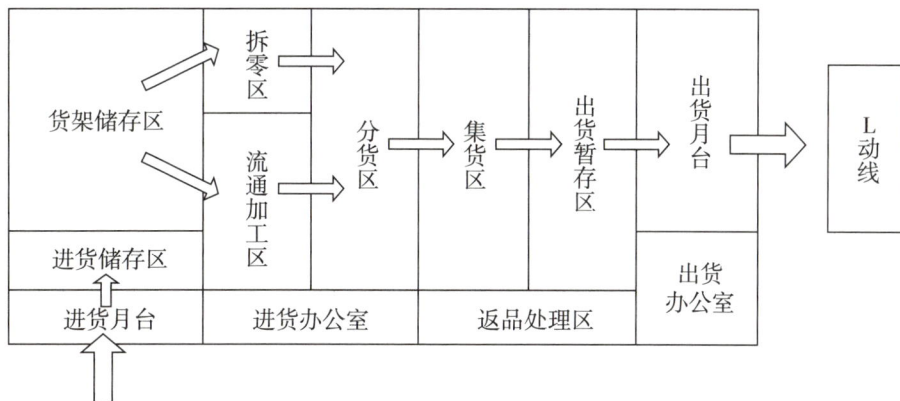

图 3-4　L 形移动路线

五、智慧仓库储位规划

（一）智慧仓库储位规划原则

1.明确指示储存位置

详细规划储存区域并标示编号，使每一项预备储存的物品均有位置可以储存。这些储存位置必须是明确的，而且是有储位编码的，而不是边界含糊不清的位置，例如走道、楼上、角落或某物品旁等。

2.有效定位物品

根据物品保管区分方式的限制，寻求合适的储存单位、储存策略、指派法则把物品有效地放置在先前所规划的储位上。所谓"有效"就是经过安排的，例如，需要冷藏的物品就应放冷藏库，出入库频率高的物品就该放在靠近出口处等。

3.确定登录变动

在物品被有效地放置在规划好的储位上后，剩下的工作就是储位维护。也就是说，不管是拣货取出还是产品太旧而换新等原因，导致的物品位置或数量有所改变，都必须记录变动情形，以使料账与实际数量完全吻合。

（二）货架布局分类

货架一般采用垂直式布置，即货垛或货架的排列与仓库的侧墙互相垂直或平行，具体包括横列式布局、纵列式布局和混合式布局。

1.横列式

横列式布局是指货垛或货架的长度方向与仓库的侧墙相互平行，如图 3-5 所示。横列式布局的优点是主通道长且宽，副通道短、整齐美观，便于存取查找，如果用于库房布局，则还有利于通风和采光；缺点则是主通道占用面积大，仓库的面积利用率低。

图 3-5　横列式布局

2.纵列式

纵列式布局是指货垛或货架的长度方向与仓库侧墙垂直，如图 3-6 所示。

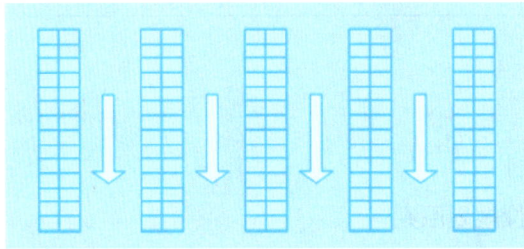

图 3-6　纵列式布局

3.混合式布局

混合式布局是指在同一保管场所内，横列式布局和纵列式布局兼而有之，如图 3-7 所示，所以又称纵横式布局，它可以综合利用两种布局的优点。

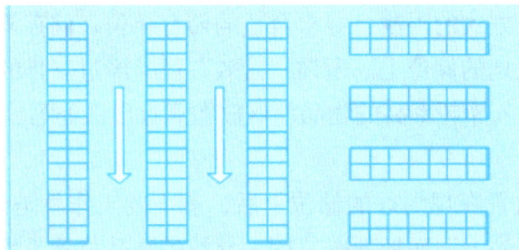

图 3-7　混合式布局

（三）货位编码

货位编码是指将库房、货场、货棚、货垛、货架及物品存放的具体位置按顺序统一编码，并画出明显标志。货位编码就如物品在库的"住址"，要做好储位编码工作，应该从不同库房条件、物品类别和批量整零的情况出发，做好储位画线和编排序号工作，做到"标志明显易找，编排循规有序"。

1.货位编码基本要求

（1）标志设置要适宜。货位编码的标志设置要因地制宜，采取适当方法，选择适当位置。

（2）标志制作要规范。货位的标志要有规律，序号应连续，不能出现断号或跳号的情况。

（3）编号顺序要一致。仓库范围内房、棚、场以及库房内的走道、支道、段位，基本上都以进门方向左单右双或自左而右的规则进行编号。

2.货位编号方法

货位编号的常用方法有地址法、区段法、品类群法等，常用的地址法中的四号定位法，其具体编制方法如下：

（1）确定库区号。库区编号是对整个仓库各储存场所的编号，可根据库区内各存储场所的平面位置按顺序编号，将编码写在醒目处。

（2）确定货架号。对于库房，一般以货架为单位按顺序编号，并标于货架明显处；对于货场，一般对各行列按顺序编上排号，货位号码可直接标在地上；对于集装箱堆场，应对每个箱位进行编号并画上箱位四角位置标记。

（3）确定货架的层号和位号。首先自上而下列出层号，然后从左到右标明位号。例如，货位编码 02-03-04-05，表示存放在第二库区第三货架第四层第五货位。

学习任务 2-
思考与练习

项目二　实务操作单元

学习任务 1　用 Excel 求解精确重心法选址问题

一、实训目的

通过本项目的实训操作，能够利用 Excel 精确求解仓库或配送中心的地理位置。

二、实训学时

建议 2 学时。

三、实训地点

机房。

四、实训准备

Excel 办公软件。

五、实训过程

用精确重心法可进行仓库或配送中心地址的选择，但手工计算的过程非常复杂，而用Excel电子表格可简化计算过程。

【例3-4】假设有两个工厂向一个仓库供货，仓库设置三个需求中心，工厂一生产A产品，工厂二生产B产品。工厂和需求地的坐标、总运输量和运输费率如表3-6所示，K值取10。

表3-6　工厂和需求地的坐标、总运输量和运输费率

| 地点 | 产品 | 总运输量/担 | 运输费率/［美元/（担·英里）］[1] | 坐标值 | 坐标值 |
				x	y
工厂一	A	2000	0.05	3	8
工厂二	B	3000	0.05	8	2
需求点一	A、B	2500	0.075	2	5
需求点二	A、B	1000	0.075	6	4
需求点三	A、B	1500	0.075	8	8

注：1担=50千克；1英里=1609.344米。

第一步，建立Excel模型，输入已知数据，如图3-8所示。

图3-8　输入数据

第二步，在第一步的基础上，利用Excel提供的函数，分别求出各个地点到仓库的运输成本和总成本，如图3-9所示。

图3-9　Excel求解各个地点到仓库的运输成本和总成本

第三步，用Excel的"规划求解"工具求解。在"规划求解参数"对话框中输入"规划求解"的参数，最后单击"求解"按钮，如图3-10所示。

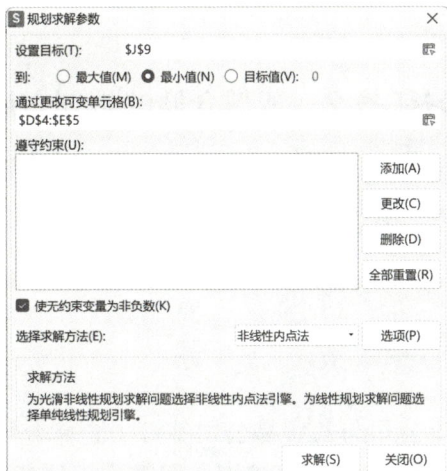

图 3-10　Excel 规划求解

第四步，保存计算结果。Excel计算完成后将会提示是否保存结果，单击"确定"则保存结果。求得的仓库最优坐标值为（4.64，4.64），总运输成本为 21615.213 美元，如图 3-11 所示。

地点	坐标值		仓库坐标		总运量/担	运输费率/[美元/（担·英里）]	度量因子K	距离/英里	运输成本/美元
	x	y	X	Y					
工厂一	3	8	4.64	4.64	2000	0.05	10	37.40545048	3740.545048
工厂二	8	2			3000	0.05	10	42.69560886	6404.34133
需求点一	2	5			2500	0.075	10	26.69212652	5004.773723
需求点二	6	4			1000	0.075	10	14.98863188	1124.147391
需求点三	8	8			1500	0.075	10	47.47915573	5341.40502
								总运输成本	21615.21251

用Excel求解精确重心法选址问题

图 3-11　求解结果

大规模、多设施选址模型给管理人员制定决策带来的帮助是很大的。该模型之所以如此受欢迎，是因为它提供了解决企业管理中重大问题的决策依据；它强大有效，可以重复用于各种形式的物流网络设计，且能提供规划所需的细节；使用该模型的成本不高，带来的收益远远超出其应用成本；模型要求的数据信息大多数企业都很容易获得。

然而，该模型仍然有局限性。例如，库存政策、运输费率结构和生产/采购规模经济中会出现非线性的、不连续的成本关系，如何准确、高效地处理这些关系仍然是数学上的难题；设施选址模型应该得到进一步的发展，应该更好地解决库存和运输同步决策的问题，即这些模型应该是真正一体化的网络规划模型，而不应该分别以近似的方法解决各个问题；网络设计过程中应该更多地关注收入效应，因为一般来讲，模型建议的仓库数量多于将客户服务作为约束条件、成本最小化时决定的仓库数量；建立的模型应该便于管理人员和规划者使用，这样模型才能经常被用于策略性规划、预算，而不是仅仅偶尔使用。这就要求模型与企业的管理信息系统取得更紧密的联系，以便迅速得到模型运算所

学习任务 1-
思考与练习

需的数据。

学习任务 2　智慧仓储的规划布局设计

库内空间布局

一、实训目的

通过本项目的实训操作，熟悉智慧仓储规划布局设计的步骤。

二、实训学时

建议 2 学时。

三、实训过程

2020 年 12 月，甲物流公司与乙贸易公司签订了仓储合同，甲物流公司承诺为乙贸易公司准备一个专用仓库以储存电子产品。目前仓库修建完毕，该仓库长 50m、宽40m、高 8m，地坪承载重量为 200kg/m²，建筑面积为 2000m²，需要对此仓库进行布局规划，购置必需的仓储设施设备。作为甲物流公司的仓库主管小李该如何开展这一系列工作？

（一）确定仓库类型

甲物流公司为乙贸易公司新建的是一个专属仓库，建筑面积为 2000m²。根据乙贸易公司存储货物是电子产品的特点和库房本身条件，保管时首先要做的就是防潮。为了选择合理的库房类型，提高仓库空间利用率，结合目前公司的库房类型——平堆仓库和货架仓库，小李选择了货架仓库。

（二）确定仓库整体平面作业布局

根据仓库区域动线布局的特点和适用性，L 形动线可以应对进出货高峰同时产生的情况，也适合越库作业的进行，也可同时处理"快流"和"漫流"的货物，所以 L 形动线比较适合电子产品类货物的储存。

结合所选的仓库类型为货架仓库，对仓库的各个分区进行布局，包括确定分区的位置和大小等。仓库各分区包括货架存储区、理货区、分拣区、设备存放区、进货月台、出货月台、进货暂存区、出货暂存区、流通加工区、返品处理区等，如图 3-12 所示。

货架储存区		分拣区	流通加工区	理货区	出货暂存区	出货月台
进货暂存区						
进货月台	进货办公室	设备存放区	返品处理区			出货办公室

图 3-12　仓库布局图

（三）选择仓储设备

根据所选的仓库类型和布局图，对于仓库设备的选择，小李需要考虑成本和适用性。仓储设备一般包括货架、托盘、输送设备、分拣设备等。

1.选择货架

结合存储电子产品的特点，为了存储方便，节省时间，小李选择托盘货架进行存储，其可适应各种类型物品存储。

2.选择托盘

配合托盘货架，再结合电子产品的特性，小李选择最常见的平板木质托盘（1200mm×1000mm型）。

3.选择输送设备和分拣设备

鉴于乙贸易公司电子产品的特性，以及上述对托盘货架的选择，对于输送设备、分拣设备不做要求，以减少额外的作业损坏。

（四）选择装卸搬运设备

选择好仓储设备后，紧接着需要选择装卸搬运设备，常用的有搬运车、叉车、堆高车等。

1.选择搬运车

搬运车是对物品进行搬运的车辆，分为手动液压搬运车和电动搬运车。电动搬运车成本高于手动液压搬运车，基于成本的考虑，小李选择了手动液压搬运车。

2.选择叉车

转弯半径小，可有效提高仓库的面积利用率，因此小李选择了前移式叉车。

3.选择堆高车

半电动堆高车广泛应用于高层货架的托盘物品的上下架操作和物品的堆垛，因此小李选择了半自动堆高车。

（五）选择其他必备设备

选择完仓储设备、装卸搬运设备后，还需要选择其他设备。

1.选择物流信息设备

对于物流信息设备，小李选择了具有一定特性的便于携带的数据处理终端，是物流企业仓库内的物品上架、仓库盘点等业务常用的设备，是可以及时将仓库信息数据传递到电脑上进行数据同步的设备，如手持终端。

2.选择计量检验设备

考虑到电子产品的称重，以及该项目结束后仓库的再使用，小李选择使用电子秤。

3.选择保管养护设备

考虑到电子产品储存的防潮和通风要求，小李选择了空气调节器和通风机。

4.选择消防设备

消防设备是仓库内用于保障消防安全的必要设备，结合电子产品的特性，小李选择了烟雾报警器、干粉灭火器。

学习任务 2-
相关知识

学习任务 2-
思考与练习

模块四

入库管理

【知识目标】重点掌握商品入库作业的基本流程，了解商品接运的主要方式，掌握商品验收的内容和要求、货物堆码的方法和要求。

【技能目标】能够独立或与他人合作完成入库作业，能够熟练编制、填写入库单据，能够根据入库作业计划准备货位、苫垫材料及验收与装卸搬运器械，具备对商品进行正确堆码的操作能力，能够正确处理入库过程中出现的各种问题。

【素质目标】树立正确的价值观，能够与他人沟通协调，具备团队协作能力。培养正确的职业道德观，熟悉入库作业的各项工作。了解入库作业需要遵循的管理制度。

【思维导图】

模块四入库管理
- 项目一 基础知识单元
  - 学习任务1 入库作业流程
    - 入库申请
    - 制订入库作业计划
    - 入库准备
    - 接运卸货
    - 核查入库凭证
    - 物品验收
    - 办理交接手续
    - 入库信息处理
  - 学习任务2 入库管理制度
- 项目二 实务操作单元
  - 学习任务1 包装储运指示性标志识别
  - 学习任务2 堆码作业操作训练
  - 学习任务3 入库信息的处理

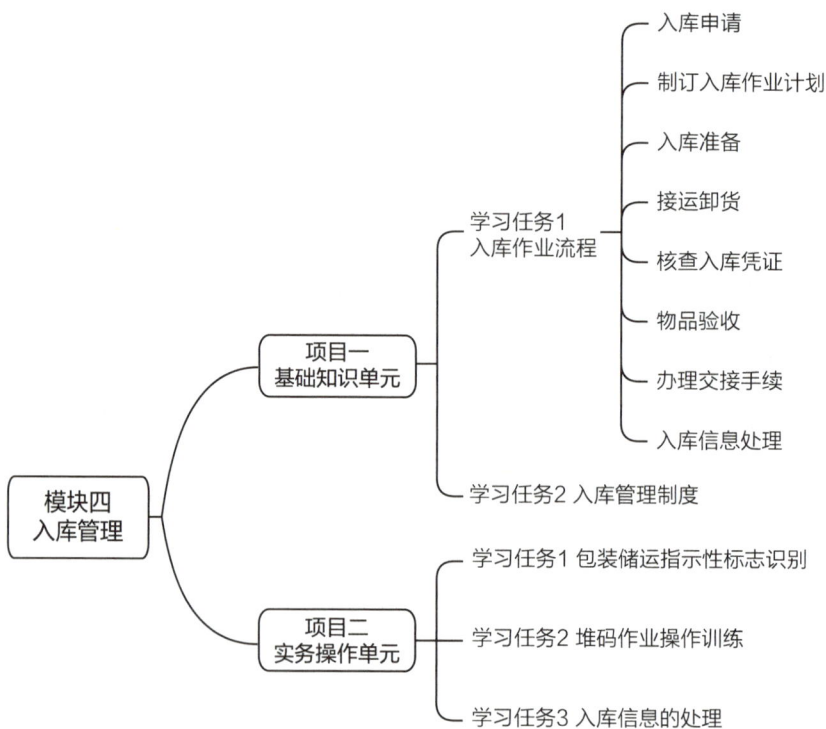

模块四引导案例

项目一　基础知识单元

学习任务1　入库作业流程

入库准备

要对入库作业活动进行合理的安排和组织，就需要掌握入库作业的基本业务流程。

一、入库申请

入库申请是生成入库作业计划的基础和依据。存货人（供货商）对仓储服务产生需求，并向仓储企业发出需求通知。仓储企业接到申请之后，对此项业务进行评估并结合仓储企业自身业务状况做出反应：或拒绝该项业务，并做出合理解释，以获得客户谅解；或接受此项业务，制订入库作业计划，并分别传递给存货人和仓库部门，做好各项准备工作。

入库通知单是存货人向仓储企业提出入库申请的书面形式。一般入库通知单以货主或货主委托方为入库任务下达单位，根据仓储协议，在一批货物由司机送达仓库前将入库任务下达给仓库，起到预报入库信息的作用。

入库通知单的内容一般因用途不同而不同，可包括编号、日期、订单号、供应商、存货人、物品编号、物品名称、物品属性、物品数量、物品单价、物品重量、包装材质和规格、存放地点等信息。入库通知单示例如表4-1所示。

表4-1　入库通知单

编号：R02002　　　　　　　　　计划入库时间：到货当日

序号	商品名称	包装规格/mm	单价/(元/箱)	重量/kg	数量/箱	备注
1	休闲黑瓜子	595×395×375	120	21	10	
2	小师傅方便面	595×325×330	180	3	18	
3	好娃娃薯片	455×245×200	80	2	50	

存货人：××商贸有限公司

当仓储企业业务部门收到存货人的入库通知单后，要对此业务进行分析评估，包括到货日期、物品属性、包装、数量、存储时间和本企业的接卸货能力、存储空间、温湿度控制能力等方面。若分析评估后，认为此业务本企业难以承担，则业务部门可与存货人就存在的问题进行协商，如协商难以达成一致，则可拒绝此业务；若分析评估后，认为此业务属于本企业业务范畴，则业务部门根据入库通知单制订入库作业计划，分别发给存货人和本企业仓库部门。发给存货人的入库作业计划用以让存货人对入库申请进行确认，发给本企业仓库部门的入库作业计划作为生产计划，仓库部门依此计划进行生产准备。

二、制订入库作业计划

入库作业计划是指仓库部门根据本部门和存货人等外部实际情况，权衡存货人的需求和仓库存储的可能性，通过科学预测，提出在未来一定时期内仓库要达到的目标和实现目标的方法。

入库作业计划是存货人发货和仓库部门进行入库前准备的依据。入库作业计划主要包括到货时间、接运方式、包装单元与状态、存储时间，物品的名称、品种、规格、数量、单件体积与重量、物理特性、化学特性、生物特性等详细信息。

仓库部门要对入库作业计划的内容进行分析，并根据物品的在库时间，物理、化学、生物特性，单件体积、重量，包装物等，合理安排货位。仓库部门对入库作业计划做出测评与分析之后，即可进行物品入库前的准备工作。

三、入库准备

按照物品的入库时间和到货数量，按计划安排好接运、卸货、检验、搬运物品的作业人员和班次；仓管员要准备好物品入库所需的各种报表、单证、账簿，以备使用。

（一）货位准备

1.平置库货位准备

根据入库计划，在物品到达前确定存储的位置和所需的货位面积。

（1）确定物品存储的位置。主要考虑平置库平面布局、物品在库时间、物品物动量高低等关键因素。高物动量的物品，在库时间一般较短，所以高物动量的物品应放置在离通道或库门较近的地方。

平置库货位布局如图4-1所示。

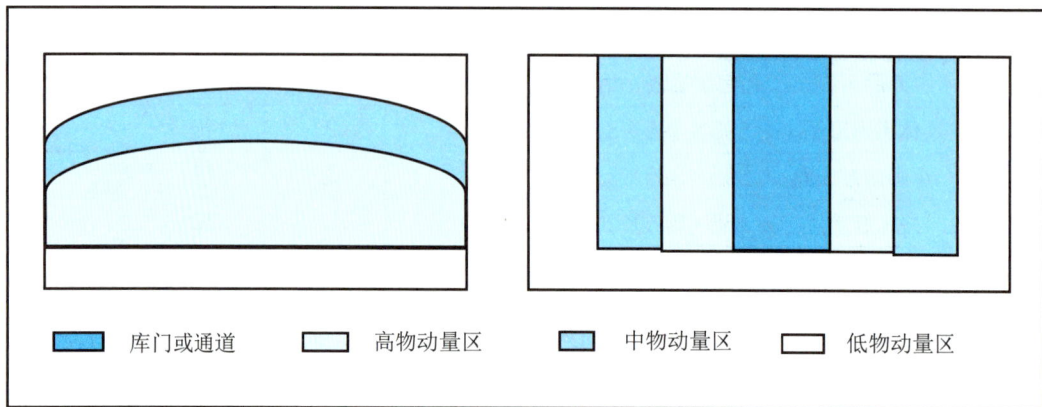

图4-1　平置库货位布局

（2）确定物品所需货位面积。必须考虑的因素包括仓库的可用高度、仓库地面荷载、物品包装物所允许的堆码层数以及物品包装物的长、宽、高。

计算占地面积的公式如下：

$$单位包装物面积＝长×宽$$

$$单位面积重量＝单位商品毛重÷单位面积$$

可堆层数（从净高考虑）：层数a＝库高÷箱高。

可堆层数（从地坪载荷考虑）：层数b＝地坪单位面积最高载荷量÷单位面积重量。

堆码极限：层数 c。

$$可堆层数＝min（层数 a，层数 b，层数 c）$$
$$占地面积＝（总件数÷可堆层数）×单位包装物面积$$

【例 4-1】某仓库建筑面积为 10000m²，地坪载荷为 2000kg/m²，库高 4.8m。现该库收到入库通知单（见表 4-2）。

表 4-2　入库通知单

入库时间：　年　月　日　时

入库编号	品名	包装规格 /mm	包装材料	单体毛重 /kg	包装标志限高 / 层	入库总量 / 箱	备注
00011226	五金工具	400×250×320	杨木	48	5	2400	

如果该批物品入库后码垛堆存，请计算出至少需要多大面积的储位。如果仓库可用宽度受限仅为 5m，请计算出计划堆成重叠堆码的平台货垛的长、宽、高各为多少箱。

解：单位包装物面积＝400×250＝0.1（m²）

单位面积重量＝48÷0.1＝480（kg）

可堆层数（从净高考虑）：层数 a＝4.8÷0.32＝15（层）

可堆层数（从包装标志限高考虑）：层数 b＝5（层）

可堆层数（从地坪载荷考虑）：层数 c＝2000÷480≈4.17≈4（层）

可堆层数＝min（a，b，c）＝min（15，5，4）＝4（层）

占地面积＝（2400÷4）×0.1＝60（m²）

垛宽＝5÷0.25＝20（箱）

垛长＝60÷5÷0.4＝30（箱）

垛高＝4（箱）

练习 4-1

答：至少需要 60m² 的储位。如仓库可用宽度受限仅为 5m，堆成重叠堆码的平台货垛长 30 箱、宽 20 箱、高 4 箱。

2. 货架库货位准备

计划入库物品上架存储，在明确存储位置和所需货位数量的同时，要准备好相应数量的托盘。

（1）货架库货位优化。决定计划入库物品的存储位置的关键因素是物动量分类的结果，高物动量物品应该选择首层货位，中物动量物品应该选择中间层货位，低物动量物品则应该选择上层货位（见图 4-2）。

（2）货架库货位和托盘数量准备。为保证计划入库物品顺利入库，仓管应在入库前准备足够的货位和上架所需的托盘。

在计算所需货位和托盘数量时所应考虑的因素包括：计划入库的物品种类和包装规格；货架货位的设计规格；所需托盘规格；叉车作业要求；作业人员的熟练程度与技巧。

货架库入位与平置库入位的不同之处包括货位净高的要求、叉车作业空间的预留，一般预留空间不小于 90mm。

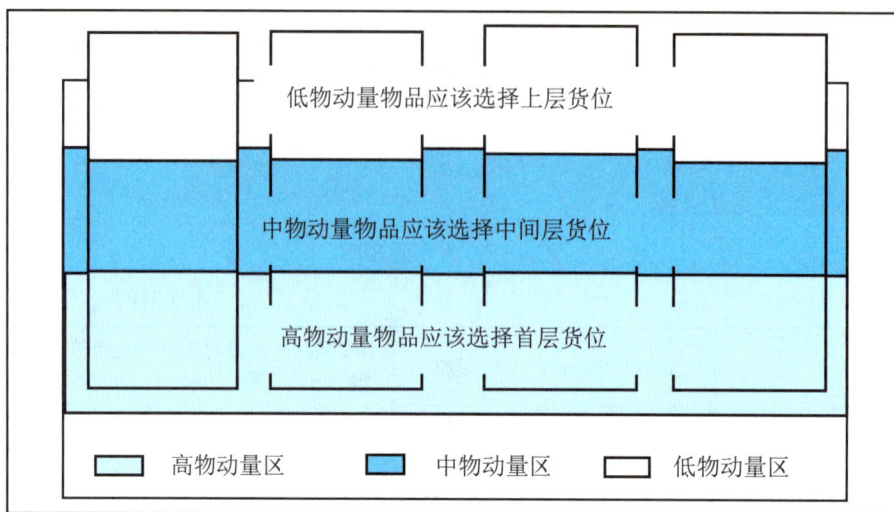

图 4-2　货架储存与货位优化

【例 4-2】某物流公司收到一份入库通知单，计划入库物品为干红葡萄酒，包装规格为 460mm×260mm×252mm，堆码层限为 6 层，共 536 箱。该公司采用的托盘规格为 1200mm×1000mm×160mm，托盘式货架信息如图 4-3 所示。叉车上架时的作业空间不小于 90mm。

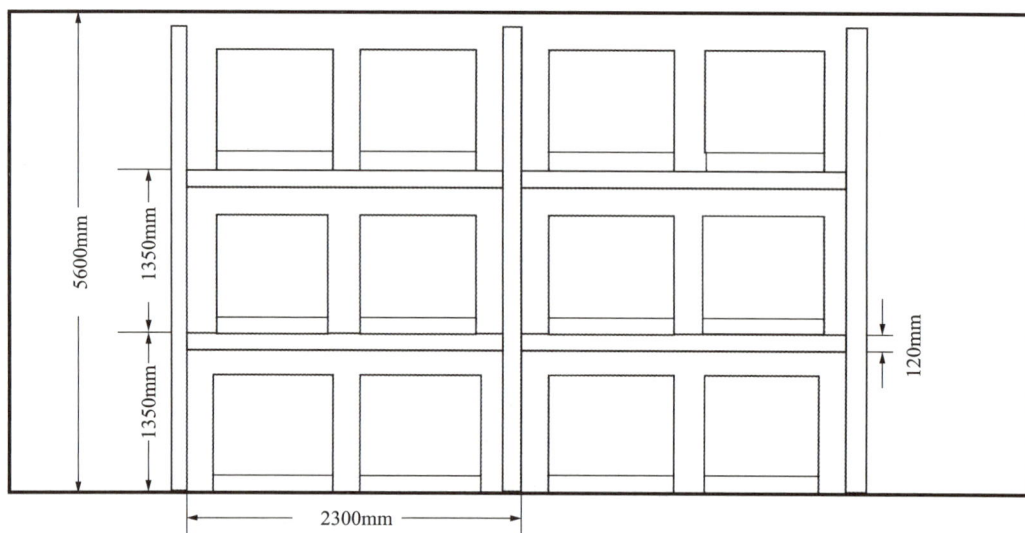

图 4-3　货架规格

解：（1）码放规则的确定。

分析上述资料可知，物品码放最佳规则为旋转交错式码放，每层可码放 9 箱，实现托盒利用率最大化，并可做到整齐、牢固、美观。托盘码放如图 4-4 所示。

1000mm

1200mm

奇数

1000mm

1200mm

偶数

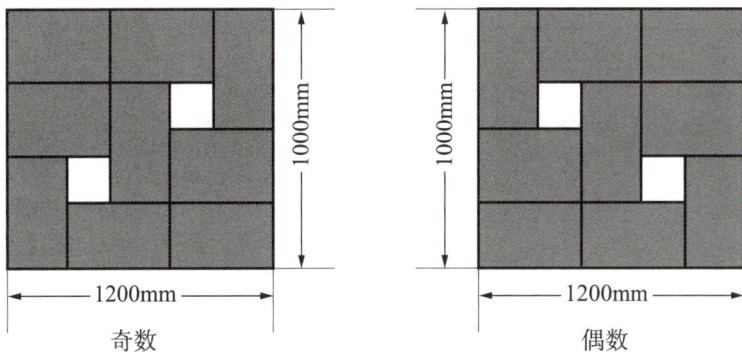

图4-4　托盘码放

（2）码放层数的确定。

货架层高为1350mm，横梁高为120mm，由此可知货架层间净高为1230mm，物品上架时还要考虑托盘的厚度（160mm）和叉车上架时的作业空间（≥90mm）。综上考虑，托盘码放层数的计算公式为：（货架每层高度－货架横梁高度－托盘厚度－叉车上架作业空间）÷货高＝码放层数＝（1350－120－160－90）÷252＝3.9 ≈ 3（层）。

所以，该物品每个托盘的码放层数应不超过3层。

（3）货位数量和所需托盘数量的计算。

每个托盘码放3层，每层码9箱，每个托盘（货位）可码放27箱，则该批物品所需托盘（货位）的数量为：物品总量÷单位托盘码放数量＝536÷27＝19.85 ≈ 20（个）

即该批物品入库前需准备20个货位和托盘。

练习4-2

（二）苫垫材料准备

根据预计到货物品的特性、体积、质量、数量和到货时间等信息，结合物品分区、分类和货位管理的要求，确定货位。同时要做好防雨、防潮、防尘、防晒准备，即准备好所需的苫垫材料。苫垫材料应根据货位和到货物品特性进行合理选择。

1.垫垛材料

垫垛是指在物品码放前，在预定的货位地面位置，根据物品保管的要求和堆放场所的条件，使用适合的衬垫材料进行铺垫。垫垛材料主要包括枕木、方木、木板、石条、水泥墩、防潮纸（布）及各种人工垫板等。

2.苫盖材料

苫盖材料的作用主要是使物品免受风吹、雨打、日晒、冰冻等，苫盖材料主要包括塑料布、席子、油毡纸、铁皮、苫布及各种人工苫盖瓦等。

（三）装卸搬运器械准备

仓库理货人员根据物品情况和仓储管理制度，确定验收方法，准备验收所需的计件、检斤、测试、开箱、装箱、丈量、移动照明等器具。同时要根据到货物品的特性、货位、设备条件、人员等情况，科学合理地制定卸车搬运工艺，备好相关作业设备，安排好卸货站台或场地，保证装卸搬运作业的效率。

四、接运卸货

入库商品接运是商品入库业务流程的第一道作业环节。接运工作是仓库业务活动的开始，是商品入库和保管的前提，所以接运工作的好坏直接影响商品的验收和入库后的保管保养。

商品除了一小部分由供货单位直接运到仓库交货外，大部分要经过铁路、公路、航运和短途运输等运输方式转运。凡经过交通运输部门转运的商品，均需经过仓库接运后，才能进行入库验收。所以，商品接运一般在机场、车站、码头、仓库或专用线进行。

（一）货物接运方式

1.场站接货

场站接货，即车站、码头接货，一般是指仓储企业受存货人委托或按合同约定到车站、码头接运货物到储存地。一般零担托运和小批量货物采用此方法。

（1）提货人员应了解所提取商品的品名、型号、特性和一般保管知识、装卸搬运注意事项等。在提货前应做好接运货物的准备工作。例如，选择装卸运输工具，腾出存放货物的场地等。提货人员在到货前，应主动了解到货时间和交货情况，根据到货数量，组织装卸人员、机具和车辆，按时前往提货。

（2）提货时应根据运单和有关资料详细核对品名、规格、数量，并要注意商品外观，查看包装、封印是否完好，有无玷污、受潮、水渍、油渍等异状。若有疑点或不符合要求，应当场要求运输部门检查。对短缺损坏情况，凡属铁路、机场方面责任的，应做出商务记录；属于其他方面责任需要铁路部门证明的，应做出普通记录，由铁路运输员签字，记录内容与实际情况要相吻合。

（3）在短途运输中，要做到不混不乱，避免碰坏商品，造成损失。危险品搬运应按照危险品搬运规定进行操作。

（4）商品到库后，提货员应与保管员密切配合，尽量做到提货、运输、验收、入库、堆码一条龙作业，从而缩短入库验收时间，并办理内部交接手续。

2.专用线接车

所谓专用线就是专门为某企业修建或使用的铁路专用线，一般为支线。专用线接车是指仓储企业在本企业的专用线上接货，一般大批整车物品接运采用此方法。

（1）接到专用线到货通知后，应立即确定卸货位置，力求缩短场内搬运距离；组织好卸车所需要的机械、人员以及有关资料，做好卸车准备。

（2）车皮到达后，引导对位，进行检查，看车皮封闭情况是否良好（即车厢、车窗、铅封、苫布等有无异状）；根据运单和有关资料核对到货品名、规格、标志，清点件数；检查包装是否损坏、有无散包；检查是否有进水、受潮或其他损坏现象。在检查中发现异常情况，应请铁路部门派员复查，做出普通记录或商务记录，记录内容应与实际情况相符，以便交涉。

（3）卸车时要注意为商品验收和入库保管提供便利条件，分清车号、品名、规格，不混不乱；保证包装完好，不碰坏，不压伤，更不得自行打开包装。应根据商品的性质合理堆放，以免混淆，卸车后在商品上应标明车号和卸车日期。

（4）编制卸车记录，记明卸车商品规格、数量，连同有关证件和资料，尽快向保管员交代清楚，办好内部交接手续。

3.仓库自行接货

仓库自行接货是指仓储企业直接到存货委托人指定的企业接货的一种方式。接货的运输工具可以是仓库的，也可以是租用的。

（1）仓库接受存货委托直接到供货单位提货时，应将接货与验收工作结合起来同时进行。

（2）仓库应根据提货通知，了解所提商品的性能、规格、数量，准备好提货所需的机械、工具、人员，配备保管员与供货方，当场检验质量、清点数量，并做好验收记录，接货与验收一并完成。

4.库内接货

库内接货是指存货单位或供货单位将商品直接运到仓库储存。送到仓库时，应由保管员或验收人员直接与送货人员办理交接手续，当面验收并做好记录。若有差错，应填写记录，由送货人员签字证明，据此向有关部门提出索赔。

（二）货物接运单据

在货物接运时，使用的单据是接运记录单，样本如表4-3所示。

表4-3　接运记录单

序号	到达记录								接运记录					交接记录			
	通知到货时间	运输方式	发货站	运单号	车号	货物名称	件数	重量	日期	件数	重量	缺损情况	接货人	日期	到货通知单编号	附件	收货人

五、核查入库凭证

在物品验收前，要对入库凭证进行核查。需核查的凭证如下。

（一）入库通知单与订货合同

入库通知单和订货合同是仓库接收物品的凭证，应与所提交的随货单证和货物内容相符。

（二）供货商单证

供货商单证主要包括送货单、装箱单、磅码单、原产地证明等。送货单由供货商开具，通常有五联：白联为存根，由发货部门留存；红联为记账联，交财务；黄绿联为回单，由收货人签字确认后带回；蓝联交收货人留存；黄联为出门证，交门卫。

装箱单、磅码单是商业发票的一种补充单据，是商品的不同包装规格条件、不同花色和不同重量逐一分别详细列表说明的一种单据。它是仓库收货时核对货物的品种、花色、尺寸、规格的主要依据。

原产地证明用以证明物品的生产国别，进口国海关凭此核定应征收的税率。在我国，普通产地证可由出口商自行签发，或由进出口商品检验局签发，或由中国国际贸易促进委员会签发。实际业务中，应根据买卖合同或信用证的规定，提交相应的产地证。

（三）承运商单证

承运商单证主要指运单。运单是由承运人或其代理人签发的，证明物品运输合同和物品由已承运人接管，以及承运人保证将物品交给指定的收货人的一种单证。运单由承运单位开出，内容包括承运物品名称、包装状况、单位、单价、数量、承运时间、联系方式等信息，通常运单有三至五联，主要的作用是：

（1）是"两次三方"的物品交接的凭证。"三方"指的是托运人、承运人、收货人；"两次"指的是托运人与承运人物品交接、承运人与收货人物品交接。

（2）是承运方与托运方的财务核算的凭证。

六、物品验收

物品验收是按照规定的程序和手续，对入库商品进行数量和质量检验的经济技术活动的总称。凡商品进入仓库储存，必须经过检查验收，验收后的商品，才可入库保管。商品验收涉及多项作业技术。它是一项技术，它也是要求高、组织严密的工作，关系到整个仓储业务能否顺利进行，所以必须做到及时、准确、严格、经济。

（一）数量检验

数量检验是保证物品数量准确的重要步骤，一般在质量检验之前，由仓库保管职能机构组织安排仓管员进行。按物品的性质和包装情况，数量检验分为三种形式，即计件、检斤、检尺求积。

1.计件

计件是指数量检验时，对按件数供货或以件数为计量单位的物品清点件数。一般情况下，对计件物品应全部逐一清点。一般对运输包装（外包装）完好，销售包装（内包装）数量固定的不拆包，只清点大包装，特殊情况下可拆包抽查，若有问题则扩大抽查范围，甚至全查；对固定包装物的小件物品，如果其包装完好，打开包装对保管不利，则可不拆。国内物品一般只检查外包装，不拆包检查；进口物品按合同或惯例进行检查。

2.检斤

检斤是指数量验收时，对按重量供货或以重量为计量单位的物品进行称重。金属材料、某些化工产品大多需检斤验收。对按理论换算重量的物品，例如金属材料中的板材、型材等，先要进行检尺，然后按规定的换算方法换算成重量进行验收。对于进口物品，原则上应全部检斤，但如果订货合同规定理论换算重量交货，则按合同规定执行。所有检斤的物品，都应填写磅码单。

3.检尺求积

检尺求积是指对以体积为计量单位的物品，例如木材、竹材、砂石等，先检尺、后求体积所做的数量检验。在做数量检验之前，应根据物品来源、包装好坏或有关部门规定，确定对到库物品采取抽验还是全验方式。一般情况下，数量检验应全验，即按件数对全部物品进行点数，按重量供货的全部检斤，按理论重量供货的全部检斤后换算为重量，以实际检验结果的数量为实收数。有关全验和抽验，如果物品管理机构有统一规定，则可按规定执行；若合同有规定，则按合同规定执行。凡经过数量检验的物品，都应该填写磅码单。

（二）质量检验

质量检验包括外观检验、尺寸精度检验、机械物理性能检验和化学成分检验四种形式。仓库一般只做外观检验和尺寸精度检验，后两种检验如果有必要，则由仓库技术管理职能机构取样，委托专门检验机构检验。

1.外观检验

在仓库中，物品外观检验主要由仓库保管职能机构组织进行。外观检验是指通过人的感觉器官，检查物品的包装外形或装饰有无缺陷；检查物品包装的牢固程度；检查物品有无损伤，例如被撞击、变形、破碎等；检查物品是否有湿痕、积雪、油污，有无潮湿、霉腐、生虫等。物品外观有缺陷，有时可能影响物品质量，所以，对外观有严重缺陷的物品，要单独存放，防止混杂。物品的外观检验大大简化了仓库的质量验收工作，避免了各个部门反复进行复杂的质量检验，从而节省了大量的人力、物力和时间。

2.尺寸精度检验

该工作由仓库的技术管理机构组织进行。进行尺寸精度检验的商品，主要是金属材料中的型材、部分机电产品。不同型材的尺寸检验各有特点，例如对圆材主要检验直径和圆度，对管材主要检验壁厚和内径，对板材主要检验厚度和均匀度等。对部分机电产品的检验，一般请用料单位派员进行。尺寸精度检验是一项技术性强、费时间的工作，全部检验工作量大，并且有些物品质量的特性只有通过破坏性的检验才能测得。所以，一般采用抽验的方式。

3.理化检验

理化检验是指对物品内在质量和物理化学性质所进行的检验，一般主要对进口物品进行理化检验。对物品内在质量的检验要求人员有一定的技术知识，能使用一定的检验手段，目前仓库多不具备这些条件，所以一般由专门的技术检验部门进行，如羊毛含水量的检测、药粉含药量的检测、花生含黄曲霉量的检测等。

以上质量检验是物品交货时或入库前的验收。在某些特殊情况下还有完工时期的验收和制造时期的验收，就是在供货单位完工和正在制造过程中，由需方派员到供货单位检验。应当指出，即使是供货单位检验过的物品，或者因为运输条件不良，或者因为质量不稳定，也会在进库时出现质量问题，所以交货时入库前的检验，在任何情况下都是有必要的。

（三）验收中的问题和处理

凡经过检验的货物，都应该填写验收单，验收单如表4-4所示。凡在验收中出现的问题，都应严格按照相关规定妥善处理，一方面要分清各方责任，另一方面要从中吸取经验教训，解决问题、改进工作。

表 4-4　验收单　　　　　　　　　　　　No.

供货商					入库日期			
验收员					验收日期			
复核员					复核日期			
序号	商品编码	商品名称	规格型号	计量单位	应收数量	实收数量	差额	备注

单位负责人

1. 常见的问题

对于在检验中发现的存在问题并等待处理的货物，应单独存放、妥善保管，防止混杂、丢失、损坏。

（1）货物数量问题。数量短缺在磅差范围内的货物，可原数入账；数量短缺超过磅差范围的货物，查对核实后，做好验收记录和磅码单，交主管部门并会同货主与供货单位交涉；实际数量多于原发数量的，由主管部门向供货单位退回多发的货物，或补发货款。

（2）货物质量问题。质量不符合规定时，及时向供货单位办理退换货事宜，或在征得供货商同意的情况下代为修理，或在不影响使用的前提下降价处理；货物规格不符合规定或错发时，先将正确货物入库，对于不正确货物，应做好验收记录并交相关部门办理退货。退货单如表 4-5 所示。

表 4-5　退货单

厂商：　　　　　　　　　　　　年　月　日　　　　No.

序号	商品编号	商品名称	数　量	备　注	签章
退货理由					

单位负责人

（3）验货凭证问题。证件未到或证件不齐时，不得对货物进行验收、入库、发货。及时向供货单位索取验货凭证，相应的到库货物作为待检货物置于待检区，待证件到齐后完成验收。

（4）货物价格问题。存在价格不符问题的货物，供方多收部分应予以拒付；少收部分经核对后，应主动联系、及时更正。

（5）承运部门的原因致使货物缺少、被损坏。凭接运提货时索取的货运记录，向承运部门索赔。

（6）货物到达时间问题。"入库通知单"或其他证件已到，但货物未在规定时间内到库，仓库应及时向主管部门反映，并查询处理。

2.问题的处理

（1）货物入库凭证到齐之前，仓库不得正式验收，并有权拒收或暂存货物，待证件到齐后执行验收入库任务。

（2）若货物的数量和质量出现问题，不符合规定，则应及时会同相关人员当场做好详细记录，交接双方签字。若为交货方的问题，则仓库应拒绝接收货物；若是运输部门的问题，则仓库应提出索赔。

（3）及时验收计件货物，若出现问题，则按规定手续在规定期限内向相关部门提出索赔。一旦超出索赔期限，责任方对损失不予负责。

在验收货物过程中，若存在数量与入库凭证不符、质量验收不合格、包装出现异常等实际情况时，则需做好详细记录。

七、办理交接手续

交接手续是指仓库人员对收到的货物向送货人进行确认，表示仓库已接收货物。办理完交接手续，意味着划清了运输、送货部门和仓库的责任。完整的交接手续包括如下几个环节。

（一）接收货物

仓库人员以送货单（见表4-6）为依据，通过理货、查验货物，将不良货物挑出、退回或者编制残损单证等以明确责任，确认收到货物的确切数量、货物表面状态良好。

表4-6　送货单

单位：　　　　　　年　月　日　　　No.

序号	商品名称	规格型号	单位	数量	单价	金额	备注

收货单位（签章）　　　　　　送货单位（签章）

（二）接收文件

接收文件是指接收送货人送交的货物资料、运输的货运记录、普通记录等，以及随货的在运输单证上注明的相应文件，如图纸、准运证等。

（三）签署单证

仓库人员与送货人或承运人共同在送货人交来的送货单、交接清单上签署后，各方留存相应单证。仓库人员提供相应的入库、查验、理货、残损单证和事故报告等，由送货人或承运人签署。

八、入库信息处理

商品验收合格后，要安排仓库管理人员为商品办理入库手续，根据商品的实际检验和入库情况填写入库单，然后对商品进行设卡、登账、建档、签发提货凭证等。

（一）填写入库单

在填写商品入库单时，应该做到内容完整、字迹清晰，并于每日工作结束后，将入库单的存根联进行整理，以统一保存。

根据入库商品来源不同，可以将入库单分为外购商品入库单和成品入库单。

1.外购商品入库单

外购商品入库单是指企业从其他单位采购的原材料或商品入库时所填写的单据。它除了记录商品的名称、编号、实际验收数量、进货价格等内容外，还要记录与采购有关的合同编号、结算方式等内容，其具体格式如表4-7所示。

表4-7　商品入库单

商品名称	品种	型号	编号	采购合同号			件数		入库时间	
				数量			进货单价	金额	结算方式	
				进货量	实点量	量差			合同	现款

采购部经理　　　　采购员　　　　库管员　　　　核价员

外购商品入库单一般为一式三联，第一联留做仓库登记实物账；第二联交给采购部门，作为采购员办理付款的依据；第三联交给财务部门用于记账。根据需要，也可以适当增加一联，交给送货人员，作为商品已经签收的依据。

2.成品入库单

成品入库单是表示企业自己的产品已存入仓库的凭证。它除了包括产品的基本信息外，还应该包括产品的生产日期、检验单号等内容。产品入库单一般一式三联，第一联留做仓库存根记账，第二联交生产部，第三联交财务部门用于核算。成品入库单的具体格式如表4-8所示。

表4-8　成品入库单

产品名称	型号	包装规格	编号	数量	生产日期	批号	检验单号

入库人　　　　　　复核人　　　　　　库管员

（二）设卡

商品入库后，仓库保管员应该将商品的名称、数量、规格、质量状况等信息编制成一张卡片，即物资的保管卡片，并将卡插放在货架上或货堆的显著位置。这个过程即为设卡。

货卡是一种实物标签，一般挂在上架商品的下方或放在堆垛商品的正面。按作用不同，货卡可分为货物状态卡和货物保管卡。

货物状态卡是用于标明货物所处业务状态或阶段的标识，根据ISO 9000国际质量管理体系认证的要求，在仓库中应根据货物的状态，按可追溯性要求，分别设置"待检""待处理""不合格""合格"等状态标识。

货物保管卡用于标明货物的名称、规格、供应商和批次等。根据 ISO 9000 国际质量管理体系认证的要求，在仓库中应根据货物的不同供应商和不同入库批次，按可追溯性要求，分别设置货物保管卡。货物保管卡，也可以称为存料卡、存卡、料卡等。

（三）登账

登账，即登记明细账，是指建立入仓物品明细账。该明细账动态反映商品入库、出库、结存等详细情况，用以记录库存商品动态和出入库过程。该明细账的主要内容有商品名称、数量、规格、累计数或结存数、存货人或提货人、批次、单价、金额、具体存放位置等。仓库物资保管部门负责该明细账的登记和管理，凭此执行货物的进出业务。

登账应遵循以下规则：

（1）必须以正式合法的凭证为依据；

（2）一律使用蓝、黑色墨水笔；

（3）应连续、完整，依日期顺序不能隔行、跳页，账页应依次编号，年末结存后转入新账，旧账页入档保管；

（4）数字应占空格的三分之二空间，便于改错。

（四）建档

建档即对货物入库作业全过程的有关资料、凭证进行整理、核对，建立档案，这不仅有助于总结和积累企管经验，为物资的保管、出库业务活动创造良好的条件，也为将来发生争议时提供凭据。

1.档案内容

档案内容应包括：①货物出厂时的凭证、技术资料，货物到达仓库前的各种凭证；②运输资料，包括货物入库验收时的各种凭证、资料、验收记录、磅码单；③货物保管期间的业务技术资料、出库凭证等。

2.建档的具体要求

（1）应一物一档：建立货物档案应该做到一种货物建立一个档案。

（2）应统一编号：货物档案编号应统一，并应在档案上注明货位号，同时，在"实物保管明细账"上注明档案号，以便查阅。

（3）应妥善保管：货物档案应存放在指定位置，由专人负责保管。

（五）签发提货凭证

仓库在接收货物后，应根据合同的约定或者存货人的要求，及时向存货人签发仓单，作为提货时的有效凭证。存储期满后，根据仓单的记录向仓单持有人交付货物，并承担仓单所明确的责任。

学习任务 1–
思考与练习

🔎 学习任务 2　入库管理制度

入库管理制度，是指企业为规范入库管理制定的制度。以下是某仓储企业的入库管理制度。

第一条 确定物品入库环节的作业规范，提高入库管理效率，确保账、物相符，保证物资完整、安全。

第二条 本制度适用于企业原材料仓库、半成品仓库、成品仓库和待处理仓库。

第三条 入库主管主要负责入库的相关工作和人员安排，下辖收货组、入库组和上架组，各组分别处理不同的事务。

（1）收货组：负责对收到的货物进行验收，核对货物型号、数量等细项，对不符合要求的货物拒收。

（2）入库组：负责将验收完的货物入库，并将入库信息录入企业 ERP 系统。

（3）上架组：负责将信息已录入 ERP 系统的货物摆放在货架的相应位置。

第四条 检验依据为国家标准，基本检测手段为目测和检查合格证等相关标准。

第五条 遵守入库单"九不签"原则，具体如下：

（1）物资不到不签。

（2）物资验收质量不合格不签。

（3）物资保管员不明的或未经库房验收的不签（特殊情况领导签字）。

（4）数量不够、规格型号不符或内容不详细的不签。

（5）没有填写到货日期的不签。

（6）没有经办人和填发人的不签。

（7）进货价格过高，未了解清楚的不签。

（8）物资不在计划之内的不签。

（9）内容有涂改的不签。

第六条 对物品入库作业及其流程进行详细规定。（详细流程见本模块学习任务 1）

学习任务 2–
思考与练习

项目二　实务操作单元

🔖 学习任务 1　包装储运指示性标志识别

一、实训目的

通过本次实训，掌握常见的包装储运指示性标志，能在货物运输、装卸搬运以及储存过程中，按指示性标志进行正确操作。

二、实训学时

建议 2 学时。

三、实训地点

校内物流实训室。

四、实训准备

多种包装储运指示性标志、箱状包装物、包装袋、包装桶、捆扎包装物、成组包装物各若干。

五、实训过程

（一）向学生讲解常见的包装货物储运标志（见表 4-9）。

表 4-9　常见货物储运标志

序号	标志名称	标志图形	含义	备注／示例
1	易碎物品		运输包装件内装易碎品，因此搬运时应小心轻放	使用示例：
2	禁用手钩		搬运运输包装件时禁用手钩	
3	向上		包装件应竖直向上放置	使用示例：

续表

序号	标志名称	标志图形	含义	备注／示例
4	怕晒		包装件不能直接日晒	
5	怕辐射		包装件不能受辐射	
6	怕雨		包装件怕雨淋	
7	重心		一个单元货物的重心	使用示例： 本标志应标在实际的重心位置上
8	禁止翻滚		不能翻滚包装件	
9	此面禁用手推车		搬运时此面禁放于手推车上	
10	禁用叉车		不能用升降叉车搬运	
11	由此夹起		装运时夹钳放置在此位置	
12	此处不能卡夹		装运时此处不能用夹钳夹持	

续表

序号	标志名称	标志图形	含义	备注／示例
13	堆码重量极限	 ···kg$_{max}$	包装件所能承受的最大重量极限	
14	堆码层数极限	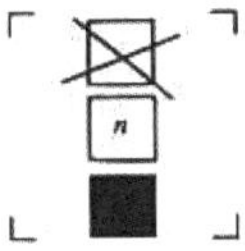 n	相同包装的最大堆码层数（n 表示层数极限）	
15	禁止堆码	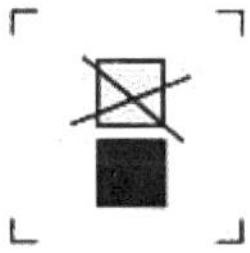	不能堆码并且其上不能放置其他货物	
16	由此吊起	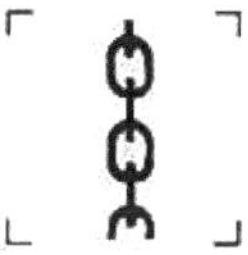	起吊时挂链条的位置	使用示例： 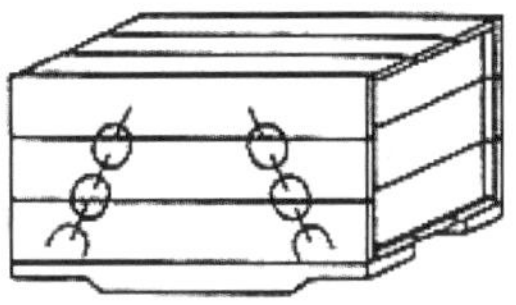 本标志应标在实际的起吊位置上
17	温度极限		应该保持的温度范围	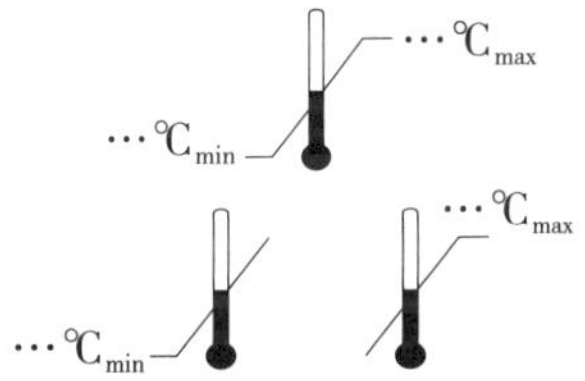 ···℃$_{min}$　···℃$_{max}$

（二）向学生讲解包装储运指示性标志图形的尺寸、颜色和标志使用方法

1.标志图形尺寸

标志图形尺寸一般分为下列 4 种，如表 4-10 所示。体积特大或特小的货物，其标志幅面不受此尺寸的限制。

表 4-10　标志尺寸

单位：mm

尺寸序号	长	宽
1	70	50
2	140	100
3	210	150
4	280	200

2.标志图形颜色

标志图形应按规定颜色印刷。涂打标志时，如因货物包装关系不宜按规定的颜色涂打，则可根据各种包装物的底色，选配与其底色不同的符合明显要求的其他颜色。应采用厚度适当、有韧性的纸张印刷标志。

3.标志的使用方法

标志涂打，可采用印刷、粘贴、拴挂、钉附、喷涂等方法。其中，印刷时，外框线和标志名称都要印上；喷涂时，外框线和标志名称可以省略。

一个包装件上使用标志的数目，应根据包装件的尺寸和形状确定。

标志在包装件上的位置如下：

（1）箱类包装：位于包装端面或侧面；

（2）袋类包装：位于包装明显处；

（3）桶类包装：位于桶身或桶盖；

（4）集装单元货物：位于四个侧面。

（三）让学生识别标志

将包装储运指示性标志图形上的中文字去除，然后通过多媒体放映出来，让学生分别进行识别。

（四）让学生粘贴标志

对学生进行分组，每组 3 人。要求每组将教师提供的标志按照要求粘贴到包装物的正确位置上。

六、评分标准

标志识别考核标准如表 4-11 所示。

表 4-11　包装储运指示性标志识别考核标准

考核标准	分值	实际得分
快速准确识别标志	40	
标志粘贴位置正确、数量正确	60	
合计	100	

学习任务 1-
思考与练习

学习任务 2　堆码作业操作训练

一、实训目的

了解库内商品堆码的条件和要求；掌握商品堆码的技术和方法；掌握根据不同的商品性质、包装、质量等进行堆码的业务知识技能；培养自主探究、解决问题的能力。

二、实训课时

建议 2 学时。

三、实训地点

校内物流实训室。

四、实训准备

外包装尺寸为 200mm×250mm×300mm、400mm×300mm×300mm、400mm×300mm×200mm、500mm×300mm×300mm 的货物，每箱货物重 4.5kg。

五、实训过程

在规定的时间内，使用托盘、手动液压托盘车、手动打包机等工具使给定的货物穿过 RFID 扫描区进行扫描后，进行合理堆码、打包，入库保管。

（1）人数：3 人，不限定角色，可在团队内自由分配角色和工作。

（2）时间：15 分钟。

（3）数量：货物为 44～52 箱。

（4）堆码方式：重叠式、正反交错式、纵横交错式、旋转交错式中的任两种，堆码四层。

重叠式堆码（见图 4-5），即各层码放方式相同，上下对应。这种方式的优点是，工人操作速度快，包装货物的四个角和边重叠垂直，承载能力大。缺点是各层之间缺少咬合作用，容易发生塌垛。在货物底面积较大的情况下，采用这种方式具有足够的稳定性，如果配上相应的紧固方式，则不但能保持稳定，还可以保持装卸操作省力的优点。

正反交错式堆码（见图 4-6），即同一层中，不同列的货物以 90 度垂直码放，相邻两层的码放形式是另一层旋转 180 度的形式。这种方式类似于建筑上的砌砖方式，层间咬合强度较高，相邻层之间不重缝，因而码放后货体稳定性较高，但操作较麻烦，且包装体之间不是垂直面相互承受载荷。

纵横交错式堆码（见图 4-7），即相邻货物旋转 90 度摆放，一层横向放置，另一层纵向放置。相邻两层间有一定的咬合效果，但咬合强度不高。

旋转交错式堆码（见图 4-8），即第一层相邻的两个包装体互为 90 度，两层间码放又相差 180 度，这样相邻两层之间互相咬合交叉，货体的稳定性较高，不易塌垛。其缺点是，码放的难度较大，且中间形成空穴，降低了托盘的利用效率。

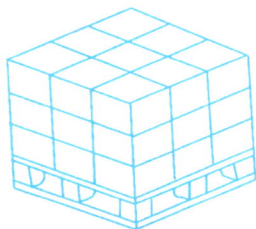

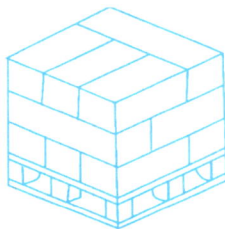

图 4-5　重叠式堆码　　　　图 4-6　正反交错式堆码

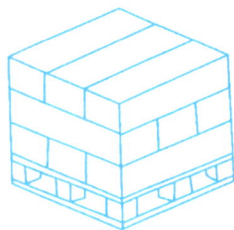

图 4-7　纵横交错式堆码　　　　　图 4-8　旋转交错式堆码

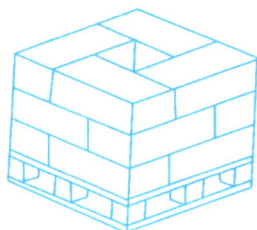

（5）打包形式：采用"井"字形打包。

（6）操作流程：

① 每组派代表抽签决定操作顺序；

② 发放试题（含堆码货物数量、商品入库储位等信息）；

③ 到"电脑计时器"旁就位，按下计时器，开始计时；

④ 到"设备区"取手动液压托盘车，将"商品存放区"的商品搬运至"RFID扫描区"，并让其穿过扫描区后，继续搬运到"商品堆码区"；

⑤ 根据要求，将A类商品合理地堆码在"商品堆码区A"的托盘上，将B类商品合理堆码在"商品堆码区B"的地上，将C1、C2各一箱商品用手工打包机进行打包加固；

⑥ 用手动液压托盘车将"商品堆码区A"上的商品整托盘搬运至指定的"重型货架区"储位进行入库；

⑦ 将所有设备和工具归位到设备区并摆放整齐，按下计时器后，向教师报告完成比赛；

⑧ 教师宣布比赛结束。

六、评分标准

成绩主要用操作耗时来评定。因操作失误或不当增加的处罚时间如表 4-12 所示。

表 4-12　因操作失误或不当增加的处罚时间

序号	不符合要求的操作	处罚加时标准 / 秒	加时数 / 秒	用时记录
1	打包带松，超过三指位	+5/ 处		
2	打包带位置在超过箱子边界 1/4 处，正负误差超过 2cm	+5/ 处		
3	浪费打包带	+5/ 次		
4	打包带与箱边未平行	+5/ 处		
5	封箱胶带不成行成线，歪，皱，不紧贴箱体，不平整，不美观	+5/ 处		
6	铁扣不牢固	+5/ 处		
7	漏打包装袋或没贴封口胶	+30/ 条		
8	堆码方式有误	+60/ 处		
9	每层数量不一（顶层除外）	+20/ 次		

续表

序号	不符合要求的操作	处罚加时标准 / 秒	加时数 / 秒	用时记录
10	垛型四周不齐	+5/ 层		
11	堆垛压线	+10/ 次		
12	违反"五距"原则	+10/ 处		
13	堆码倒置、侧放	+5/ 件		
14	物品坠地	+60 / 件		
15	野蛮装卸（抛、扔、踢、拖）	+20 / 次		
16	单手操作	+5/ 次		
17	托盘超出货架 20cm（取货端）	+20/ 处		
18	没有穿过 RFID 扫描区	+60/ 车		
19	搬运车撞墙、柱、货架或其他物品	+10/ 次		
20	脚踏搬运车叉板或离地的托盘	+10/ 次		
21	搬运车升降手把位置不正确	+10/ 次		
22	车辆负重运行升降叉	+30/ 次		
23	工具的位置和状态没有归位	+20/ 件		
24	工具归位压线	+10/ 件		
25	每种托盘混放两种商品	+30/ 次		
26	没完成任务	+30/ 件		
27	违规操作造成人员伤害或设备损坏	取消成绩		

说明：总操作时间＝完成项目的正常时间＋因操作失误或不当而增加的处罚时间。

学习任务 2–
思考与练习

🖱 学习任务 3　入库信息的处理

一、实训目的

通过本次实训，掌握入库业务单据制作；熟悉入库业务的流程；会签认送货单、处理入库业务，并进行相关业务的处理，相关单据的填写、制作。

入库信息处理

二、实训学时

建议 2 学时。

三、实训地点

多媒体教室。

四、实训准备

入库通知单、验收单、货物资料卡、货物保管账页、入库单、送货单、到接货交接单、货物异常报告、合格证。

五、实训过程

按照入库信息处理的立卡、登账、建档、签单等步骤建好档案后，对档案进行编号，具体如下。

（一）档号

档号由卷宗号、分类号、类别号、案卷号、件号五部分组成。

（1）卷宗号：给立档单位的编号。

（2）分类号：企业根据本单位档案的分类。

（3）类别号：归档范围与分类中给出的类别代字或代号。

（4）案卷号：档案排列的顺序号。

（5）件号：档案内文件的顺序号。

（6）档号的结构：卷宗号–分类号/类别号–案卷号–件号。

例如：75115-F08-0256-009，其中 75115 表示卷宗号，F08 表示分类号/类别号，0256 表示案卷号，009 表示件号。

（二）电子档案号

电子档案号是整理电子文件时给其分配的一组符号代码。电子档案号可与对应的档号相同。其结构为：卷宗号–分类号/类别号–案卷号–件号。

（三）载体编号

载体编号是对光盘等载体排列的顺序号。当多个案卷在一个载体上存储时，采用载体编号排列。其结构为：类别号–年–顺序号。

仓库人员与送货人或承运人共同在送货人交来的送货单、交接清单上签署后，各方留存相应单证。入库单、验收单、残损单、事故报告等由送货人或承运人签署。

学习任务 3–
思考与练习

六、考核标准

考核标准如表 4-13 所示。

表 4-13 考核标准

考核标准	分值	实际得分
货卡填写正确，没有遗漏信息	25	
登账资料填写正确	25	
建档操作正确	25	
单证签署正确	25	
合计	100	

【知识目标】了解货物在库的作业流程；掌握在库的准备工作和出库方式；了解理货作业的内容，掌握保管、养护和盘点的管理工作；了解在库作业过程中会遇到的问题，并掌握解决问题的方法。

【技能目标】具备理货、保管、盘点等在库作业相关技能。

【素质目标】具备吃苦耐劳、踏实肯干的职业道德素养，形成严谨、务实的工作作风，养成认真负责、踏实敬业和一丝不苟的工作态度。

【思维导图】

```
                                                      ┌── 在库准备
                                                      │
                                                      ├── 物品的理货作业
                                                      │
                                                      ├── 物品的装卸搬运作业
                                      学习任务1         │
                                      在库作业流程 ──────┤
                            项目一                      ├── 物品的保管作业
                            基础知识单元                │
                                                      ├── 物品的养护作业
                                                      │
                                                      └── 物品的盘点作业
模块五
在库管理
                                      学习任务2 在库管理制度

                                      学习任务1 理货作业实操
                            项目二
                            实务操作单元
                                      学习任务2 盘点作业实操
```

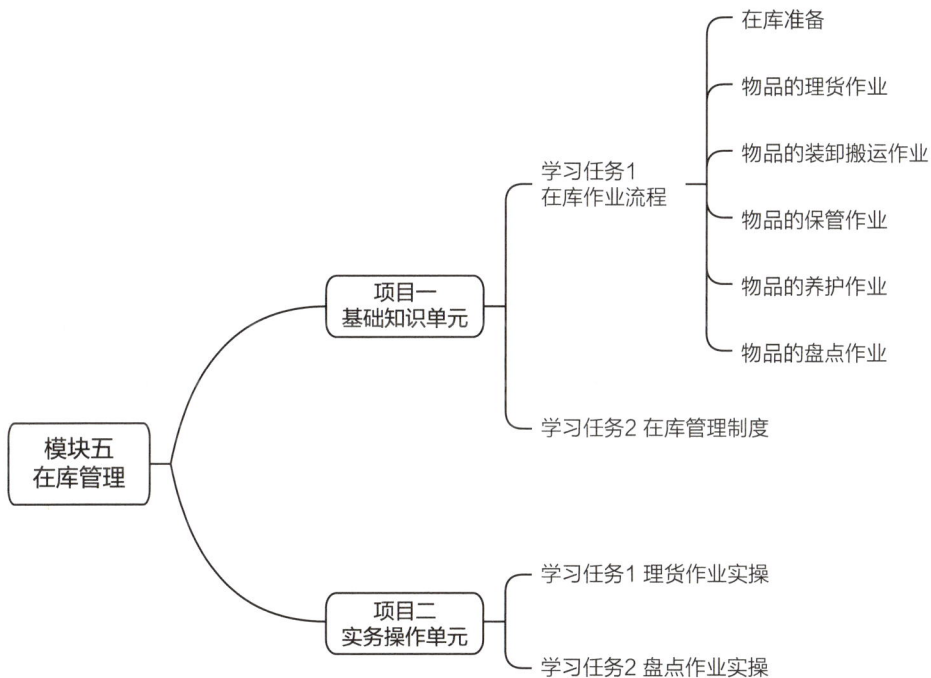

模块五引导案例

项目一 基础知识单元

学习任务 1 在库作业流程

一、在库准备

（一）查验进货账卡

收到进货信息，仓管员要仔细查验物品与进货账卡是否相符，若准确无误则予以确认；若有差错则予以更正，并通知输送进货信息的部门进行更正。

（二）熟悉物品的特性

在确认进货信息的同时，仓管员应迅速了解物品的属性，如哪些物品可以同仓共存，哪些物品不可以同仓共存，这些货物有无气味，成分是否活跃，对周围环境的影响以及体积、包装、周转速度、季节性影响、对温湿度有无特殊要求等。

（三）制订物品储存方案

在对储存的物品进行分析的基础上，制订物品储存方案，储存方案可包括货位管理、仓储器具的配置、搬运输送器具的配置、现场管理、物品质量保障、盘点作业与库存管理等方面内容。

（四）做好储存准备工作

储存准备包括心理和物质两方面的准备。心理准备主要指货物在库期间，对货物保管和保养工作量及质量的心理预期。物质准备主要指对货位、仓储笼、托盘、垫板、集装袋、拉伸缠绕膜、装卸搬运工具、保管保养机具、包装物，以及消防灭火器材等物品的准备。

二、物品的理货作业

理货是仓库在接收入库货物时，根据入库单（见表 5-1）、运输单据、仓储合同和仓储规章制度，对货物进行清点数量、检查外观质量、分类分拣、数量接收等交接工作。理货是货物入库的第一次检查，是仓库确认收存货物实物的作业过程，经过理货就意味着接收货物，通过对货物全面检查，可及时发现货物的不良情况。对已残损、变质的货物可以拒绝接收；对存在质量隐患的货物，予以鉴定和区分，并采取针对性措施妥善处理，或者采用特别的保管手段，防止损害扩大。在理货之后发生的残损，原则上由仓库负责。理货有利于提高保管质量。

表 5-1 入库单

送货单位　　　　　入库日期　　　　　入货单位　　　　NO.

序号	货物编码	货物名称	包装规格	单位	数量	检验	实收数量	备注

（一）理货的内容

理货是仓库管理人员在货物入库现场的管理工作。其工作内容不只是理货工作，还包括货物入库的一系列现场管理工作。具体包括清点货物件数、查验货物单重和尺寸、查验货物质量、检验货物外表状态、剔除残损、货物分拣、安排货位、处理现场事故、办理交接。

（二）理货的方法

1.在运输工具现场进行理货

理货必须在送货入库的运输工具现场进行。一般在车旁与卸货同时进行，或者在车上清点数量，卸车时查验外表状态。

2.与送货人共同理货

理货是货物交接的一个环节，因而理货必须由交接双方现场共同进行，以免将来发生争议。

3.按送货单或仓储合同理货

应按照仓储合同的约定或者送货单的货物记载、质量要求进行理货，只要货物符合单据、合同所描述的状态和质量标准，符合送货人提供的验收标准，就可以验收。

4.在现场进行记录并及时签署单证

对在理货中查验的事项、发现的问题，理货员应在现场进行记录和编写单证，并要求送货人给予签字证明，不能事后补编补签。

三、物品的装卸搬运作业

装卸是指物品在指定地点以人力或机械载入或卸出运输工具的作业过程。搬运是指在同一场所内，对物品进行空间移动的作业过程。装卸多发生在物品出入库作业中；搬运多发生在仓库内部作业中。搬运作业往往伴随着装卸作业，因此人们常常将装卸搬运合起来说。装卸搬运是仓储的基本作业环节，在仓储劳动作业量中所占的比重最大。由于装卸搬运需要耗用较多的时间，所以它也是影响仓储周转率的重要因素。装卸搬运还是仓储作业中出现次数最多的作业环节，从物品进入仓库的查验、接收、检验、堆码，到出库时的分拣、配货、整理、备料、清点、发运，涉及的流通加工环节无不伴随着装卸搬运作业。装卸搬运作业繁重，是容易造成仓储物品毁损的主要环节。因此做好装卸搬运作业，不仅有利于降低仓储成本，还能大幅度降低仓储风险。

装卸搬运作业本身并不增加物品的价值和使用价值。相反，装卸搬运还有可能成为玷污、损坏物品和影响物品价值的直接原因。因此，应尽量减少装卸搬运的次数。

（一）防止和消除无效作业

无效作业是指在装卸搬运作业中，超出必要装卸、搬运的作业。显然，防止和消除无效作业对装卸搬运作业的经济效益有重要作用。为了有效地防止和消除无效作业，要注意以下几个方面。

1.尽量减少装卸搬运次数

要使装卸搬运次数降到最少，尤其要避免没有效果的装卸搬运作业。

2.提高被装卸搬运物品的纯度

物品的纯度，指物品中所含水分、杂质等与物品本身使用无关的物质的多少。物品的纯度越高，则装卸搬运作业的有效程度越高；反之，则无效作业就会增多。

3.包装要适宜

包装是物流中不可缺少的辅助作业手段。包装的轻型化、简单化、实用化会不同程度地减少作用于包装上的无效劳动。

4.缩短搬运作业的距离

物品在装卸、搬运当中，要实现水平和垂直两个方向的位移，选择最短的路线完成这一活动，就可避免超过这一最短路线的无效劳动。

（二）提高物品装卸搬运的活性

物品装卸搬运的活性是指在装卸作业中对物品进行装卸作业的难易程度。所以，在码放物品时，事先要考虑到物品装卸搬运作业的方便性。物品装卸搬运的活性，根据物品所处的状态，即物品装卸、搬运的难易程度，可分为不同的级别，具体如表5-2所示。

0级：物品杂乱地堆在地上的状态。

1级：物品装箱或经捆扎后的状态。

2级：箱子或被捆扎后的物品，下面放了枕木、垫板或托盘，便于叉车或其他机械作业的状态。

3级：物品被放于台车上或用起重机吊钩钩住，即刻可以移动的状态。

4级：被装卸搬运的物品，已经被启动、直接作业的状态。

表5-2　装卸搬运活性

装卸搬运活性指数	物品状态	作业说明	作业种类				还需作业数
			集中	搬起	升起	运走	
0	散放在地上	集中、搬起、升起、运走	要	要	要	要	4
1	集装在箱中	搬起、升起、运走（已集中）	否	要	要	要	3
2	托盘上	升起、运走（已搬起）	否	否	要	要	2
3	车中	运走（不用升起）	否	否	否	要	1
4	运动着	不动（保持运动）	否	否	否	否	0

四、物品的保管作业

（一）物品的损耗

物品的损耗是指物品在库期间，保管这种物品所发生的自然损耗，一般以物品保管耗率来表示。物品在保管过程中，因其本身的性质、自然条件的影响、计量工具的误差，或人为的原因，发生各种损耗，这些损耗有的是可以避免的，有的则难以避免。

1.造成物品保管损耗的原因

（1）物品的自然损耗：指物品在库期间，由其性能、包装情况、自然条件、装卸搬运设备、技术操作等造成的不可避免的损耗，如物品因干燥、风化、挥发、黏结、潮解、漏损、破碎等产生的损耗，以及在搬运、装卸、检验、更换包装、倒垛等过程中产生的损耗。

（2）人为因素或自然灾害造成的损耗：指业务人员操作失误、保管不善，致使物品霉烂、变质或丢失而造成的损耗，或因水灾、地震等自然灾害而造成的损耗。

（3）磅差：指物品在进出库时，计量工具之间精度上的差别造成的物品数量差异。

2.物品损耗标准

物品损耗标准一般用标准损耗率来表示。为了判定物品的损耗是否合理，一般对不同情况、不同物品规定相应的合理损耗标准。某种物品在库期间，保管这种物品所允许发生的自然损耗称为标准损耗率，通常用百分数表示。在评价某种物品在库保管期间的损耗水平时，要计算物品保管损耗率。物品保管损耗率是指在一定的保管条件和保管期内，物品自然损耗量与该种物品库存量的比值。某种物品保管损耗率低于该物品标准损耗率的损耗部分为合理损耗，高于该物品标准损耗率的损耗部分为不合理损耗。物品保管损耗率，是判断是否做好物品保管工作的标准。

3.物品损耗的处理

（1）物品有变质迹象或发生变质时，应按维护保养要求查明原因，提出措施进行维护保养。

（2）对超过保质期或虽未超过保质期但质量不能保证的物品，应通知存货人或物品所有人及时采取措施或进行处理。

（3）对数量有出入的物品，应弄清情况，查明原因，分清责任并通知有关人员。

（4）对已破损的物品，应查明原因，与存货人或物品所有人协商处理。

（5）对霉烂、变质、残损的物品，应积极采取措施挽救，尽量减少损失。

（二）库区的 7S 管理

7S管理（整理、整顿、清扫、清洁、素养、节约、安全）是企业现场各项管理的基础活动，它有助于消除企业在生产过程中可能面临的各类不良现象。7S管理在推行过程中，通过开展整理、整顿、清扫等基本活动，形成制度性清洁，最终提高员工的职业素养。因此，7S管理对企业的作用是基础性的，也是不可估量的。

1.整理

整理是指做出要与不要的决定。明确区分要与不要，将要的留下来，不要的除掉。实施整理的目的是节省空间，防止误发误用，防止积压变质，只管理需要的商品，以提高管理质量和管理效率。

2.整顿

整顿是指将要的东西留下来，不要的东西处理掉。第一，把需要的商品以合理的方式分类摆放，并明确标记，以利于准确、快速地查找取用，减少混料、错发的现象。要做到：凡物必分类，有类必有区，有区必有标记。第二，把不要的商品处理掉。实施整顿的目的是便于查找。

3.清扫

清扫是指将环境清理干净。在整理、整顿后，要进行彻底打扫，杜绝污染源。实施清扫是因为干净明亮的工作环境有利于提高产品质量。

4.清洁

清洁是指随时保持整洁。清洁是一种状态，是维持整理、整顿、清扫的结果。清洁能使人心情愉快，积极乐观。

5.素养

所谓素养，是指养成遵守既定事项的好习惯。4S（即前4个方面）是做得到也应该做得好的事，素养是4S的延续和升华。目的是培养遵纪守法、品德高尚、有责任感的员工。

6.节约

节约就是对时间、空间、能源等合理利用，以发挥它们的最大效能，从而创造一个高效率的、物尽其用的工作场所。节约是对整理工作的补充和指导，在企业中应秉持节约原则。

7.安全

要维护人身与财产安全，以创造一个零故障、无意外事故发生的工作场所。应建立健全各项安全管理制度，对操作人员进行操作技能训练，全员参与，排除隐患。应保障员工的人身安全，保证生产连续、安全、正常地进行，同时减少安全事故带来的经济损失。

五、物品的养护作业

物品的养护作业是指根据仓库的实际条件，对不同物品进行保护和保存并对其质量进行控制的活动。在经营过程中对物品进行养护不仅仅是技术问题，还是一个综合管理问题，可以产生物品的时间效用。物品的养护应根据物品的特性和形状，采用有效的方法，为此要做好人、物、温湿度等方面工作。

（一）一般物品的养护

物品在库期间，为防止物品因自身理化性质和外部因素的影响而发生质量变化或丧失使用价值，除要注意调节仓库温湿度外，还要注意虫鼠害、霉腐、锈蚀的防治。

1.虫鼠害的防治

（1）仓虫的防治。仓库虫害不仅种类繁多，而且分布广泛。

①做好环境卫生。防治虫害主要应杜绝虫源，破坏害虫生长繁殖的环境。为此，要做好库内外环境卫生，特别注意害虫的藏匿和过冬之处，定期做好消毒工作。对储存易生虫物品的仓库，在害虫繁殖期之前，可使用磷化铝、溴化烷、硫酸氟等进行熏蒸，在库内墙脚、走道、垛底、苫垫物料等处喷洒杀虫药剂，如敌百虫、马拉硫磷等溶液。

②药物防治。使用驱避剂，如精萘、对二氯化苯、樟脑精等，适用于毛、麻、丝、棉织品，皮毛、皮革制品以及竹木制品等，但不适用于橡胶、人造革、食品等。使用熏蒸剂，如溴甲烷、磷化铝、环氧乙烷和硫黄等，可根据物品数量多少，结合仓库建筑条件，酌情采用整库密封熏蒸、帐幕密封熏蒸、小室密封熏蒸和密封箱、密封缸熏蒸等形式。调充氮或二氧化碳，通过改变空气成分的比重，使害虫在缺氧条件下或高浓度氮和二氧化碳的条件下难以生存和繁殖。

③其他方法防治。主要利用紫外线、微波、辐射、高温、低温、缺氧，以及合成激素等方法来杀虫。

（2）鼠害的防治。危害仓储物的鼠类有很多种，危害极大，破坏力极强。鼠类机警狡猾、适应能力强且具有非常强的繁殖能力。鼠害防治方法有：①做好库内卫生，断绝鼠类食物来源和栖身之处；②库房窗户和通风孔安装防鼠网，库门安装防鼠板；③用毒饵和捕鼠器。

2.霉腐的防治

物品发生霉变会造成使用价值降低甚至丧失，造成重大损失。霉腐现象的产生是由于霉菌滋生，随之而来的代谢物玷污或破坏了物品。防治方法是通过药剂毒杀霉菌和改变霉菌生存环境抑制其生长和繁殖，具体包括化学药剂防霉、气相防霉、气调防霉、低温冷藏防霉、干燥防霉以及利用紫外线、微波、红外线、辐射等防霉技术。

3.锈蚀的防治

金属物品在库期间会受到周围介质的化学作用或电化学作用而遭到破坏，即锈蚀。引起金属锈蚀的关键因素是水分和空气中的氧。金属锈蚀的防治措施包括：

（1）保持保管场所清洁干燥，避免物品与酸、碱、盐等化学品接触；

（2）堆码时防止金属物品受潮；

（3）保护金属材料的防护层和包装，防止其因防护层受损而生锈；采用密封法或涂油的方法防锈蚀。

（二）危险品的养护

危险品包括易燃、易爆、有毒、有害物品等。储存危险品期间，为保证安全，防止其质量变化或发生意外，应采取一定的养护措施。

（1）危险品应存放于专用库场内并有明显标识，库场应配备相应的安全设施和应急器材。

（2）库场管理人员应经过专门训练，了解和掌握各类危险品保管知识，并经考试合格后上岗。

（3）危险品进入库场时，库场管理人员应严格把关，性质不明或包装不符合规定的，库场管理人员有权拒收。

（4）危险品应堆放牢固，标识朝外或朝上，让人一目了然。

（5）照明用灯，应选择专用防爆灯，避免产生电火花。

（6）危险品库场应建立健全防火责任制，确保各项安全措施落实。

六、物品的盘点作业

货物盘点检查是指对仓库储存货物按预定计划或有针对性地进行清点，对于准确了解和掌握仓储物的数量、质量、动态变化有重要意义。

由于物品不断进出库，经长期的累积会出现库存账面数量与实际数量有差异的情况，同时也可能出现某些物品存放过久、养护不当，导致质量受到影响，难以满足客户需求的状况。为了有效控制货物数量，应对各库存场所的货物进行数量清点的作业，该作业称为盘点作业。

由于盘点作业不仅仅对现有货物库存进行清点，而且针对过去的货物管理的状态进行分析，工作人员可知道哪些货物是畅销的，哪些货物是滞销的，由此进一步为将来物品库存管理的改进提供参考资料，所以盘点作业是非常重要的。

（一）盘点的内容

在进行盘点作业的时候，一般盘点以下内容。

1. 质量

检查在库商品是否生锈、霉变、老化、过期、虫蛀、鼠咬等。

2. 数量

核实实物账目、货卡与商品实物的数量是否一致，做到账、卡、物相符。

3. 设备

看货架是否稳固、库房有无漏雨、温度是否超标等。检查设备是否完好，货架的编号标识是否清楚，计量器具是否准确等。

4. 安全

检查各种安全措施和消防设备、器材是否符合安全要求，防火防盗等设备是否有效。

（二）盘点的流程

从盘点检查的内容可以看出，盘点是一个非常烦琐的工作，且有特定流程。

1. 盘点前的准备工作

为了使盘点工作能在较短的时间内，利用有限的人力物力达到盘点准确的目标，应做好准备工作。盘点准备工作包括确定盘点的制度、方法、计量，检查计重仪器、库存资料等是否齐全，准备好盘点所需要的单据等基本工作。

2. 盘点时间的确定

准备工作做好后，就要确定盘点的时间了。一般来说，要使货物的账实相符，盘点次数越多越好，但因每次实施盘点都必须投入人力、物力、财力，其成本不小，因此很难经常开展。事实上，导致盘点产生误差的主要因素是出入库环节。例如，出入库作业资料输入错误或出入库搬运中产生货损，容易造成账实不符。但是由于盘点耗时耗力，工作人员既要防止多次盘点造成成本增加，又不能不进行盘点作业，因此最好视各货物的性质制定不同的盘点时间。例如，对于A类重点管理的货物，每天或每周盘点一次；对于B类货物，每两三周盘点一次；对于C类不重要货物，因其品种多，经常性盘点压力过大，所以每月盘点一次。

为了使盘点工作容易进行，应配合财务人员的工作。一般情况下，盘点的时间选择在财务决算的前夕以配合财务决算查清财务状况，或在销售淡季，此时业务不太繁忙，盘点较为容易，需要投入的资源较少，且人力调动也较方便。

3. 盘点方法的选择

盘点的方法主要分为账面盘点法和现货盘点法。

（1）**账面盘点法**。账面盘点法是对一种物品分别设账，然后对每一种物品的入库与出库情况详细记载，不必实地盘点，不用到现场去查，随时从电脑或账册上查明物品的存量。由于账面盘点法不需要进行实地盘点，只需要将物品出入库信息录入电脑或账册，所以特别容易出现失误。例如，物品入库时采用以件、箱为单位的方式，由于客户需求量不同，需要将以件、箱为单位的拆分成以袋为单位的，就是要进行拆零工作，这容易产生货物库存数量记录错误。因为出入库的物品计量单位不同，工作人员需重新录入信息，面对庞大枯燥的数字，难免会出错。

（2）**现货盘点法**。现货盘点法又叫实地盘点法，就是实地调查仓库内的库存。现货盘点法按盘点频率的不同又可分为期末盘点法和循环盘点法。

①期末盘点法。期末盘点法是对储存保管的全部在库货物，不论是否有出入动态，全部进行盘点清查。由于期末盘点法是将所有物品一次盘完，因而有必要全体员工一起出动，一般采取分组的方式进行盘点。一般来说，每组盘点人员至少3人，以便能互相核对减少错误，同时也能彼此牵制避免弊端。盘点程序是，先将全部员工分组，每组3人，由一人先清点所负责区域的物品，对清点结果做好记录；然后由第二人复查清点并记录；最后由第三人核对，检查前面的记录是否相同、正确，核对完后将盘点单交给会计部门，由其合计物品库存总量，与电脑或账册资料进行对照，从而确定是否账实相符。

②循环盘点法。循环盘点法是每天或每周做少品种、少量盘点。其工作流程是，确定当天要盘点的货物，由专门人员负责到现场清点货物的实际库存量，再与电脑的库存量进行核对，如果发现有差异，则调查原因，并做出修正。

期末盘点法和循环盘点法对比如表5-3所示。

表5-3 期末盘点法与循环盘点法对比

比较的项目	期末盘点法	循环盘点法
频率	期末、每年仅数次	平常、每天或每周一次
单次所需时间	长	短
所需人员	全体动员（或临时雇用）	专门人员
盘差情况	多且发现得晚	少且发现得早
对营运的影响	需停止作业数天	无
对品项的管理	平等	A类重要货物：仔细观察
		C类不重要货物：稍加管理
盘差原因追究	不易	容易

事实上，两种盘点方法往往可同时使用，例如平时针对重要物品做循环盘点，而到期末则对所有物品做大盘点，两者相结合，能相对降低盘点的误差率。

4.盘点人员的培训

为了使盘点工作顺利进行，必须把各区域负责盘点的工作人员组织起来进行短时期集训。因为盘点属于流水线作业，不同的人员负责不同的工作，一般采用实盘—复盘—监盘的方式，即第一个人负责清点实盘数据，第二个人在后面核对复查，最后一个人监督前面两个人的工作。由于不同的人员负责不同的工作，因此在盘点前必须对盘点人员进行培训，例如对所有人员进行盘点方法的培训，要使其充分了解盘点的程序、表格的填写。还要加强对复盘与监督人员的认识货品的培训，因为复盘与监督人员对大多数货物并不熟悉。

5.清理盘点的现场

对盘点人员培训后，就要清理盘点的现场。例如在盘点前，对供应商交来的物品必须明确其所有权。如已完成验收属于仓库的，则及时整理归库；若尚未完成验收而属于供应商的，则应清楚划分，避免混淆。对需出库配送的物品应立即通知相关部门领取，不要进行盘点工作，做好出库工作，账卡、单据、资料等均应整理后统一结清。对储存场所堆码的货物进行整理，特别是对散乱货物进行收集，以方便盘点时计数，可以合理采用重叠式等堆垛方法，以便计数。

6.正式开始盘点工作

盘点作业的关键是点数，其工作强度大。盘点的顺序一般是从上到下，从左到右。如果采用手工点数，则应事先将空白盘点表发至各部门。盘点表是连号的，要求每一个货架使用一张盘点表，如损坏则需要重新领取，要将原损坏的盘点表附在正确的盘点表后面，并标注"作废"字样。而盘点完后统一汇总报至电脑部或相关部门由其录入商品盘点信息，这种手工盘点的方式无须投入专门盘点的设备，但差错率高。而为了提高盘点的速度和精确性，可使用手掌机进行盘点，例如，美国沃尔玛的年度盘点工作由第三方盘点公司完成。这个盘点公司只派三个人负责一家店的盘点工作，他们有专用的盘点机，而盘点机和沃尔玛的电脑系统是相连的，在盘点过程中，一个人负责扫描条形码，一个人负责数据录入，一个人负责监督检查，盘点的信息会自动录入沃尔玛的电脑系统，大大提高了盘点的效率。

7.对盘点盈亏的处理

盘点结束后，对盘点结果有差异的，要查明原因，追究责任。例如，因计量、检验方面的问题而造成的数量或质量上的差错，就要统一计量、检验的方法。对保管不善造成货物损坏的，就要加强对商品的养护工作。对因盘点人员对货物不熟悉而造成差错的，就要加强人员培训工作，判别盈亏较大的商品，进行重盘复盘。复查时要先检查盘点区域表与实际现场是否一致，是否有遗漏区域，检查有无大量异常退货并且未录入电脑等情况。要查明原因，追究责任，发生盈亏的原因查清之后，要及时办理调整货物账卡的手续，使实物、账、卡等均相符。进行盘点的目的主要是检查当期货物出入库和保管情况。盘点盈亏调查表、盈亏价格调查表分别如表5-4和表5-5所示。

表 5-4　盘点盈亏调查表

商品编号	商品名称	单位	账面数量	实存数量	单价	盘盈		盘亏		备注
						数量	金额	数量	金额	

表 5-5　盈亏价格调查表

商品编号	商品名称	单位	数量	原价	金额	现价	盘盈		盘亏		备注
							数量	金额	数量	金额	

学习任务 1–
思考与练习

🔖 学习任务 2　在库管理制度

为了确保库存管理的效率和准确性，提升仓储作业的规范化水平，某仓储企业制定了以下在库管理制度。

第一条　仓库工作人员必须严格检查物料的规格、质量和数量。与发票数量不符，或规格、质量不符合使用部门要求的，应拒绝进仓，并立即向采购部递交物料验收质量报告。

第二条　对于办理验收手续进仓的物料，必须填制"商品、物资进仓验收单"，仓库据以记账，并送采购部一联，用以办理付款手续。物料经验收合格的，办理进仓手续后，所发生的物料短缺、变质、变形和霉烂等问题，均由仓库负责处理。

第三条　各部门领用物料，必须填制"仓库领料单"或"内部调拨单"，经使用部门经理签名，再交仓库主管批准，方能领料。

第四条　为提高各部门领料工作的计划性，加强仓库物资的管理，采用隔天发料的办法办理领料事宜。

第五条　各部门领用物料的下月补给计划，应在月终前报送仓管部。临时补给物料必须提前 3 日报送仓管部。

第六条　物料出库，必须办理出库手续，填制"仓库领料单"或"内部调拨单"，并验明物料的规格、数量，经仓库主管签署、审批后发货。仓库应及时记账并送财务部一份。

第七条　仓管人员对任何部门均应严格按先办出库手续后发货的程序发货，严禁先出货后补手续的错误做法，严禁白条发货。

第八条　仓库应对各项物料设立"物料购、领、存货卡"，凡购入、领用物料的，应立即做相应的记载，及时反映物料的增减变化，做到账、物、卡三者相符。

第九条　仓库人员应定期盘点库存物料，发现升溢或损缺的，应办理物料盘盈、盘亏报告手续，填制"商品、物料盘盈、盘亏报告表"，经领导批准，据以列账，并报送财务部一份。

第十条　为及时反映库存物料数额，配合供应部门编制采购计划，以节约使用资金，仓管人员应每月编制"库存物料余额表"，并送交财务部、采购部各一份。

第十一条　对仓库内的各项物料均应制定最高储备量和最低储备量的定额，由仓管部根据库存情况及时向采购部提出请购计划，供应部根据请购数量进行订货，借以控制库存数量，以避免因物料积压或供应短缺，而影响经营管理的正常进行。

第十二条　如因仓管部未能及时提出请购而造成供应短缺，则责任由仓管部承担。如仓库按最低存量提出请购，而采购部不能按时到货，则责任由采购部承担。

第十三条　物料管理制度，经总经理批准后，各部门均应遵照执行。

学习任务 2-
思考与练习

项目二　实务操作单元

🖱 学习任务 1　理货作业实操

理货作业

一、实训目的

通过实训，明确理货员的岗位职责与应具备的职业素质，掌握仓库和门店理货作业流程、要领，能进行日常的理货作业管理。

二、实训学时

建议 2 学时。

三、实训地点

校内外实训基地。

四、实训准备

教师安排学生通过扮演理货员、顾客和店长的角色，模拟现场突发状况。

五、实训任务

有一天中午，店长正在食品区域帮助理货，忽然听到卖场那头传来阵阵嘈杂声。起初店长不以为意，但后来那边声音越来越大，当中还不断传来叫骂声，店长警觉事态严重，立即赶去了解情况。

原来是店里一位刚来的理货员，在打扫卫生时，不小心拖把撞到了顾客的脚，但是那位顾客坚持说理货员的动作是故意的。由于该理货员为新手，不知该如何处理，只是一再跟顾客表示，是自己不小心，不是故意的。那位顾客非常生气，对着理货员大骂，指责他怠慢顾客，态度高傲，做错事又不承认。店长在了解了整件事情后，便先把理货员支开，然后向顾客道歉，并说明该理货员刚来，经验不足，遇到事情难免会慌手慌脚。由于态度相当诚恳，顾客嘀咕了一阵子才稍稍消气。事后店长也告诫理货员，身为连锁业的一员，要尽量让顾客感受到被尊重，以减少摩擦。

（1）本案例中，店长言传身教，给理货员传输了哪些方面的职业素养和职业意识？

（2）模拟演练：如果你是这名理货员，面对顾客指责时如何应对？

学习任务 1–
相关知识

学习任务 1–
思考与练习

学习任务 2　盘点作业实操

一、实训目的

通过实训，掌握盘点作业的步骤，理解盘点作业的含义与目的。能有效地做好盘点前的准备工作，按要求对盘点现场进行及时清理。会根据物品的特点与要求，选择合适的盘点方法。会正确识读和使用盘点所涉及的表单。会准确计算盈亏差异，对盘点结果进行合理分析，正确进行盘盈、盘亏处理。树立责任意识，理解盘点工作的内容和重要性。

盘点作业

二、实训学时

建议 2 学时。

三、实训地点

校内外实训基地。

四、实训准备

教师安排学生通过扮演盘点人员，模拟现场盘点的工作。

五、实训任务

前往校内超市或校外实训基地，让学生扮演盘点人员进行实训，使学生掌握盘点作业操作，掌握仓库盘点作业相关单证的填制和盘点盈亏的处理和分析。

学习任务 2–
相关知识

学习任务 2–
思考与练习

出库管理

【知识目标】了解货物出库的作业流程，掌握出库的准备工作和出库方式，了解摘果式拣货和播种式拣货的特点，掌握补货、配货和退货的管理工作，了解在出库过程中遇到的问题并掌握其解决方法。

【技能目标】具备拣货、补货、配货等出库作业相关技能。

【素质目标】培养自主学习、善于总结经验和创新的能力，具有合作精神和协调应变能力。具备团结协作、勇于担当的职业精神。

【思维导图】

```
                                                          ┌─ 出库准备
                                                          ├─ 备货
                                                          ├─ 复核、点交
                                  ┌─ 学习任务1             ├─ 装载、发运
                     ┌─ 项目一      出库作业流程 ──────────┤─ 出库整理
                     │  基础知识单元                        └─ 退货处理
                     │            └─ 学习任务2 出库管理制度
  模块六 ────────────┤
  出库管理           │            ┌─ 学习任务1 1+X手持出入库操作
                     └─ 项目二 ───┤
                        实务操作单元 └─ 学习任务2 配装配载作业实操
```

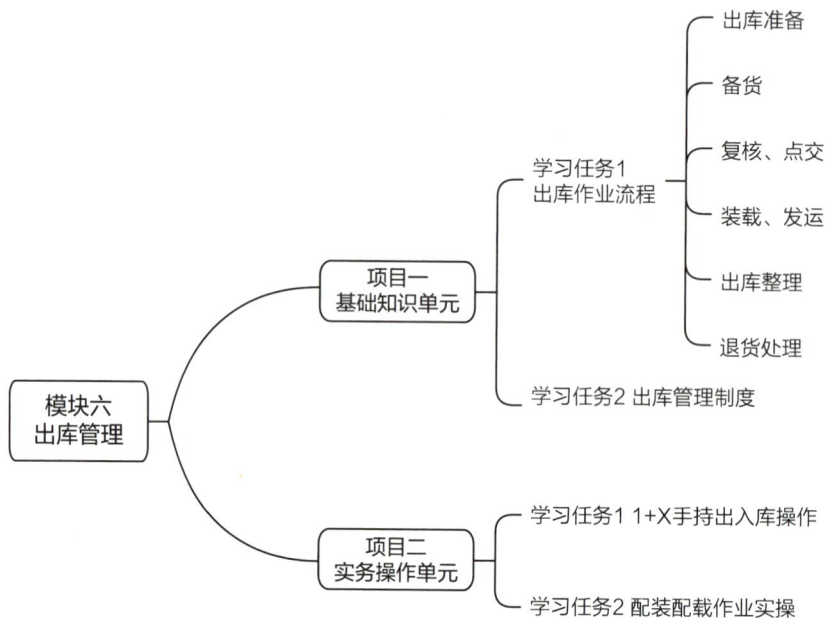

模块六引导案例

项目一　基础知识单元

🔘 学习任务 1　出库作业流程

出库准备

出库作业是根据业务部门或存货单位开出的货物出库凭证（提货单、调拨单），按其所列货物名称、规格、型号、数量等项目，组织货物出库的一系列工作的总称。货物出库是货物储存阶段的终止，也是仓库作业的最后一个环节，它使仓库工作直接与运输单位和货物使用单位发生联系。因此，做好出库工作对改善仓库经营管理，降低作业成本，提高服务质量具有重要的作用。货物出库要求货物必须准确、及时，保质保量地发给收货单位，包装必须完整、牢固，标记正确清楚，符合交通运输部门和使用单位的要求，防止出现差错。

一、出库准备

（一）出库的要求

货物出库要求做到"三不、三核、五检查"。"三不"是指未接单据不翻账，未经审核不备库，未经复核不出库。"三核"是指在发货时，要核实凭证、核对账卡、核对实物。"五检查"是指对单据和实物要进行品名检查、规格检查、包装检查、件数检查、重量检查。具体通过以下内容体现：

（1）货物出库，必须凭出库凭证、物资领用单办理，不得白条出库。

（2）查看品名、产地、规格、数量是否清楚，发现问题及时与有关部门联系，妥善解决。

（3）贯彻先进先出、推陈储新的原则。

（4）验单合格后，应进行销账再出库。

（5）货物出库时，必须有编号，以单对账、以账对卡、以卡对物。

（6）货物出库时，出库管理人员要仔细清点出库数量，做到人不离垛、件件过目、动碰复核、监搬监运，对搬运不符合要求的动作，要及时纠正，防止货物损坏。

（7）货物出库时，要严把货票审核关和动碰制度关等。

（8）在下列情况下，出库管理人员可以拒付货物：

①白条出库，任何人开的白条都不能视作货物的出库凭证；

②货物出库凭证字迹不清，单货型号不符或涂改；

③领料人与货物出库凭证所列部门不符；

④货物领用单盖章不全。

（二）出库方式

出库方式是指仓库用什么方式将货物交付给用户。选用哪种方式出库，要根据具体条件由供需双方事先商定。

1.送货

仓库根据货主单位的出库通知或出库请求，通过发货作业把应发货物交由运输部门送达收货单位或使用仓库自有车辆把货物运送到收货地点的发货形式，就是通常所称的送达收货单位送货制。

仓库实行送货制具有多方面的好处：仓库可预先安排作业，缩短发货时间；收货单位可避免因人力、车辆等不便而产生取货困难；在运输上，可合理使用运输工具，减少运费。

2.收货人自提

这种发货形式是由收货人或其代理持取货凭证直接到库取货，仓库凭单发货。仓库发货人与提货人可以在仓库现场划清交接责任，当面交接并办理签收手续。

3.过户

过户是一种就地划拨的形式，过户后货物实物并未出库，但是所有权已从原货主转移到新货主。仓库必须根据原货主开出的正式过户凭证，才予办理过户手续。

4.取样

货主由于商检或样品陈列等需要，会到仓库提取货样。通常要开箱拆包、分割抽取样本，仓库必须根据正式取样凭证发出样品，并进行账务记载。

5.转仓

转仓是指货主为了业务方便或改变储存条件，将某批库存自甲库转移到乙库。仓库也必须根据货主单位开出的正式转仓单办理转仓手续。

（三）出库凭证审核

仓储业务部门接到货物出库凭证时，首先要对出库凭证进行仔细审核。审核内容如下：

（1）出库凭证的合法性和真实性。

（2）货物的品名、型号、规格、单价、数量等有无错误。

（3）收货单位、到站、银行账号等是否齐全和准确。

如发现出库凭证有问题，则需经原开证单位进行更正并加盖公章后，才能安排发货业务。但在特殊情况（如救灾、抢险等）下，可经领导批准先发货，事后及时补办手续。

二、备货

（一）拣货

拣货作业是指依据顾客的订货要求或配送中心的送货计划，尽可能迅速、准确地将商品从其路径或其他区域拣取出来，并按一定的方式进行分类、集中，等待配装送货的作业过程。在配送作业的各环节中，拣货作业是非常重要的一环，它是整个配送中心作业系统的核心。因此，合理规划与管理拣货作业，对配送中心作业效率具有决定性的影响。

1.拣货单位

拣货单位是指拣货作业中拣取货物的包装单位，可分为单件（小包装）、箱（外包装）、托盘以及特殊货物四种形式。确定拣货单位的重要性在于避免在拣货和出货作业过程中对货物进行拆装或重组，以提高拣货系统的作业效率，同时满足拣货自动化作业的需要。因为拣取的货物来自储存系统，储存系统的货物则通过验收入库而来，所以要提高配送系统的作业效率，就必须根据配送的包装要求，确定拣货单位。通常储存和入库货物的包装必须大于或等于拣货单位。

（1）单件：是拣选的最小单位，可以单手拣取。

（2）箱：由单件装箱而成，必须双手拣取。

（3）托盘：由箱叠码而成，是以上三种单位中体积和重量最大的拣货单位，无法用手直接搬运，要利用堆高机或叉车等设备进行搬运。

（4）特殊货物：对于体积过大、形状特殊，不能由托盘、箱来进行装载，或者要在特殊情况下作业的货物，如散装颗粒货物、长杆形货物、桶装液体、冷冻品等，在拣货时只能以特定包装形式和包装单位为准。

2.拣货作业流程

拣货作业不仅工作量大，工艺过程复杂，而且要求时间短、准确度高，因此，加强对拣货作业的管理非常重要。制定科学合理的拣货作业流程，对于提高配送中心运作效率和提高服务质量具有重要的意义。拣货作业流程如图6-1所示。

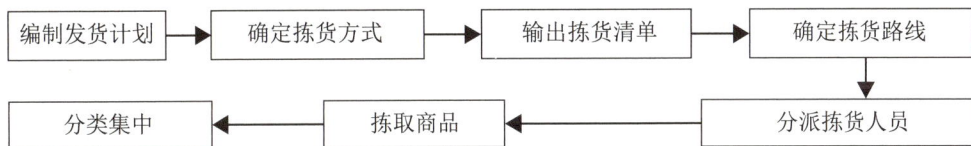

图6-1 拣货作业流程

（1）编制发货计划。发货计划是根据顾客的订单编制而成的。订单是指顾客根据其用货需要向配送中心发出的订货信息。配送中心接到订单后需要对订单的资料进行确认、存货查询和单据处理，根据顾客的送货要求制定发货日程，最后编制发货计划。

（2）确定拣货方式。拣货的方式主要有按单拣选、批量拣选和其他几种方式。工作人员应根据订单需要、配送能力等决定采用哪种拣货方式。

（3）输出拣货清单。拣货清单是配送中心将客户订单资料进行计算机处理，生成并打印出的拣货单。拣货单上标明了储位，并按储位顺序来排列商品编号，作业人员据此拣货可以缩短拣货路径，提高拣货作业效率。

（4）确定拣货路线，分派拣货人员。配送中心根据拣货单所指示的商品编码、储位编号等信息，能够明确商品所处的位置，确定合理的拣货路线，安排拣货人员进行拣货作业。

（5）拣取商品。拣取可以由人工或自动化设备完成。通常对于小体积、少批量、搬运重量在人力范围内且出货频率不是特别高的，可以采取人工方式拣取；对于体积大、重量大的商品，可以利用升降叉车等搬运机械辅助作业；对于出货频率很高的商品，可以采取自动拣货系统。

（6）**分类集中**。对经过拣取的商品，根据不同的客户或送货路线进行分类集中。有些需要进行流通加工的商品还需根据加工方法进行分类，加工完毕再按一定方式分类出货。多品种分货的工艺过程较复杂，难度也大，容易发生错误，必须在统筹安排形成规模效应的基础上，提高作业的精确性。在商品体积小、重量轻的情况下，可以采取人工分拣方式，也可以采取机械辅助作业，或利用自动分拣机自动将拣取出来的商品进行分类与集中。

（二）补货

补货作业是将货物从仓库保管区搬运至拣货区的工作，其目的是确保商品能保质保量、按时送到指定的拣货区。补货通常是以托盘为单位，从货物保管区将货品移到拣货区的作业过程。

1.补货的流程

为减少分拣配货的行走时间和距离，提高分拣配货的效率，一般配送中心将大批量的货物储存在仓库保管区，存放少量满足客户需求的货物于拣货区便于分拣作业。随着分拣配货作业的进行，拣货区的货物会相应减少，为使配货工作不中断，当拣货区库存降到设定的标准时，必须适时适量补充拣货区货物的库存以保证正常拣货的需求。补货作业就是将货物从仓库保管区域搬运到拣货区的工作，如图6-2所示。

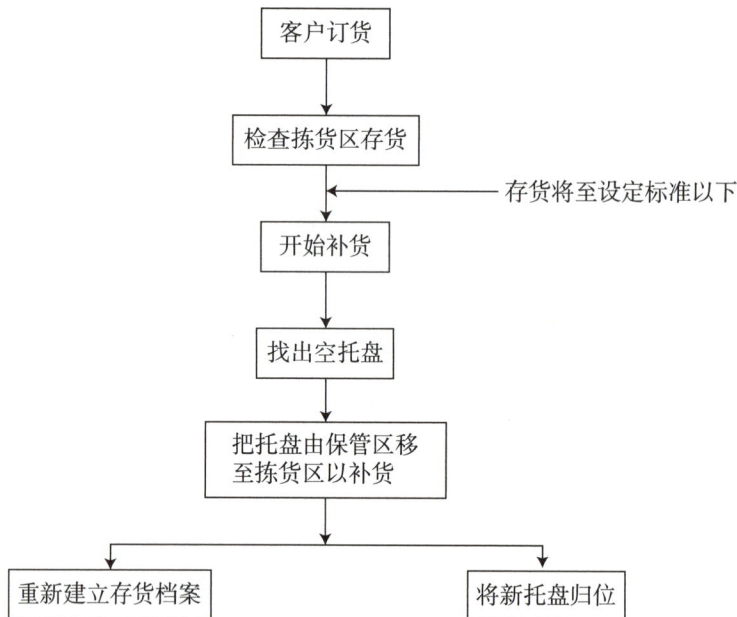

图6-2　补货作业流程

2.补货的方式

由于储存方式和集装单位不同，补货作业基本方式有下述三种。

（1）**循环式补货**。循环式补货又称整箱补货，指由料架保管区补货至流动棚架的动管区。此补货方式中的保管区为料架储放区，动管区为两面开放式的流动棚架。拣货时拣货员于流动棚架处拣取单品放入箱（篮）中，之后放至输送机，由其运至出货区。当拣取后动管区的存货已低于水准之下时，则要进行补货的动作。其补货方式为作业员至料架保管区取货箱，用手推车载箱至拣货区，于流动棚架的后方（非拣取面）补货。这种补货方式适用于体积小且少量多样出货的商品，如图 6-3 所示。

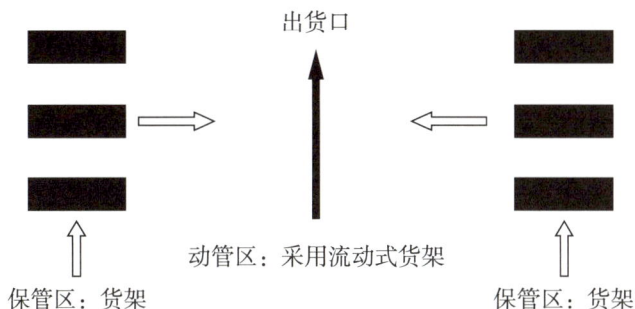

图 6-3　循环式补货

（2）托盘补货。这种补货方式以托盘为单位进行补货。根据补货的位置不同，可分为两种情况：一种是地板至地板，另一种是地板至货架。

地板至地板的整托盘补货方式的保管区中，以托盘为单位地板平置堆叠存放，动管区中也以托盘为单位地板平置堆叠存放，如图 6-4 所示。两者不同之处在于保管区的面积较大，存放物品较多；而动管区的面积较小，存放物品较少。

地板至货架的整托盘补货方式的保管区中，以托盘为单位地板平置堆叠存放，动管区中则用托盘货架存放，如图 6-5 所示。补货作业中，作业员使用叉车到达地板平置堆叠保管区，搬回托盘，送至动管区托盘货架上存放。此补货方式较适合体积中等或中量（以箱为单位）出货的物品。

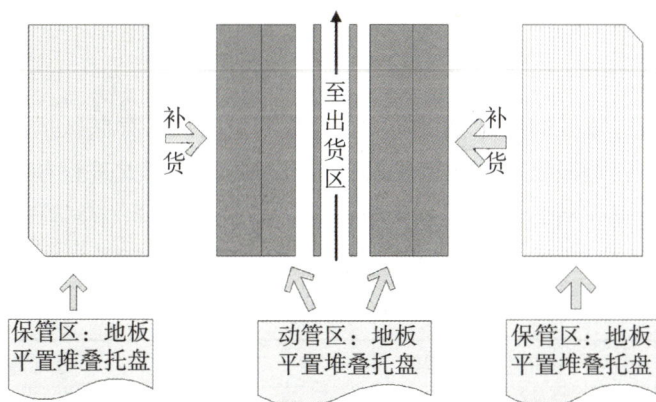

图 6-4　地板至地板的整托盘补货

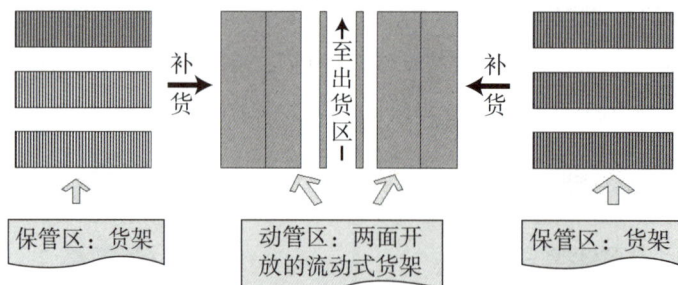

图 6-5　地板至货架的整托盘补货

（3）垂直式补货。垂直式补货（见图 6-6）又称从料架上层至下层补货，指由地板堆叠保管区补货至地板堆叠动管区。此补货方式中的保管区与动管区属于同一料架，也就是将一料架上双手方便拣取之处（中下层）作为动管区，不便拣取之处（上层）作为保管区。而进货时便将动管区放不下的多余货箱放至上层保管区。当动管区的存货低于标准时，则可利用堆高机将上层保管区的货品搬至下层动管区进行补货。这种补货方式较适合体积不大、每品项存货量不高，且出货多、中小量（以箱为单位）的物品。

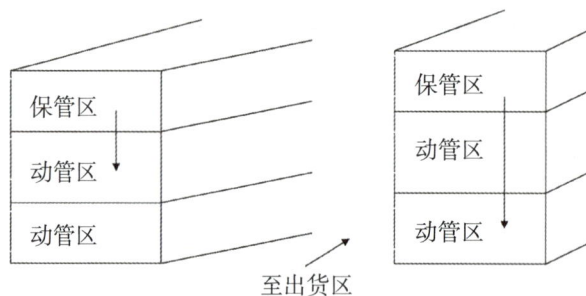

图 6-6　垂直式补货

3.补货的时机

补货作业是当拣货区的物品数量低于安全库存量时，从存储区把物品运到拣货区的作业。补货单位一般是托盘，企业也可以根据自己的存储形式进行补货。通常补货时机要考虑库存控制策略来确定，并根据库存控制方式选择不同的补货方式。一般情况下，主要有批次补货、定时补货和随机补货三种形式，如表 6-1 所示。

表 6-1　补货时机说明

补货时机	补货作业说明	适用情况
批次补货	每天或每批次拣取前，由电脑计算所需物品的总拣取量，检查拣货区的库存量，计算差额，并在拣货开始时补足物品	适合每天作业量不大，紧急追加订单不多，或每批次拣取量不大，需求容易预测的情况
定时补货	将每天划分为数个阶段，补货人员在各时段内检视拣货区的物品存量，若物品不足则将货架补满	较适合分批次拣货，而且处理紧急追加订货的时间较为集中、固定的情况
随机补货	指定专门补货人员，随时巡视动管监视区的物品存量，发现库存不足则进行补货	较适合每批次量不大，紧急订单较多，一日内作业量变化较大的情况

（三）配货

配货是配送中心为了顺利、有序、方便地向众多客户发送商品，对组织进来的各种货物进行整理，并依据订单要求进行组合的过程。配货工作的基本任务是保证配送业务中所需的商品在指定的时间内配齐并装载完毕。

1.配货作业的流程

在配货过程中，首先要进行分货工作，一般可进行人工目视处理、自动分类机器处理或旋转架分类处理。其次，要对所拣选的货物进行商品号码、数量以及货物状态、品质的检查，以确认拣货作业是否有误。目前，主要可以通过条形码检验、声音输入检验以及重量检验等方法进行。最后，在配货作业中，要对货物进行恰当包装，以保护货物，便于搬运、存储，提高客户购买欲望以及易于辨认。包装可以分为个装、内装和外装三种。个装属于商业包装，而内装和外装统称为运输包装，不要求美观，但是要求坚固耐用且便于装卸，以免物品因长距离运输而部分损失。

（1）分货。分货作业方式可分为人工分货、自动分类机分货和旋转架分货三种，如表6-2所示。

表6-2　分货方式

分货方式	说明
人工分货	所有分货作业全部由人工根据订单或其他传递过来的信息进行，即不借助电脑和自动化的辅助设备
自动分类机分货	利用电脑和自动分辨系统完成分货工作，这种方式不仅快速省力，而且准确，尤其适用于多品种、业务繁忙的配送中心
旋转架分货	将旋转架的每一格当成客户的出货柜，分货时只要在电脑中输入各客户的代号，旋转架就会自动将货架转至作业人员面前

（2）配货检查。分货后需要进行配货检查，以保证发运前的货物品种、数量无误。配货检查作业是指根据用户信息和车次核实拣送物品的商品号码和数量，并对物品状态、品质进行检查。配货检查员的工作是进一步确认拣货作业是否有误。配货检查最原始的做法是用纯人工方式检查，即人工对货物一一点数并逐一核对出货单，进而查验配货的质量和状况。用纯人工方式逐项或抽样检查货物的状态和品质确有必要，但用纯人工方式核对货物号码和数量，则效率太低且易发生错误。因此，目前在数量和号码检查的方式上有许多改进，常用的方法有声音输入检查法、条码检查法和重量计算检查法，如表6-3所示。

表6-3　配货检查方法说明

配货检查方法	说明
条码检查法	这种方法要导入条码，条码是随货物移动的，检查时用条码扫描器阅读条码内容，计算机自动把扫描信息与发货单对比，从而检查货物数量和条码是否有误
声音输入检查法	作业人员发声读出商品名称、代码和数量后，计算机接收声音并自动判别，然后将其转换成资料信息，与发货单进行对比，从而判断是否有误。此方法的优点在于作业人员只需要用嘴读出资料，手脚可做其他工作，自由度较高。但需注意，发音要准确，且每次发音字数有限，否则计算机难以识别，可能产生错误

续表

配货检查方法	说明
重量计算检查法	把发货单上的货物重量相加，再与货物的总重量相对比，由此来检查发货是否正确

（3）包装。包装是指在运输和保管物品时，为了保护其价值并使其维持现有状态，使用适当的材料、容器和包装技术包裹起来（形成过程和结果）。包装是为了在流通过程中保护商品、方便储运和促进销售。

2.配货作业的主要形式

（1）单一配货作业。单一配货作业是指每次只为一个客户提供配货服务，因此配货作业的主要内容是对物品进行组配和包装。

一般来说，如果整托盘拣选的物品允许整托盘发运，那么需要进行固定作业，也就是用包装膜或绳索将物品固定在托盘上；如果整托盘拣选的物品不采取托盘运输，那么需要将物品先从托盘上卸下，然后将其进行捆装；对于整箱拣选的物品一般需要进行打包作业；单件拣选的物品应进行装箱作业，以免物品丢失或损坏。

（2）集中配货作业。集中配货作业是指同时为多个客户提供配货服务，所以其配货作业通常比单一配货作业多拆箱、分类环节，其余作业大致相同。

三、复核、点交

（一）复核

为防止出错，备料后应立即进行复核。发货的复核形式主要有专职复核、交叉复核和环环复核三种。除此之外，发货作业的各个环节都贯穿着复核工作。例如，理货员核对单货，守护员（门卫）凭票放行，账务员（保管会计）核对账单（票）等。这些分散的复核工作，起到分头把关的作用，都有助于提高仓库发货业务的工作质量。复核的主要内容包括商品品种数量是否准确、质量是否符合要求、配套是否齐全、技术证件是否齐备、外观质量和包装是否完好，等等。复核后保管员和复核员应在"商品调拨通知单"上签名。

商品如果不符合运输方式所要求的包装，则应按要求进行包装。根据商品外形特点，选用适宜的包装材料，商品包装后，其重量和尺寸应便于装卸和搬运。发货商品包装，要求干燥、牢固。如有破损、潮湿、捆扎松散等不能保障商品在运输途中安全的情况，应加固整理，做到破包破箱不发货。此外，商品的包装容器，若有水渍、油迹、污损等，则不予发货。另外，在包装中严禁互相影响或性能互相抵触的商品混合包装；包装后，要写明收货单位、发货号、本批总件数、发货单位等。

（二）点交

商品经复核后，如果是本单位内部领料，则将商品和单据当面点交给提货人，办理交接手续；如果是送料或将商品调出本单位办理托运的，则与送料人员或运输部门办理交接手续，当面将商品点交清楚。交清后，提货人员应在发货凭证上签章。

四、装载、发运

（一）装载

装载上车是指车辆的配载。根据不同配送要求，在选择合适的车辆的基础上对车辆进行配载，以达到提高车辆利用率的目的。

由于物品品种、特性各异，为提高配送效率、确保物品质量，首先必须对特性差异大的物品进行分类，并分别确定不同的运送方式和运输工具。

由于配送物品有轻重缓急之分，所以，必须预先确定哪些物品可配于同一辆车，哪些物品不能配于同一辆车，以做好车辆的初步配载工作。在装车时，装车顺序或运送批次的先后，一般按用户所要求的时间确定；但对同一车辆共送的物品，装车则要依"后送先装"的顺序。但有时在考虑有效利用车辆的空间的同时，还要根据物品的一些特性（怕震、怕压、怕撞、怕湿）、形状、体积及重量等，做出弹性调整。

（二）发运

根据配送计划所确定的最优路线，在规定的时间内及时准确地将物品运送到客户手中，在运送过程中要注意加强运输车辆的考核与管理。

五、出库整理

（一）销账

货物全部出库完毕，仓管员应及时将货物从仓储保管账上核销，取下垛牌，以使仓库内账货相符。将留存的提货单、货物单证、记录、文件等归入货物档案。

（二）清理

物品出库后，有的货垛被拆开，有的货位被打乱，有的现场留有垃圾、杂物等。保管员应根据储存规划要求，该并垛的并垛，该挪位的挪位，并及时清扫发货现场，保持清洁整齐，空出的货位应在仓库货位图上标注，以备新的入库物品之用；并清查发货的设备和工具有无丢失、损坏等。现场物品清理完毕后，还要收集整理该批物品的出入库、保管保养及盈亏等数据情况，并将这些数据存入物品档案，妥善保管，以备查用。

六、退货处理

（一）退货的原因

1.瑕疵品回收

生产厂商在设计、制造过程中所产生的有质量问题的商品，若在已开始销售后，才被消费者或厂商发现，则必须立即部分或全部回收。这种情况并不经常发生，却是不可避免的。从物流企业的角度来说，必须立即将消息传达到所有客户，而且要采取最快的方法将商品收回，集中处理。在此类事件中，配送中心虽不会有直接成本损失，但快速配合，可使损失降低，增进与厂商和客户的关系，这也是配送中心处理意外事件能力的体现。

2.搬运中商品损坏退回

对于包装不良或搬运中剧烈震动造成商品破损或包装污损的情况，必须重新研究包装材料、包装方式和搬运过程中的动作，找出原因并加以改善。

3.商品送错退回

由配送中心本身处理不当产生的问题，如拣货不准确或条码、出货单等处理错误，使客户收到的商品种类或数量与订单不符，必须要换货或退回，则应当立即处理，减少客户抱怨。但更重要的是核查传达过程中出现的问题，可能的原因是订单接收时就产生错误，或是拣货错误、出货单贴错、上错车等。找出原因后，配送中心应立即采取有效措施，在常出错的地方增加控制点，以提高正确率。

4.商品过期退回

一般的商品都有有效期，为了保证消费者的利益，要从货架上卸下过期的商品。从货架上卸下的过期商品，不可再卖，更不可更改日期。但对过期商品，在环保法令的限制下，必须找合格的丢弃物处理商处理，从回收到销毁均需投入许多成本，所以要事先准确分析商品的需求，或多次少量配送，减少过期商品产生。认真分析过期商品产生的原因，提前提醒进货商或零售商对库存商品进行严格管理，是根本的解决之道。

（二）退货处理的方法

1.无条件重新发货

无条件重新发货指因发货人按订单发货出现错误，由发货人重新调整发货方案，将错发货物调回，重新按原正确订单发货。中间产生的所有费用应由发货人承担。

2.运输单位赔偿

对于因运输途中产品受到损坏而发生退货的，应根据退货情况由发货人确定所需的修理费用或赔偿金额，然后由运输单位负责赔偿。

3.收取费用，重新发货

对于因客户订货有误而发生退货的，退货的所有费用应由客户承担。退货后再根据客户新的订单重新发货。

4.重新发货或替代

对于产品有缺陷，客户要求退货的情况，配送中心在接到退货指示后应安排车辆收回退货商品，将商品集中到仓库退货处理区进行处理。同时通知生产厂商立即采取措施，用没有缺陷的同一产品或替代品重新填补零售商店的货架。

学习任务 1–
思考与练习

🖱 学习任务 2　出库管理制度

为了确保库存管理的效率和准确性，提升仓储作业的规范化水平，某仓储企业制定了以下出库管理制度。

第一条　目的

为了规范物料出库工作，保证各类物料快速、准确地出库，及时投入使用或进入市场，特制定本制度。

第二条　适用范围

凡本公司仓储物料的出库工作，均按本制度的相关规定执行。

【出库前的准备工作】

第三条　物料经多次装卸、堆码、翻仓和拆检，部分包装会受损，不符合运输的要求。因此，仓管员必须视情况事先进行整理、加固或改换包装。

第四条　零星物料的组配、分装

（1）根据物料的特性和实际使用要求，有些物料需要拆零后出库。因此仓管员要事先做好准备，备足零散物料，避免因临时拆零而延误发货时间。

（2）对于需要拼箱的物料，仓管员应做好挑选、分类、整理和配套等准备工作。

第五条　包装材料、工具、用品的准备

对于需要装箱、拼箱或改装的物料，仓管员应根据物料的性质和运输的要求，准备各种包装材料、相应的衬垫物，以及包装标志所需的用具、标签、颜料和钉箱、打包等工具。

第六条　待运物料的仓容和装卸机具的安排调配

物料出库前，应留出必要的理货场地，并准备必要的装卸搬运设备，以方便运输人员提货发运或装箱送箱，加快发送速度。

第七条　出库作业的合理组织

由于出库作业是一项涉及人员多、处理时间紧、琐碎复杂、工作量大的工作，仓储部应事先对出库作业合理地加以组织，安排、协调好作业人员和机械，保证各个环节紧密衔接。

第八条　出库凭证的准备

（1）物料出库，一律凭盖有财务专用章和有关部门签章的领料表（一式四联，一联存领用部门，一联交财务部，一联交仓库作为出库依据，一联交统计部）。

（2）仓库出库管理人员在发货时，应根据领料表，填写物料的出库单。

【物料出库作业程序】

第九条　核对出库凭证

（1）物料出库，必须有正式的出库凭证。此类凭证均应有使用部门主管人员、仓储部经理的签章。

（2）出库凭证应包括以下内容：

①经物料领用部门主管签名的物料领用单；

②经仓储部经理签名的出库单；

③物料检验合格报告书、合格证等。

（3）出库管理人员接到物料领用单后，要认真核对物料的编号、规格、品名、数量有无差错和涂改，有关部门的签章是否齐全。

（4）审核无误后，出库管理人员按照出库单所列的物料品名、规格、数量与仓库账目，进行全面核对。

第十条　备货

出库凭证经复核无误后，出库管理人员按其所列的项目内容和凭证上的批注，与编号、货位进行核对，核实后核销物料明细卡上的存量，按规定的批次备货。

销卡：在物料出库时，应先销卡后付货。

理单：根据物料的货位，按物料领用单的编号顺序排列，以便迅速找对货位，及时出库。

核对：按照货位找到相应的物料后，出库管理人员要"以表对卡，以卡对货"，进行单、卡、货的核对。

点数：出库管理人员要仔细清点物料出库的数量，以防止出现差错。

签单：应付物料付讫后，出库管理人员应逐笔在出库凭证上签名。

第十一条　理货

1.核对

出库管理人员、领料员根据物料场地的大小、运输车辆到库的班次，对到场物料按照车辆配载。领料部门编配分堆，然后对场地分堆的物料进行单货核对，核对工作必须逐车、逐批地进行，以确保单货数量、去向等完全相符。

2.置唛

为方便收货方的收转，理货员必须在应发物料的外包装上注明收货方的简称。置唛应在物资外包装的两侧，字迹应清楚，不错不漏；复用旧包装的置唛，必须消除原有标志；如粘贴标签，则必须粘贴牢固，便于领料员收转。

第十二条　复核查对

（1）出库复核人员按照出库凭证，对出库物料的品名、规格、数量进行再次核对，以保证物料出库的准确性。

（2）复核查对的具体内容如下：

① 对于怕震怕潮的物料，查看衬垫是否稳妥，密封是否严密；

② 每件包装是否有装箱单，装箱单上所列各项目是否和实物、凭证等相符；

③ 领料部门、箱号、危险品或防震防潮等标志是否正确、明显；

④ 是否便于装卸搬运作业，能否保证物料在运输装卸中不破损。

（3）复核查对的结果处理。

如经反复核对确实不符时，应立即进行调换，并将错备物品上所印刷的标记除掉，退回原库房。退回后，再次复核结余物品的数量或重量，看其是否与保管账目、物料保管卡片的结余数目相符；若发现不符，应立即查明原因，及时更正。

第十三条　交接清点

（1）出库物料复核无误后，再将物料交给领料员清点，由其办理交接手续。

（2）车辆到库装载待运物料时，出库管理人员、领料员要亲自在现场监督装载全过程。实际装车件数，必须共同点交清楚。

第十四条　经点交清楚的物料发运后，该物料出库工作即告结束。出库管理人员应做好清理工作，及时核销物资明细卡，调整货位上的吊牌，以保持物资的账、卡、物一致，及时准确地反映物料进出、存取的动态。

【特别注意事项】

第十五条　物料出库，必须按出库凭证、物料领用单办理，不得白条出库。

第十六条　物料出库时，必须经复核员复核，根据出库单仔细检验库别、签名、品名、产地、规格、数量是否清楚，发现问题及时与有关部门联系，妥善解决。

第十七条　验收合格后，应进行销账再出库。

第十八条　物料出库时，必须有编号，以单对账、以账对卡、以卡对物。

第十九条　物料出库时，出库管理人员要仔细清点出库数量，做到人不离垛、件件过目、动碰复核、监搬监运，对搬运不符合要求的动作，要及时纠正，防止物料损坏。

第二十条　物料出库时，要严把货票审核关、动碰制度关、加盖货已付讫章关。

第二十一条　在下列情况下，出库管理人员可以拒付物料：

（1）白条出库，任何人开的白条都不能视作物料出库凭证；

（2）物料出库凭证字迹不清，单货型号不符或涂改；

（3）领料人与物料出库凭证所列部门不符；

（4）物料领用单盖章不全。

学习任务2–
思考与练习

项目二　实务操作单元

学习任务1　1＋X手持出入库操作

一、实训目标

通过实训，掌握订单拣货和批次拣货的基本理论和基本方法，能够熟练运用1＋X手持设备进行重型货架出入库作业。

二、实训学时

建议2学时。

三、实训地点

校内实训基地。

四、实训要求

（1）学生每2人为一个项目小组；各小组先查阅摘果式分拣法和播种式分拣法的相关理论知识点和相关资料，做好知识准备。

（2）准确判断拣选方案并快速进行商品拣货等出入库工作。

（3）实操过程中应采取正确的步骤、方法、工具等。

（4）所有操作完成后，仔细确认并保存有关结果。

（5）所有操作应注意安全规范，并全程遵守7S管理原则。

五、实训任务

根据入库任务单、物动量ABC分类表、出库任务单和拣选单等单据，使用1+X手持设备，准确判断拣选方案并快速进行商品拣货等出入库工作。

1.入库任务

（1）入库任务单，如表6-4所示。

表6-4　入库任务单

客户名称	海南××公司	订单号	RK202111271	入库方式	正常入库	订单类型	入库订单
库房	001		预计入库时间	2021年11月27日14：00			
货品条码	货品名称		数量/箱	备注			
6928783001301	××插座G17		20				
6928783001101	××插座G07		20				

（2）物动量ABC分类表，如表6-5所示。

表6-5　物动量ABC分类表

货品名称	ABC分类结果
××插座P17	A
××插座G17	A
××插座G07	B
××插座P07	B
××插座G107	B
××插座P107	B
××插座LG7	C
××插座GL7	C

（3）根据给定的素材完成以下任务：按物动量ABC分类的原理对货物分层管理，同时按照批次数值从大到小的顺序对托盘货物进行理货作业，按列数从小到大的顺序依次进行上架作业，按正确的理货、搬运和上架流程进行操作，完成货物入库作业。

2.出库任务

（1）素材清单，如表6-6至表6-8所示。

表6-6　1号超市订单A00001

序号	商品名称	数量
1	××插座P107	11
2	××插座G107	5
3	××插座P17	12

表 6-7　2 号超市订单 A00002

序号	商品名称	数量
1	×× 插座 P107	8
2	×× 插座 G107	11
3	×× 插座 P17	13

表 6-8　3 号超市订单 A00003

序号	商品名称	数量
1	×× 插座 P107	7
2	×× 插座 G107	10
3	×× 插座 P17	1

（2）拣选方案。

月台分配：月台 1 为 1 号超市，月台 2 为 2 号超市，月台 3 为 3 号超市。

方案一（见表 6-9 至表 6-11）：

表 6-9　拣选单 C00005

序号	商品名称	货位地址	数量	月台
1	×× 插座 P107	H1-01-02-02	11	1
2	×× 插座 G107	H1-01-04-02	5	1
3	×× 插座 P17	H1-01-02-01	12	1

表 6-10　拣选单 C00006

序号	商品名称	货位地址	数量	月台
1	×× 插座 P107	H1-01-02-02	8	2
2	×× 插座 G107	H1-01-04-02	11	2
3	×× 插座 P17	H1-01-02-01	13	2

表 6-11　拣选单 C00007

序号	商品名称	货位地址	数量	月台
1	×× 插座 P107	H1-01-02-02	7	3
2	×× 插座 G107	H1-01-04-02	10	3
3	×× 插座 P17	H1-01-02-01	1	3

方案二（见表 6-12 至表 6-14）：

表 6-12　拣选单 A00010

商品名称	月台	数量
×× 插座 P107	1	11
货位地址	2	8

续表

商品名称	月台	数量
H1-01-02-02	3	7
	合计	26

表 6-13　拣选单 A00011

商品名称	月台	数量
××插座 G107	1	5
货位地址	2	11
H1-01-04-02	3	10
	合计	26

表 6-14　拣选单 A00012

商品名称	月台	数量
××插座 P17	1	12
货位地址	2	13
H1-01-02-01	3	1
	合计	26

六、评价标准

考核评分表如表 6-15 所示。

表 6-15　考核评分表

项目名称	评分标准	项目分数
1＋X 手持实操	手持设备操作	20
	作业过程中学生、设备、设施之间未发生碰撞；学生未摔倒、跑动；学生戴安全帽；货物散件未掉落等	20
	未出现其他危险或不规范动作	20
	7S 管理	20
	作业时间（以秒计）	20
合计		100

学习任务 1–
相关知识

学习任务 2–
思考与练习

学习任务2　配装配载作业实操

一、实训目标

通过实训，能够根据客户的要求，综合考虑货物的长宽高尺寸、特殊的装载要求（如立放、叠置限制等）和货车车厢长宽高尺寸、额定载重量等具体情况，规划配装配载方案。

节约里程法

装载发运

二、实训学时

建议2学时。

三、实训地点

校内实训基地。

四、实训准备

（1）学生每3～5人组成一个小组，小组长负责对小组人员分工，对每个环节所使用的设备、器具进行详细记录。

（2）依托校内实训室。为每个小组分配一台计算机或配备一定的实训资料，包括货物模型和货车车厢模型若干套；用不同颜色表示不同货物，不能叠压的货物上要有禁止叠压的标志，必须立放的货物上要有向上的标志。

（3）根据实训要求，以小组为单位进行配装配载方案设计并展示。教师对学生设计方案进行点评和指导。

五、实训任务

【任务1】车辆的配装

某公司与供应链集团配送中心接到订单需要配送包含A、B两个类别的货物。其中，A类货物容重为$50kg/m^3$，单件体积为$0.45m^3$；B类货物容重为$1000kg/m^3$，单件体积为$0.5m^3$。箱式配送车辆的额定载重为4t，车辆最大容积为$15m^3$。考虑AB的组合，假设有效容积为80%，请设计最佳配装方案。

【任务2】配送线路设计

连锁超市的配送中心接到5个门店的送货请求后，已将货物分拣完毕，现在货物都在出货月台上等待装车。目前配送中心其他车辆都已外出送货或正在装车准备送货，未分配送货任务的只剩一辆普通厢式货车，其车厢有效容积为$25m^3$（长5m×宽2.5m×高2m），最大载重为4000kg，每条线路总路程不能超过35km。分拣人员已经把货物的重量、体积测算出来并上报给了调度人员。调度人员发现货物的总重量和总体积均超过了这台空闲车辆的定额，无法一趟全部送出。调度人员打开地图，画出各门店位置，标出各店配送重量，并根据门店送货要求设计配载方案，具体如表6-16和图6-7所示。

表6-16 配送货物明细

门店名称	送货顺序	货物名称	总重量/kg	总体积/m³	件数/托盘	单件重量/kg	单件体积/m³	外形尺寸/m
P1	1	食用油	1500	5	5	300	1.0	1×1×1
P2	2	液晶电视	1500	12	30	50	0.4	1×0.5×0.8
P3	3	瓶装饮料	900	3	5	180	0.6	1.2×1×0.5
P4	4	袋装大米	1400	6	10	140	0.6	1.2×1×0.5
P5	5	牛肉罐头	2400	16	40	60	0.4	1×0.5×0.8

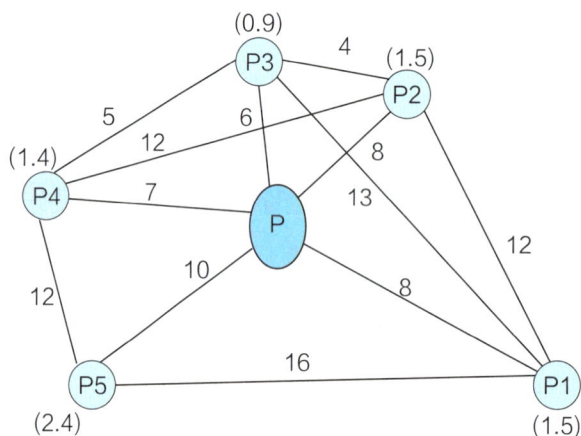

图6-7 路线

表6-16中，"件数"指托盘把分散的货物承载固定后的整体（一托盘为一件）。装车时只能以整数"件"为单位装车，不能把"件"拆开分装。当需要考虑货物特殊装载要求时，设定"液晶电视"为仅能立放。

具体任务如下：

（1）各小组根据现有车辆情况和货物情况进行模拟配载。首先不考虑其他配载要求，只需尽可能多地装入货物，但不能超过车辆载重和容积限制。

（2）各小组根据门店位置关系图和配送商品重量，用节约里程法设计配送路线。

（3）各小组根据"任务2"的结论完成车辆配载。假设门店无送货要求，只要送到即可。但配装的货物有的只能立放，不能倒放或横放。根据这些要求设计配载方案。

（4）各小组根据"任务2"确定的配送路线，考虑商品性质，同时假设同一车商品按门店编码顺序送货，即同一车先送小号，设计配载方案。

学习任务2–
相关知识

学习任务2–
思考与练习

【**知识目标**】了解库存管理的相关概念，了解供应链牛鞭效应的定义，理解定期和定量订货法的含义，掌握ABC库存的划分标准。

【**技能目标**】能够使用软件对供应链多级牛鞭效应进行模拟；能够使用定期与定量订货法进行库存商品的订购；能够对库存商品基于物动量做ABC划分，并对划分好的ABC类商品做投资预测。

【**素质目标**】培养节俭意识，树立成本最低的经营理念。

【**思维导图**】

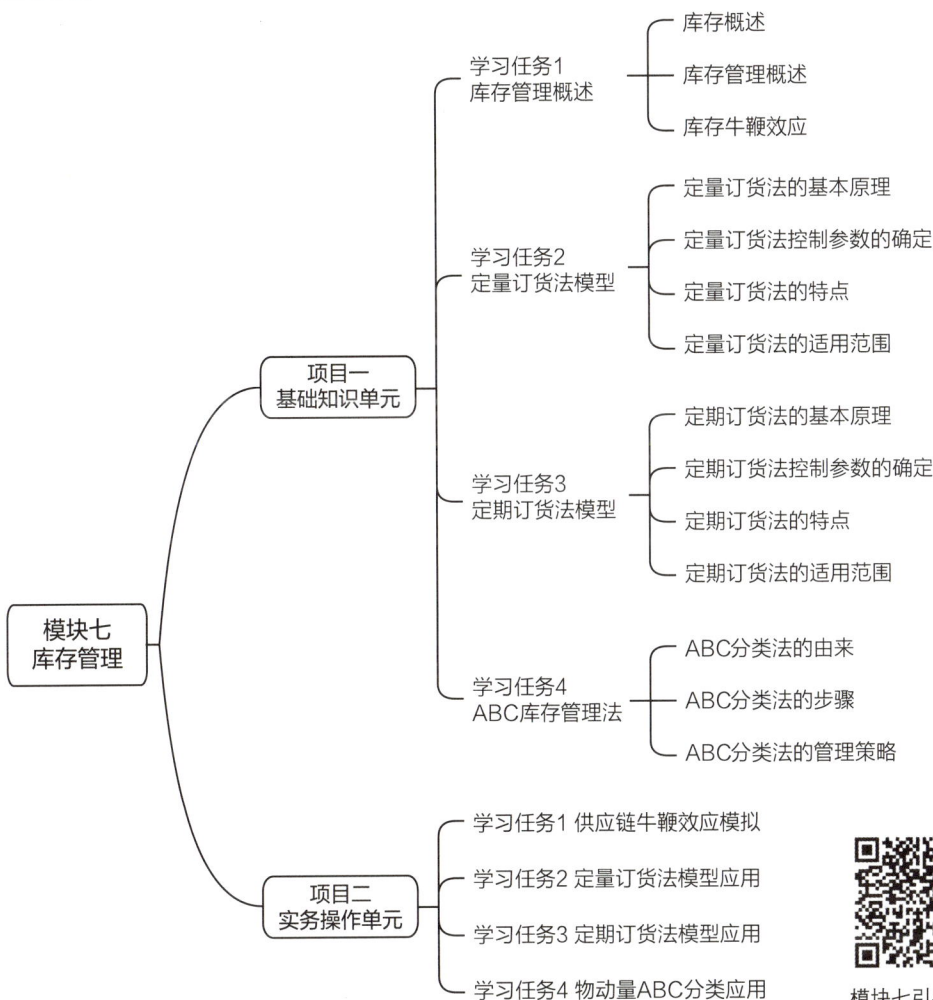

模块七引导案例

项目一　基础知识单元

🖰 学习任务 1　库存管理概述

库存管理是供应链管理不可或缺的一环，更是精益供应链管理的核心环节之一。在做好预测、计划及物料采购之后，就进入收货环节，即物料到库的环节。

一、库存概述

（一）库存的概念

现代生产、生活离不开存货。制造企业为了不间断地、有节奏地进行生产或满足销售需求，要储存一定的原材料、中间产品和产成品，形成存货；商业企业为了市场的需要，必须储存一定数量的商品；军事部门为了战备需要，要储存各种武器、弹药等军用物资；农业部门为了生产，要储存一定的种子、化肥、农药等。在信息时代，人们建立了各种数据库和信息库，储存大量的信息。可见，存储是人类日常生活和社会生产中普遍而不可缺少的一项活动。一个组织，只要它所拥有的物料不会立刻被消费，那么，这些物料就归属存货的范围。有了存储，就必定会产生库存。"库存"（inventory）一词的含义就是存储的一系列物料，是由供应（或生产）与需求（或消费）往往不可能做到在时间上同步、数量上同量、空间上同域造成的。在存储过程中，有可能供过于求，导致库存过多，造成积压；或供不应求，导致缺货。这两种现象都是人们所不希望看到的。当供过于求造成积压时，积压的物品占用大量的流动资金，企业为此要支付大笔利息，并承担各种存储费用。此外，当物品存放久了，还会发生无形和有形损耗。当供不应求时，用货企业要停工待料，影响收益；供货企业发生脱销，会减少营业额并影响信誉。随着存储理论研究的发展，这两种损失越来越引起人们的关注。基于对库存控制的重要性的认识，人们提出了专门研究库存问题的存储论，在此基础上，结合企业战略、供应链管理、信息管理的发展和应用，近年来存储论发展演变成了对企业库存的控制与管理的理论，并逐渐完善而成了物流管理的一个重要分支。

（二）库存的分类

按照企业库存管理目的的不同，库存可以分为以下 7 种类型。

1.经常库存

经常库存也被称作周转库存，这种库存是为满足客户日常的需求而产生的。保持经常库存的目的是衔接供需，缓解供需在时间上的矛盾，保障供需双方的经营活动都能正常进行。这种库存的补充是按照一定的数量界限或时间间隔进行的。

2.安全库存

为防止不确定因素（如突发性大量订货或供应商延期交货）影响订货需求而准备的缓冲库存，被称为安全库存。

3.加工和运输过程库存

处于流通加工或等待加工而暂时被存储的商品叫做加工库存。处于运输状态（在途）或为了运输（待运）而暂时处于储存状态的商品叫做运输过程库存。

4.季节性库存

季节性库存是指为了满足在一定的季节中出现的特殊需求而建立的库存，或指为特定季节生产的商品在出产的季节大量收存所建立的库存。

5.沉淀库存或积压库存

沉淀库存或积压库存是指因商品品质出现问题或发生损坏，或者因没有市场而滞销的商品库存，超额储存的库存也是其中一部分。

6.促销库存

促销库存是指为了应对企业的促销活动产生的预期销售增加而建立的库存。

7. 时间效用库存

时间效用库存是指为了避免商品价格上涨给企业带来亏损，或为了从商品价格上涨中得到利益而建立的库存。

（三）**库存的作用**

制定库存政策，需要理解库存在生产和营销中的作用。库存起着五个方面的作用：使公司有可能达到规模经济；平衡供求；使制造专业化成为可能；使公司少受需求和订货周期的不确定性的影响；在分配渠道中的关键界面间起缓冲器作用。

（四）**库存成本的构成**

1.库存持有成本

库存持有成本是指为保有和管理库存而需承担的费用。具体可分为运行成本和机会成本两个方面。运行成本主要包括仓储成本，自营型的仓库体现为建造仓库的固定投资的摊销费用，外包型的仓库则体现为仓库的租金，库存越高，仓储面积越大，仓储成本也越高。此外，运行成本还包括仓库中的设备投资成本和日常运作费用（水、电、人工等）。机会成本主要是库存所占用的资金所能带来的机会成本，库存作为企业的资产是通过占用企业的流动资金获得的，而任何企业都有其一定的资金投资回报率，即库存占用的资金如果不用于库存而用于经营其他投资所能获得的平均收益，则这一比例会因行业的不同和企业的不同而有所不同，一般为10%到16%之间。

2.库存获得成本

库存获得成本是指企业为了得到库存而需承担的费用。抛开库存的本身价值，如果库存是企业直接通过购买而获得的，则获得成本体现为订货成本，包括与供应商之间的通信联系费用、货物的运输费用等，订购或运输次数越多，订货成本就越高；如果库存是企业自己生产的，则获得成本体现为生产准备成本，即企业为生产一批货物而进行的生产线改线的费用。

3.库存缺货成本

库存缺货成本，简而言之就是由库存供应中断而造成的损失。包括原材料供应中断造成的停工损失、产成品库存缺货造成的延迟发货损失、销售机会丧失带来的损失，以及企业采用紧急采购来解决库存中断问题而承担的紧急额外采购成本等。

二、库存管理概述

（一）库存管理的概念

库存控制是指在保障供应的前提下，使库存物品的数量最少所进行的有效管理的技术经济措施。库存控制的管理思想可归纳为两种，分别是拉动式库存管理法和推动式库存管理法。

1.拉动式库存管理法

拉动式库存管理法认为，每一个存储点都独立于渠道中其他所有的仓库，预测需求和决定补货量时都只考虑本地点的因素，而不直接考虑各个仓库不同的补货量和补货时间对采购成本或生产成本的影响。该方法可以对每个存储点的库存精确控制。

使用拉动式库存管理法虽然可以精确地控制单独存储点的库存，但由于在确定订货量时，没有从系统的整体上考虑，因而，补货批量和补货时间未必能与经济的生产批量或经济的订货批量协调，使得仓库系统整体的协调性不强。

2.推动式库存管理法

推动式库存管理法根据每个存储点的预测需求、可用的空间或其他一些标准分配各存储点的补货量。库存水平是根据整个仓库系统的情况统一决定的。一般的，当采购或生产的规模经济收益超过实行拉动式管理法的收益时，就可以采用推动式库存管理法。另外，可以在系统的总体需求水平上进行总体需求预测，然后利用生产和采购规模经济来决定库存水平，在总体上集中管理库存，再将产品分摊到每个存储点。

（二）库存管理的作用

库存量过大会产生如下问题：① 增加仓库面积和库存保管费用，从而提高产品成本；② 占用大量的流动资金，造成资金呆滞，既加重货款利息等负担，又会影响资金的时间价值和机会收益；③ 造成产成品和原材料的有形损耗和无形损耗；④ 造成企业资源大量闲置，影响其合理配置和优化；⑤ 掩盖了企业生产、经营全过程的各种矛盾和问题，不利于企业提高管理水平。

库存量过小会产生如下问题：① 造成服务水平下降，影响销售利润和企业信誉；② 造成生产系统原材料或其他物料供应不足，影响生产过程的正常进行；③ 使订货间隔期缩短，订货次数增加，订货（生产）成本提高；④ 影响生产过程的均衡性和装配时的成套性。

因此，库存管理的作用主要是：① 在保证企业生产、经营需求的前提下，使库存量经常保持在合理的水平上；② 掌握库存量动态，适时、适量提出订货，避免超储或缺货；③ 减少库存空间占用，降低库存总费用；④ 控制库存资金占用，加速资金周转。

（三）库存管理的评价指标

1.库存周转率计算公式

$$存货周转率＝期间内的发出总额/期间内的平均库存$$
$$周转天数＝期间内的日平均库存/期间内的日发出总额$$

从公式中可以看出，存货周转率用来衡量一个期间内存货能周转几次，数值越大，库存的利用率越高。

传统的存货是指存放在仓库中的物品。从物流的角度来看，由于物品在各个状态的转化之间不可避免地存在时间差，在这个时间差中，闲置的物料即为存货。从更广泛的意义上说，一切闲置的、用于未来的资源都是存货。

2.存货的绩效评价量化指标

对存货明确而又一致的绩效评价是存货管理过程中的关键一部分，绩效评价既要反映服务水平，又要反映存货水平。如果只集中在存货水平上，计划者就会倾向于使存货水平最低，而有可能对服务水平产生负面影响；与此相反，如果把绩效评价单一地集中在服务水平上，将会导致计划者忽视存货水平。所以绩效评价应能够清楚地反映企业的期望和实际需要。

（1）仓库资源利用程度。

仓库资源利用程度是衡量仓库运营效率的关键指标。通过对仓库面积的合理规划和使用，以及对库存商品的优化管理，可以显著提高仓库的运作效率和经济效益。地产利用率、仓库面积利用率、仓容利用率等指标，从不同角度反映了仓库资源的利用情况，为评估和改进仓库管理提供了重要依据。

$$地产利用率＝（仓库建筑面积/地产面积）×100\%$$

$$仓库面积利用率＝（仓库可利用面积/仓库建筑面积）×100\%$$

$$仓容利用率＝（库存商品实际数量或容积/仓库应存数量或容积）×100\%$$

$$有效范围＝（库存量/平均每天需求量）×100\%$$

$$投资费用化＝［投资费用/（单位库存/单位时间）］×100\%$$

$$设备完好率＝（期内设备完好台数/同期设备总数）×100\%$$

$$设备利用率＝全部设备实际工作时数/设备工作总能力（时数）×100\%$$

（2）仓储服务水平。

仓储服务水平是衡量仓库管理质量和服务效率的关键指标。通过对缺货率、顾客满足程度、准时交货率以及货损货差赔偿费率等指标的综合考量，可以全面评估仓储服务的整体表现和客户满意度。这些指标不仅反映了仓库对顾客需求的响应能力，也体现了仓库在商品保护和交付过程中的服务质量。

$$缺货率＝（缺货次数/顾客订货次数）×100\%$$

$$顾客满足程度＝（满足顾客要求数量/顾客要求数量）×100\%$$

$$准时交货率＝（准时交货次数/总交货次数）×100\%$$

$$货损货差赔偿费率＝（货损货差赔偿费总额/同期业务收入总额）×100\%$$

（3）储存能力与质量。

储存能力与质量是评价仓库运营效率和商品保护水平的重要方面。通过对仓库吞吐能力实现率、进发货准确率以及商品缺损率等指标的综合分析，可以深入了解仓库在实际操作中的表现和存在的问题。这些指标不仅反映了仓库的作业效率，也体现了商品在储存过程中的安全与质量状况。

仓库吞吐能力实现率＝（期内实际吞吐量/仓库设计吞吐量）×100%

进发货准确率＝[（期内吞吐量－出现差错总量）/期内吞吐量]×100%

商品缺损率＝（期内商品缺损量/期内商品总数）×100%

3.库存周转率的评析

库存周转率对于企业的库存管理来说具有非常重要的意义。例如制造商，它的利益是在资金→原材料→产品→销售→资金的循环活动中产生的，如果这种循环很快即周转快，则同额资金下的利益率也就高。因此，周转的速度代表了企业利益的测定值，被称为"库存周转率"。

对于库存周转率，没有绝对的评价标准，通常是同行业相互比较，或与企业内部的其他时期相比较。库存绩效评价与分析中，库存周转率是着重评价的内容。实际评价中可用如下公式进行计算：

库存周转率＝（使用数量/库存数量）×100%

使用数量并不等于出库数量，因为出库数量包括一部分备用数量。除此之外，也有以金额计算库存周转率的。同样道理，使用金额并不等于出库金额。

库存周转率＝（使用金额/库存金额）×100%

使用金额与库存金额体现的都是库存周转在特定时间点的状态，因此当需要研究一段时间内的库存周转表现时，需用下列公式：

库存周转率＝（该期间的出库总金额/该期间的平均库存金额）×100%

＝[该期间出库总金额×2/（期初库存金额＋期末库存金额）]×100%

以月平均库存周转率为例，库存周转率计算公式是：

原材料库存周转率＝月内出库的原材料总成本/原材料平均库存

在制库存周转率＝月内入库的成品物料成本/平均在制库存

成品库存周转率＝月销售物料成本/成品在库平均库存

库存周转率＝售出商品的成本/平均库存总值

如果某公司的库存周转率往年是10，这年降低至4.57，则意味着它的库存周转没有以往那么快。如果不知道这家公司所在行业的平均周转率，则无法评论它在行业中的竞争力。

三、库存牛鞭效应

（一）牛鞭效应的含义

牛鞭效应（bullwhip effect）是经济学中的一个术语，也被称作长鞭效应，指的是在供应链上的一种需求变异放大现象，需求信息在从最终客户到原始供应商的传递过程中，不断扭曲并逐级放大，最终使得需求信息处于越来越大的波动当中。

牛鞭效应如图7-1所示。需求信息的变异逐级放大，就如牛仔手中动起来的那条长鞭，虽然牛仔只是轻轻一甩，但长鞭尾端却剧烈地甩动。也正是因为牛鞭效应的影响，处于供应链上游的制造商和供应商，其库存水平往往数倍于供应链下游的分销商和零售商。而站在供应链的角度来看，对销售商（分销商、零售商）而言，制造商和上游供应商都可以被看作"供应商"。

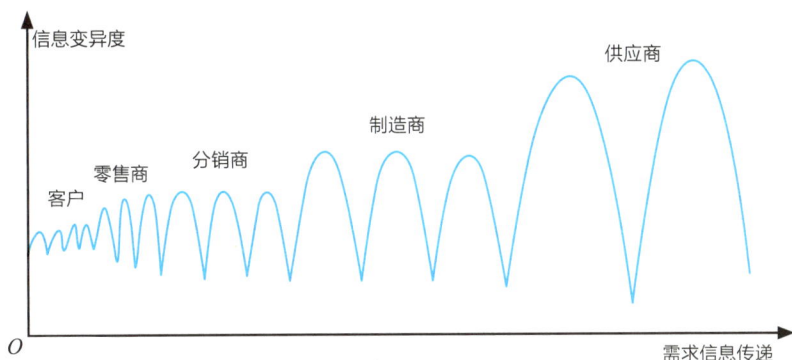

图 7-1　牛鞭效应

例如，当计算机市场的需求预测为轻微增长 2% 时，需求信息到达作为制造商的戴尔时则被放大 5%，再到作为戴尔供应商的英特尔则可能进一步被放大 10%，而在英特尔的供应商眼中，市场需求就可能存在高达 20% 的增幅。

在这种情况下，供应链产能就会远超市场需求。造成产能过剩的问题时，过剩的产能会以库存的形式积压在供应链各个环节，进而影响供应链的资金周转，最终全面波及营销、物流、生产等各领域，对供应链运作造成严重影响。

需求信息变异是库存控制的主要制约因素。但在实际管理中，此类变异只能缩小，难以真正消除。这是因为，除客观存在的需求信息变异之外，有很多零售商、分销商为了拿到更大份额的配给量或获取更低的价格折扣，会故意夸大市场需求信息，从而影响供应链上游对市场需求信息的判断。

牛鞭效应造成的需求信息变异的加速放大（见图 7-2），使得需求信息处于不断变异之中，企业难以准确把握市场需求信息。其最终结果就是当市场需求增加时，供应商来不及反应，来不及满足增加的市场需求；而当市场需求放缓时，供应商又可能过量生产，造成大量库存积压。

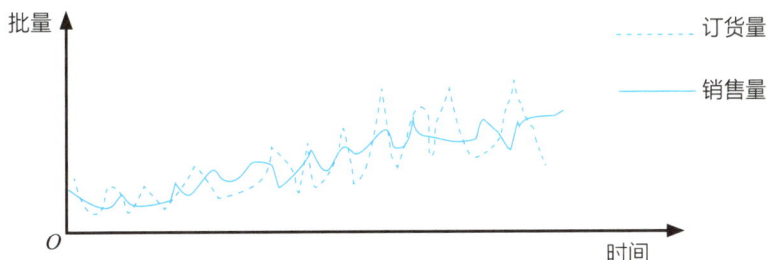

图 7-2　需求信息变异加速放大

（二）牛鞭效应对库存造成的危害

牛鞭效应在库存控制管理中极具"杀伤力"，它不仅可能造成大量库存积压，也会导致生产计划频繁波动、交货周期过短等各种问题。具体而言，牛鞭效应造成的危害主要有四点，即生产计划失效、库存无效积压、失去整体考虑、短期行为受限。

（三）利用库存管理减小牛鞭效应

1.提高预测的精确度

这需要考虑历史数据、定价、季节、促销和销售额等因素；有些资料掌握在零售商和分销商手中，必须与他们保持良好的沟通，及时获得相关数据，上下游间分享预测数据并使用相似的预测方法进行协作预测，以提高预测的准确性。

2.实现信息共享

这是减小牛鞭效应最有效的措施之一。供应链成员间通过Internet/EDI来实现实时交流和共享信息，降低和消除信息的不对称性，准确把握下游的实际需求。

3.业务集成

供应链成员间实现业务紧密集成，形成顺畅的业务流，这既能减少下游的需求变动，又能掌握上游的供货能力，安心享受供给保障，不再虚增需求。

4.订货分级管理

划分分销商，对他们进行分别对待，实行订货分级管理，通过管住关键销售商和重要销售商来降低变异概率。

5.合理分担库存

供货商、分销商和零售商采用联合库存的方式合理地分担库存，一旦某处出现库存短缺，就可立即从其他地点调拨转运来保证供货。这既防止了需求变异放大，又实现了风险共担，降低了整体库存，有效地抑制了牛鞭效应。

6.缩短提前期

一般来说，订货提前期越短，订量越准确，越能显著地减小牛鞭效应。通过应用现代信息系统可以及时获得销售信息和货物流动情况，同时通过多频度、小数量联合送货方式，实现实需型订货，从而使需求预测的误差进一步降低。

7.服务外包

服务外包也可以抑制牛鞭效应。例如，采用第三方物流策略机制可以缩短提前期和实现小批量订货，无须再向一个供货商一次性大批订货，同时降低了运输风险。

8.建立伙伴关系

通过实施供应链战略伙伴关系可以减小牛鞭效应。供需双方在战略联盟中相互信任，公开业务数据，共享信息和业务集成，可降低产生牛鞭效应的概率。

学习任务 1–
思考与练习

🔖 学习任务2　定量订货法模型

定量订货法是指在日常管理中不断地监控库存量，当库存量下降到预先设定的某一最低库存量（订货点）时，发出订货通知并按一定的数量［一般以经济订货量（economic order quantity，EOQ）为标准］来补充订货的一种库存控制方法。经济订货量是指使库存总成本达到最低的订货数量。

一、定量订货法的基本原理

事先确定一个订货点Q_k（需要订货时的库存量），平时随时检查库存，当库存量下降到Q_k时，就发出一个订货量，一般取经济订货量Q^*。在一段时间内库存量的变化如图7-3所示。

定量订货法

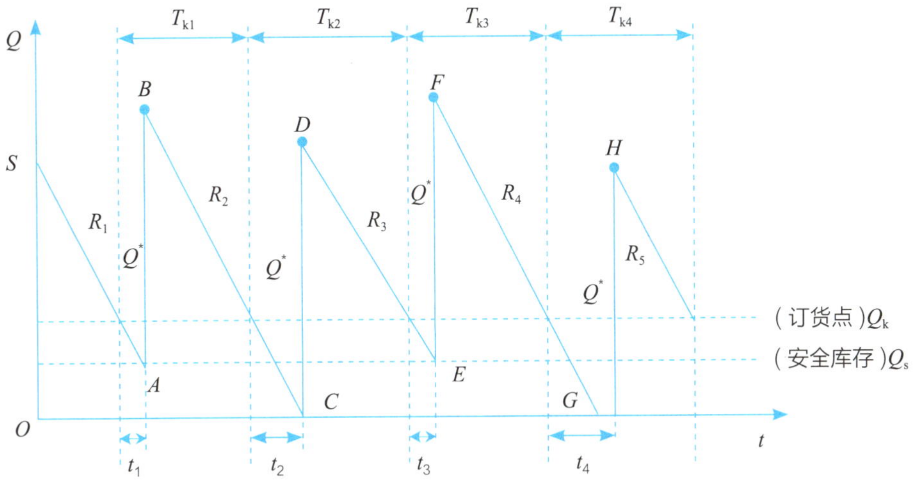

图7-3　定量订货法模型

假定物料需求速率R和订货点的时间间隔是变化的，即$R_1 \neq R_2 \neq R_3 \neq \cdots \neq R_n$，$T_{k1} \neq T_{k2} \neq T_{k3} \neq \cdots = T_{kn}$。

第一阶段，库存以R_1的速率下降，当库存量下降到Q_k时，就发出一个订货量Q^*，这时名义库存量升高了Q^*，达到$Q_{max} = Q_k + Q^*$，进入第一个订货提前期t_1，在t_1内库存继续以R_1的速率下降至A点（见图7-3，等于Q_s，在Q_s线上），新订货到达，t_1结束，这时实际库存量为$Q_B = Q_A + Q^*$。

第二阶段，库存以R_2的速率下降，假设$R_2 < R_1$，库存消耗周期较第一阶段要长，即$T_{k1} < T_{k2}$，当库存量下降到Q_k时，又发出一个订货量Q^*，名义库存又升到$Q_{max} = Q_k + Q^*$，进入第二个订货提前期t_2，在t_2内库存继续以速率R_2下降到C点，第二批订货到达，t_2结束，实际库存量又升高了Q^*达到D点，这时实际库存量为$Q_D = Q_C + Q^*$。

第三阶段，库存以R_3的速率下降，假设$R_3 > R_1 > R_2$，库存消耗周期较第一阶段和第二阶段要短，即$T_{k3} < T_{k1} < T_{k2}$，当库存量下降到Q_k时，又发出一个订货量Q^*，名义库存量又升到$Q_{max} = Q_k + Q^*$，进入第三个订货提前期t_3，在t_3内库存继续以速率R_3下降到E点，且动用了安全库存Q_s，新的订货到达时，实际库存量上升到$Q_F = Q_E + Q^*$，比B点和D点的实际库存量都低，然后进入下一周期，如此反复循环。

定量订货法分析结论如下：① 需求量和订货提前期可以是确定的，也可以是不确定的。② 订货点Q_k包括安全库存Q_s和订货提前期的平均需求量D_L两部分。在需求量和订货提前期都确定的情况下，不需要设置安全库存；在需求量和订货提前期都不确定的情况下，设置安全库存是非常有必要的。③ 由于控制了订货点Q_k和订货量Q^*，整个系统的库存水平得到控制，从而库存费用得到控制。

二、定量订货法控制参数的确定

实施定量订货法需要确定两个控制参数：一个是订货点Q_k，即发出订货通知时的库存量；另一个是订货数量，即经济订货量Q^*。

（一）订货点的确定

在定量订货法中，当库存降到某个库存水平时就发出订货信息，发出订货信息时仓库里该品种保有的实际库存量叫做订货点。订货点是一个决策变量，它是直接控制库存水平的关键。订货点要适中，如果订货点太低，则订货物品还没到，库存物品就没有了，造成缺货；如果订货点太高，则订货物品已经到了，而库存物品还有，这样新旧物品合在一起，库存量就太高了。

（1）在需求量和订货提前期都确定的情况下，不需要设置安全库存，就可直接求出订货点。其计算公式为：

$$订货点＝订货提前期的平均需求量$$
$$＝每个订货提前期的需求量$$
$$＝每天需求量×订货提前期（天）$$
$$＝（全年需求量/360）×订货提前期（天）$$

【例7-1】某仓库每年出库商品业务量为18000箱（若一年为360天），订货提前期为10天，试计算订货点。

解：订货点＝（18000/360）×10＝500（箱）

练习7-1

（2）在需求量和订货提前期都不确定的情况下，设置安全库存是非常有必要的。

其计算公式为：

$$订货点＝订货提前期的平均需求量＋安全库存$$

在实际工作中，常常会有各种波动，如需求发生变化、交货期因某种原因而延长等，这时就必须要设置安全库存。安全库存是在平均提前期需求量之上附加的一个保险量。

$$安全库存＝（预计日最大消耗量－平均日需用量）×平均提前时间$$

【例7-2】企业某种货物的库存量为2000个，平均提前时间为10天，平均每日正常需用量为50个，预计日最大消耗量为80个，则其订货点是多少？

练习7-2

解：安全库存＝（80－50）×10＝300（个）

订货点＝50×10＋300＝800（个）

因此，当仓库里货物存储数量降到800个时，仓库需要发出订单订货。

（二）经济订货量的确定

订货量是指一次订货的数量。确定订货量Q就是解决一次订货多少合适的问题。订货量Q采用经济订货量法来确定。

订货量直接影响库存量，同时也直接影响物资供应的费用。订货量过小，则库存量及其相关成本就小，但不一定能保证满足用户需要；订货量过大，虽然可以较充分满足用户需要，但库存成本较高。经营费用的高低对订货量有影响。在理想的 EOQ 模型中，单项物品库存的年总库存成本由购入成本、订货成本及保管成本组成。

年总库存成本＝购入成本＋订货成本＋保管成本

$$即\ \mathrm{TC}=DP+\frac{D}{Q}C+\frac{Q}{2}H$$

式中，TC 为年总库存成本；D 为年需求总量；P 为单位物品的购入成本；C 为每次订货成本；H 为单位物品年储存成本（$H=PF$，F 为年仓储保管费用率）；Q 为订货量；$\frac{Q}{2}$ 为年平均库存量。

经济订货量是通过平衡订货成本和储存成本两方面得到的，如图 7-4 所示。

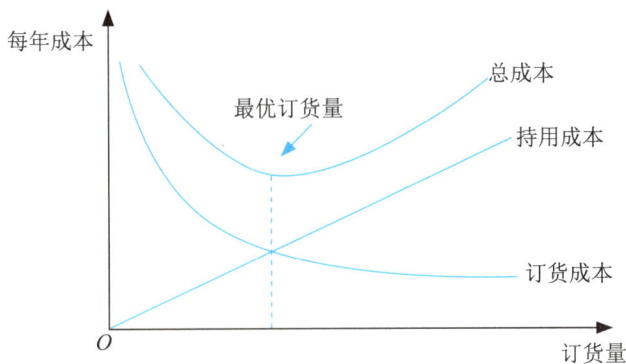

图 7-4　经济订货量

经济订货量 Q^* 的计算公式为：

$$Q^*=\sqrt{\frac{2CD}{H}}=\sqrt{\frac{2CD}{PF}}$$

在需求率已知、连续、交货期已知和固定、不发生缺货的条件下，可采用以上公式计算经济订货量 Q^*。最低年总库存成本计算公式为：

$$\mathrm{TC}^*=DP+\frac{D}{Q^*}C+\frac{Q^*}{2}H$$

或

$$\mathrm{TC}^*=DP+HQ^*=DP+H\sqrt{\frac{2CD}{H}}=DP+\sqrt{2CDH}$$

订货次数公式为：

$$n^*=\frac{D}{Q^*}=\sqrt{\frac{DH}{2C}}$$

平均订货间隔周期公式为：

$$T=365/n^*=365/\frac{D}{Q^*}$$

【例 7-3】某公司根据计划每年需要采购零件 30000 个。甲零件的单位购买价格是 20 元，每次订购的成本是 240 元，每个零件每年的仓储保管成本为 10 元。要求计算甲零件的经济订货量、最低年总库存成本、每年的订货次数及平均订货间隔周期。

解：经济订货量 $Q^* = \sqrt{\dfrac{2CD}{H}} = \sqrt{\dfrac{2CD}{PF}} = \sqrt{\dfrac{2 \times 240 \times 30000}{10}} = 1200（个）$

最低年总库存成本：$TC^* = DP + \dfrac{D}{Q^*}C + \dfrac{Q^*}{2}H$

$$= 30000 \times 20 + \dfrac{30000}{1200} \times 240 + \dfrac{1200}{2} \times 10 = 612000（元）$$

或 $TC^* = DP + HQ^* = 30000 \times 20 + 10 \times 1200 = 612000（元）$

每年的订货次数：$n^* = \dfrac{D}{Q^*} = \dfrac{30000}{1200} = 25（次）$

平均订货间隔周期：$T = \dfrac{365}{n^*} = \dfrac{365}{25} = 14.6（天）$

练习7-3

定量订货法是对库存水平进行连续监控，且当库存量将至某一水平时就进行订货。该模型中，缺货的风险只发生在订购提前期，即在订购时点与收到货物时点之间。

三、定量订货法的特点

（一）定量订货法的优点

1.实际操作简单易行

实践中常常采用"双堆法"进行库存控制。所谓双堆法，就是将某物料分成两堆，一堆为订货点库存，另一堆为周转库存。平时使用周转库存，消耗完就开始订货；订货期间则使用订货点库存，直到订货物料到达。双堆法省去了随时检查库存的工作，简化了包装、装卸和运输等环节。

2.及时掌握库存动态

由于平时要详细检查和盘点库存，看是否降低到订货点，因此可以随时了解库存的动态。

3.降低成本，节约费用

充分发挥了经济订货量的作用，可降低库存量和库存成本，节约费用，提高经济效益。

（二）定量订货法的缺点

（1）增加了库存保管费用。需要经常对库存进行详细检查和盘点，工作量大且需花费较多的时间和较大的人力、物力。

（2）订货模式过于机械，缺乏灵活性。

（3）订货时间不能预先确定，不利于严格管理，也不易做出较精确的人员、资金、工作等的计划安排。

四、定量订货法的适用范围

因为定量订货法订货数量固定，所以在具有管理方便、便于采用经济订货量进行订货等优点的同时具有不便于严格管理、事前计划比较复杂等一些缺点，所以有一定的适用范围，通常在以下几种情况下采用定量订货法比较适合：单品种货物；单价比较高的货物；关键零部件，需重点管理的A类商品；比较紧缺、订货较难、管理手续复杂的货物。

学习任务 2–
思考与练习

🖱 学习任务 3　定期订货法模型

定期订货法是指按照预先确定的订货时间间隔，周期性地检查库存物料数量，随后发出订货通知，将库存补充到目标水平的一种库存控制方法。

定期订货法

定期订货法不使用经济订货量，而是按固定的订货时间间隔订货。如每间隔 3 天订货 1 次，或 1 个月订货 2 次。通常订货时间间隔又称为订货周期，是指相邻两次订货之间的时间间隔。在定量订货法中，订货周期是变化的，而每次订货数量保持不变；在定期订货法中，恰好相反，即每次订货数量变化而订货周期不变。

一、定期订货法的基本原理

预先确定一个订货周期和一个最高库存量，周期性地检查库存，根据最高库存量、实际库存量、在途订货量和待出库商品数量，计算出每次订货量，然后发出订货指令，组织订货。其库存变化如图 7-5 所示。

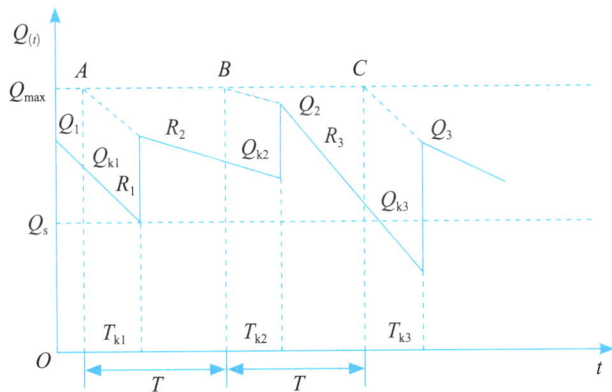

图 7-5　定期订货法模型

首先假定物料需求速率是变化的，$R_1 \neq R_2 \neq R_3 \neq \cdots \neq R_n$，$T_{k1} \neq T_{k2} \neq T_{k3} \neq \cdots \neq T_{kn}$。在第一个周期，库存以 R_1 的速率下降。由于预先确定了订货周期，也就是规定了订货时间，到了订货时间，不论实际库存量是多少，都要进行订货。所以当到了第一次订货时间，即库存下降到 A 时，就检查库存，求出实际库存量 Q_{ki}，结合在途货物和待出库货物，发出一个订货量 Q_1，使名义库存量上升到 Q_{max}。然后进入第二个周期，经过

T时间又检查库存，得到此时的库存量Q_{k2}，并发出一个订货量Q_2，使名义库存量又上升到最高库存量Q_{max}。

采用定期订货法来保证库存需求与定量订货法不同。定量订货法是一个基于数量的订货方法，所以订货点用一个库存数量表示，其控制参数Q_k（订货量）用于满足订货提前期内库存的需求。而定期订货法是一个基于时间的订货法，订货点用一个特定的时间表示，以满足整个订货提前期内的库存需求，即从本次发出订货指令到下次订货到达即$T+T_k$这一期间的库存需求为目的。由于在$T+T_k$期间的库存需求量是随机变化的，因此根据$T+T_k$期间的库存平均需求量确定的最高库存量也是随机变量，它包括$T+T_k$期间的库存平均需求量和防止需求波动或不确定因素而设置的Q_s。因此，定期订货法的实施需要解决三个问题：订货周期如何确定？最高库存量如何确定？每次的订货量如何确定？

二、定期订货法控制参数的确定

（一）经济订货周期的确定

在定期订货法中，订货周期实际上就是定期订货的订货点，其间隔时间总是相等的。订货间隔期的长短直接决定最高库存量的大小，即库存水平的高低，进而也决定了库存成本的多少。所以，订货周期不能太长，否则会使库存成本上升；也不能太短，太短会增加订货次数，使得订货费用增加，进而增加库存总成本，一般情况下，从费用角度出发，如果要使订货过程中发生的总费用最低，则可以采用经济订货周期的方法来确定订货周期T。若以年为单位，则经济订货周期的计算公式为：

$$T^* = \sqrt{\frac{2S}{C_i D}}$$

式中，T^*为经济订货周期；S为每次订货成本；C_i为单位商品年储存成本；D为单位时间内库存商品需求量。

【例7-4】某仓库A商品年需求量为16000箱，单位商品年保管费用为20元，每次订货成本为400元，求经济订货周期T^*。

解：$T^* = \sqrt{\dfrac{2S}{C_i D}} = \sqrt{\dfrac{2 \times 400}{20 \times 16000}} = \dfrac{1}{20}$（年）= 18（天）

练习7-4

（二）最高库存量的确定

定期订货法的最高库存量是用以满足$T+T_k$期间内的库存需求的，所以可以将$T+T_k$期间的库存需求量作为基础。考虑到随机发生的不确定库存需求，设置一定的安全库存，即

$$Q_{max} = R(T + \overline{T_k}) + Q_s$$

式中，Q_{max}为最高库存量；R为$T + \overline{T_k}$期间的库存需求量平均值；T为订货周期；$\overline{T_k}$为平均订货提前期；Q_s为安全库存。

（三）订货量的确定

定期订货法每次的订货量是不固定的，订货量的多少都是由当时的实际库存量决定的。考虑到订货点的在途到货量和已发出出货指令而尚未出货的待出货数量，每次的订货量计算公式为：

$$由\ Q_{max}=Q_i+Q_{ni}+Q_{ki}-Q_{mi}\ 得\ Q_i=Q_{max}-Q_{ni}-Q_{ki}+Q_{mi}$$

式中，Q_i 为第 i 次订货的订货量；Q_{max} 为最高库存量；Q_{ni} 为第 i 次订货点的在途到货量（在途量）；Q_{ki} 为第 i 次订货点的实际库存量（在库量）；Q_{mi} 为第 i 次订货点的待出货数量（待运量）。

【例 7-5】某仓库 A 商品订货周期为 18 天，平均订货提前期为 3 天，平均库存需求量为每天 120 箱，安全库存为 360 箱。某次订货时在途到货量为 600 箱，实际库存量为 1500 箱，待出库货物数量为 500 箱，试计算该仓库 A 商品最高库存量和该次订货时的订货量。

解：$Q_{max}=\overline{R}\ (\ T+\overline{T_k}\ )\ +Q_s$
$$=120\times\ (\ 18+3\ )\ +360=2880\ (\ 箱\ )$$
$Q_i=Q_{max}-Q_{ni}-Q_{ki}+Q_{mi}$
$$=2880-600-1500+500=1280\ (\ 箱\ )$$

练习 7-5

定期订货法中，订货量的大小取决于各个时期的使用率，企业根据过去的经验或经营目标预先确定订货间隔期，每经过一个订货间隔期就进行订货。在定期订货模型中，仅在所定的盘点期进行库存盘点。它有可能在刚订完货时由于大批量的需求而使库存降为零，这种情况只有在下个盘点期才能被发现，而新的订货需要一段时期才能到达，这样就有可能在整个盘点期和提前期内发生缺货，所以要有一个适当的安全库存以保证在盘点期和提前期内不发生缺货。

定期订货模型基于固定的时间间隔来安排订货。根据需求、供应和订货过程的不确定性程度，这种模型分为确定性定期订货模型和不确定性定期订货模型。

（四）确定性定期订货模型

1.确定性定期订货模型假设

该模型如图 7-6 所示，作如下假设：

（1）库存需求速率是固定的；

（2）订货提前期 L 和盘点期 T 是固定的；

（3）单位产品的价格是固定的；

（4）存储成本以平均库存为计算依据；

（5）订购或生产准备成本固定；

（6）不同时期订货量不一定相同。

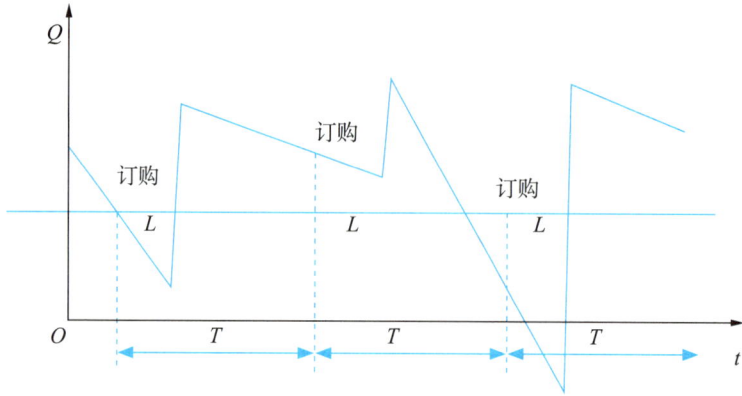

图 7-6 定期订货采购模型

2. 确定性定期订货模型公式

在确定性定期订货模型中，年总成本由四部分组成：年采购成本、年订货成本、年运输成本和年储存成本。具体来说，年采购成本是指一年内购买商品的总成本，等于商品的年需求量乘以单位商品的购入成本。年订货成本是指一年内进行订货的总成本，等于每次订货成本乘以一年内的订货次数。年运输成本是指一年内运输商品的总成本，等于每次运输成本乘以一年内的运输次数。年储存成本是指一年内储存商品的总成本，等于单位商品的年储存成本乘以年平均库存量。

利用确定性定期订货模型，企业可以计算出在不同订货量下的年总成本，从而制定最优的订货策略，以最小化年总成本。

$$年总成本（\text{TC}）=年采购成本（DC）+年订货成本（\frac{1}{T}S）$$
$$+年运输成本（KD）+年储存成本（\frac{DT}{2}H）$$

其中，K 为每次运输成本。

年订货次数为：$m=\frac{1}{T}$；

年订货成本为：$mS=\frac{1}{T}S$；

年储存成本为：$\frac{Q}{2}H=\frac{DT}{2}H$；

年总成本为：$\text{TC}=DC+\frac{1}{T}S+KD+\frac{DT}{2}H$；

将总成本 TC 对 T 求导数，并令导数等于零，则 $-ST^{-2}+\frac{D}{2}H=0$。

故经济订货周期：$T^{*}=\sqrt{\dfrac{2S}{DH}}$。

最高库存量的计算公式为：

最高库存量 ＝（订货提前期＋盘点提前期）× 产品需求速率

此处产品需求速率的单位为"件/年"，当产品需求速率的时间单位是"年"时，它与年需求量数值相同。又由于订货周期和定量提前期的单位为"日"，一年内的工作日

为 N，则此时的最高库存量为：

$$Q_{\max}=\frac{L+T}{N}D$$

产品的需求速率和订货提前期是固定不变的，因此不需要设置安全库存，即 $Q_s=0$。

3.确定性定期订货采购的作业步骤

（1）确定应采购商品的现有库存量。

（2）根据用户的需求确定商品的需求量。

（3）若现有库存能够满足用户的需求，则为用户提取货物。

（4）若现有库存不能够满足用户的需求，则看是否到采购期。

（5）如果没有到采购期，则只能延期购买或损失销售机会。

（6）如果到采购期了，则计算库存量和采购量，并向供应商订货。

$$库存量=现有库存量-提取量+在途库存量-延期购买量$$
$$采购量=最大库存量-库存量$$

（五）不确定性定期订货模型

不确定性定期订货模型与现实更为接近，现实中产品的需求速率和订货提前期是在不断变化的，因此每次订货的量可能不同，订货周期也只能根据具体情况来定，其他假设不变。在该模型中假设订货周期是一定的，因此可以近似用确定性定期订货模型中的经济订货周期公式，即 $T^*=\sqrt{\dfrac{2S}{DH}}$。

定期订货法的最高库存是为了满足订货周期和订货提前期的总需求，在不确定性定期订货模型中，因为产品需求速率是在不断变化的，因此还要设置安全库存 Q_s，则此时的最高库存为：

$$Q_{\max}=Q_s+(T^*+L)D$$

安全库存为：

$$Q_s=Z_\sigma$$

订货量为：

$$Q_t=\sum_{i=1}^{T}D_i$$

其中，Z_σ 表示需求的标准差；D_i 表示在特定时间段 i 内的需求量，i 的单位可以是时、天、周、月等，采用哪种时间单位取决于需求预测和库存管理的周期。

三、定期订货法的特点

（一）定期订货法的优点

（1）通过订货数量调整，减少订货管理费与物料运输费。

（2）周期盘点比较彻底、精确，不需要每天检查和盘点库存，降低了工作量，提高了工作效率。

（3）库存管理的计划性强，有利于工作计划的安排，实行计划管理。

（二）定期订货法的缺点

（1）需要较高的安全库存来保证物料充足。由于不能及时监测库存动态，为避免由于突发性的大量物料需求引起缺货而带来的损失，需要制定较高的安全库存。

（2）每次订货的批量不固定，无法制定经济订货量，不能发挥经济订货量的优势，因而运营成本较高，经济性较差。

（3）手续麻烦，每次订货都得检查储备量和订货合同，并要计算订货量。

四、定期订货法的适用范围

直接运用定期订货法只适合单一品种的订货。但是稍加处理，也可以用于几个品种的联合订货。定期订货法既适用于随机型需求，也适用于确定型需求。对于不同的需求类型，可以导出具体的运用形式，但它们的应用原理都是相同的。

具体来说，定期订货法适用范围为：数量多、价值低、利润低，因而不需要实施严格管理的C类（或再加上B类）物品；根据市场的状况和经营方针经常调整生产或采购数量的物品；需求量变动幅度大，但变动具有周期性，而且可以正确判断周期的物品；受交易习惯的影响，需要定期采购的物品；一起采购可以节省运输费用的物品。

学习任务 3–
思考与练习

🖱 学习任务 4　ABC库存管理法

一、ABC分类法的由来

1879 年，经济学家帕累托在研究个人收入分布时发现了一个现象：20%的人掌握了 80%的财富，而 80%的人只掌握了 20%的财富。这一现象后来被称为"帕累托法则"或"80/20 法则"。帕累托法则推动了ABC分类法的应用，这种方法的核心思想是在众多因素中识别出关键因素和次要因素。ABC分类法将对象分为三类：A类为最重要或最紧急的，B类为次重要的，C类为最不重要或最不紧急的。ABC分类法在项目管理中非常实用，它可帮助管理者合理分配时间和资源，优先处理A类事务，以取得最佳效果。虽然A类因素得到最多的关注，但B类和C类因素也不应被忽视，因为它们虽然不是最重要的，但仍然会对项目产生影响。

在ABC分类法的分析图（见图 7-7）中，有两个纵坐标，一个横坐标，一条曲线。左边的纵坐标表示影响因素累计百分比，右边的纵坐标表示品类累计百分比。一般地，将曲线的累计百分比分为三级，与之相对应的因素分为三类：

（1）A类因素，发生累计百分比为 0%～70%，是主要影响因素。

（2）B类因素，发生累计百分比为 70%～90%，是次要影响因素。

（3）C类因素，发生累计百分比为 90%～100%，是一般影响因素。

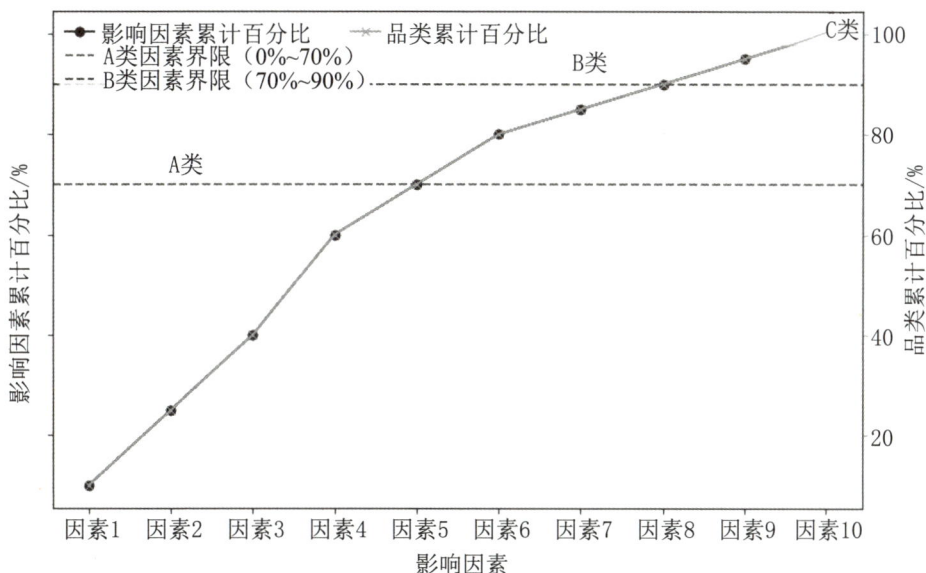

图 7-7　ABC 分类法的分析图

二、ABC分类法的步骤

（一）收集数据

按分析对象和分析内容，收集有关数据。例如，打算分析产品成本，则应收集产品成本因素、产品成本构成等方面的数据。

（二）处理数据

对收集的数据资料进行整理，按要求计算和汇总。

（三）编制ABC分析表

ABC分析表栏目构成如下（见表7-1）：第1栏为物品名称；第2栏为品目数累计，即每一种物品皆为一个品目数，品目数累计实际就是序号；第3栏为品目数累计百分数，即累计品目数占总品目数的百分数；第4栏为物品单价；第5栏为平均库存；第6栏是第4栏物品单价乘以第5栏平均库存，为各种物品平均资金占用额；第7栏为平均资金占用额累计；第8栏为平均资金占用额累计百分数；第9栏为分类结果。

表 7-1　ABC分析表栏目构成

1	2	3	4	5	6	7	8	9
物品名称	品目数累计	品目数累计百分数	物品单价	平均库存	4*5 平均资金占用额	平均资金占用额累计	平均资金占用额累计百分数	分类结果

制表按以下步骤进行：将已求出的平均资金占用额，用大排队方式，由高至低填入表中第6栏。以此栏为准，将物品名称填入第1栏，物品单价填入第4栏，平均库存填入第5栏，在第2栏中按1、2、3、4……编号，进行品目累计。此后，计算品目数累计百分数，并将其填入第3栏；计算平均资金占用额累计，并将其填入第7栏；计算平均

资金占用额累计百分数，并将其填入第8栏。

（四）确定分类

按ABC分析表，观察第3栏品目数累计百分数和第8栏平均资金占用额累计百分数，将品目数累计百分数为5%～10%，而平均资金占用额累计百分数为70%～75%的物品，确定为A类；将品目数累计百分数为20%～25%，而平均资金占用额累计百分数也为20%～25%的物品，确定为B类；C类品目数累计百分数为60%～70%，而平均资金占用额累计百分数仅为5%～10%。

（五）绘制ABC分析图

以表7-1中第3栏"品目数累计百分数"为横坐标，以第8栏"平均资金占用额累计百分数"为纵坐标，按表中第3栏和第8栏所提供的数据，在坐标图上取点，并连接各点，绘成ABC分析曲线。

按ABC分析曲线对应的数据，根据ABC分析表确定A、B、C三个类别的方法，在图上标明A、B、C三类，制成ABC分析图。如果认为ABC分析图直观性仍不强，也可绘成直方图。

三、ABC分类法的管理策略

ABC分类法在库存控制和货位优化中起着重要作用。这里所讲的ABC分类法主要是以控制存货资金为原则的库存管理物品的分类方法，其根据不同的资金占用量和物品品目类别实施不同的管理方法。一般把那些单价高、资金占用额大、品种少的物品归为A类；把单价低、资金占用额小、品种多的物品归为C类；介于两者之间的归为B类。A类物品是库存管理的重点对象。对于A、B、C三类物品库存管理上的不同，在后面的实务操作部分有更加具体的补充。

学习任务4-
思考与练习

项目二　实务操作单元

🔖 学习任务1　供应链牛鞭效应模拟

一、实训目的

通过本项目的实训操作，会使用Vensim软件进行简单的二级供应链牛鞭效应模拟。

二、实训学时

建议2学时。

三、实训地点

计算机房。

四、实训准备

为了更好地达到实训目的，要做好如下准备：

（1）确保电脑安装系统动力学软件Vensim。

（2）确保电脑等设备能正常使用。

（3）确保网络正常且稳定。

五、实训过程

（1）观看系统动力学软件Vensim的基础操作视频。

（2）在软件中依次建立模型、录入参数、模拟运行。

（3）根据模拟结果进行简单的实验报告撰写，对模拟结果进行分析总结。

六、任务实施

【任务】使用Vensim软件建立二级供应链模型，录入参数模拟供应链波动。

步骤1：在Vensim软件中利用作图工具（见图7-8）建立模型（见图7-9）。

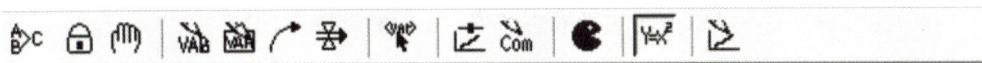

图 7-8　作图工具

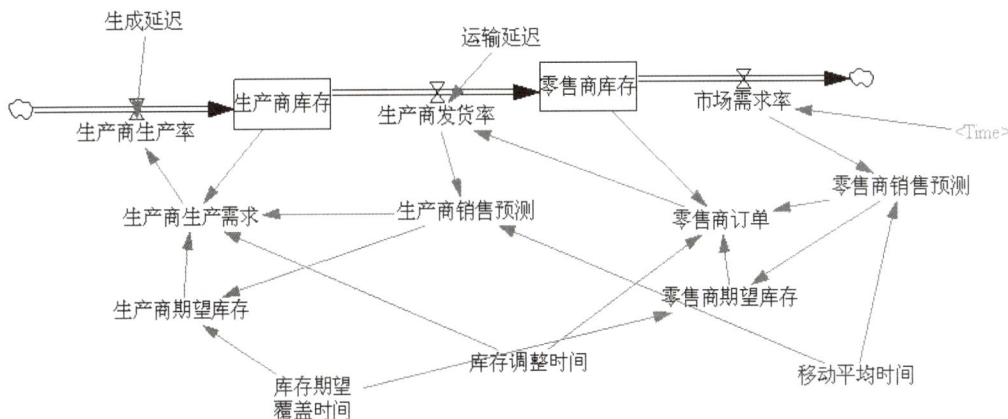

图 7-9　二级供应链模型

步骤2：录入参数。其中（05）和（09）的公式编辑界面如图7-10所示。

（01）FINAL TIME ＝ 100

Units: Month

The final time for the simulation.

（02）INITIAL TIME ＝ 0

Units: Month

The initial time for the simulation.

（03）SAVEPER ＝TIME STEP

Units: Month [0, ?   ]

The frequency with which output is stored.

（04）TIME STEP ＝ 1

Units: Month [0, ？]

The time step for the simulation.

（05）市场需求率＝1000＋IF THEN ELSE（Time＞4, RANDOM NORMAL（-200, 200, 0, 100, 4）,0）

Units: **undefined**

（06）库存期望覆盖时间＝3

Units: **undefined**

（07）库存调整时间＝4

Units: **undefined**

（08）生产商发货率＝delay3（零售商订单,运输延迟）

Units: **undefined**

（09）生产商库存＝ INTEG（生产商生产率-生产商发货率,3000）

Units: **undefined**

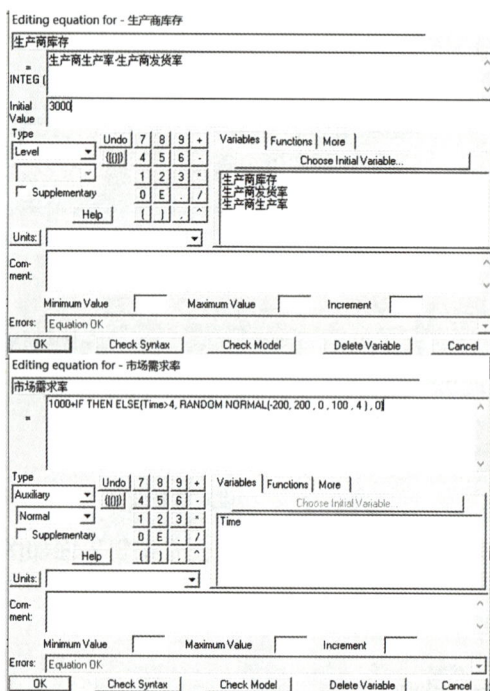

图 7-10 公式编辑界面

（10）生产商期望库存＝库存期望覆盖时间*生产商销售预测

Units: **undefined**

（11）生产商生产率＝delay3（生产商生产需求,生成延迟）

Units: **undefined**

（12）生产商生产需求＝max（0,生产商销售预测＋（生产商期望库存-生产商库存）/库存调整时间）

Units: **undefined**

（13）生产商销售预测＝smooth（生产商发货率,移动平均时间）

Units: **undefined**

（14）生成延迟＝3

Units: **undefined**

（15）移动平均时间＝5

Units: **undefined**

（16）运输延迟＝3

Units: **undefined**

（17）零售商库存＝INTEG（生产商发货率－市场需求率,3000）

Units: **undefined**

（18）零售商期望库存＝库存期望覆盖时间*零售商销售预测

Units: **undefined**

（19）零售商订单＝max（0,零售商销售预测＋（零售商期望库存－零售商库存）/库存调整时间）

Units: **undefined**

（20）零售商销售预测＝smooth（市场需求率,移动平均时间）

Units: **undefined**

步骤 3：进行模拟，并查看结果。

库存情况如图 7-11 所示。

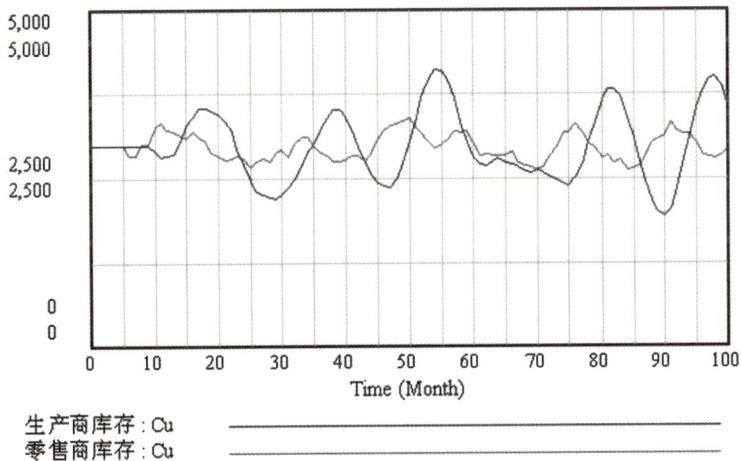

图 7-11　库存波动模拟图

订单情况如图 7-12 所示。

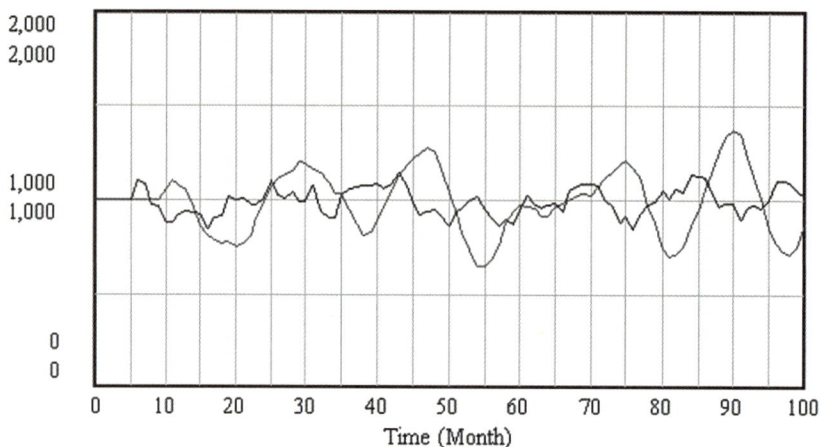

零售商订单：Cu ＿＿＿＿＿＿＿＿＿＿＿＿＿＿＿＿＿＿＿
生产商生产需求： ＿＿＿＿＿＿＿＿＿＿＿＿＿＿＿＿＿

图 7-12 订单波动模拟图

七、任务评价

本学习任务操作评价标准如表 7-2 所示。

表 7-2 活动操作评价标准

序号	鉴定评分点	分值	评分
1	观看云端视频，熟悉 Vensim 软件的操作	20	
2	能够独立并快速地在软件中进行建模，并模拟运行	40	
3	能够根据软件模拟运行情况，独立撰写实验分析报告	40	

学习任务 1-
思考与练习

学习任务 2 定量订货法模型应用

一、实训目的

通过本项目的实训操作，会使用 Excel 中的函数公式建立定量订货法模型，并进行预测。

二、实训学时

建议 2 学时。

三、实训地点

计算机房。

四、实训准备

为了更好地达到实训目的，要做好如下准备：

（1）确保电脑安装办公软件Excel。

（2）确保电脑等设备能正常使用。

（3）确保网络正常且稳定。

五、实训过程

（1）观看Excel中建立定量分析法模型的基础操作视频，并自学相关函数。

（2）在Excel中依次建立模型，并进行预测。

六、相关知识

（1）定量订货法的计算步骤。

（2）Excel函数（ROUNDUP、SQRT、ROUNDDOWN）的用法。

七、任务实施

【任务】用定量订货法模型求解年总成本和再订购点。

（一）任务内容

某企业生产鼓风机，需要电动机。已知年需求量（D）＝1000台，日平均需求量（d）＝1000/365台，订购成本（S）＝5美元/次，持有成本（H）＝1.25美元/（台·年），提前期（L）＝5天，单位产品成本（C）＝12.5美元/（台·年）。设日需求量标准差（σ_d）＝10台，期望服务水平为95%，求经济订货量、年总成本和再订购点。

数据资源（定量订货法）

（二）任务操作步骤

步骤1：根据已知条件，建立模型，如图7-13所示。

定量订货采购计算

年需求量(台)（D）=	1000
订购成本(美元/次)（S）=	5
持有成本[美元/（台·年）]（H）=	1.25
提前期(天)（L）=	5
单位产品成本[美元/(台·年)]（C）=	12.5
日需求量标准差(台)（σ_d）=	10

图7-13 已知数据模型

步骤2：根据已知条件，计算经济订货量。在C10单元格中输入"＝ROUNDUP（2*C2*C3/C4）^0.5,0）"，单击回车键。结果如图7-14所示，经济订货量为90台。

⊿	A	B	C	D
1		定量订货采购计算		
8		既定服务水平(Z)=		
9			1.65	
10		经济订货量（台）（Q^*）=	90	

图 7-14　经济订货量计算

步骤 3：根据已知条件计算总成本。在 E11 单元格中输入"=ROUNDUP（C2*C6＋C2/D10*C3＋D10*C4/2,0）"，单击回车键后，得到年总成本 12612 美元。

步骤 4：根据已知条件计算提前期为 5 天的标准差。在 E12 单元格中输入"=ROUNDUP（SQRT（C5*C7^2），0）"，单击回车键后，得到 5 天的标准差 23 台。

步骤 5：根据已知条件、期望服务水平 95%，查表得既定服务水平 Z=1.65，计算安全库存。在 D13 单元格中输入"=ROUNDUP（C8*E12,0）"，单击回车键后，得到安全库存 38 台。

步骤 6：计算再订购点，在 D14 单元格中输入"=ROUNDDOWN（（C2/365）*C5＋D13,0）"，单击回车键后，得到再订购点 51 台，如图 7-15 所示。

经济订货量（台）（Q^*）=	90
年总成本(美元)(TC)=	12612
5天的标准差（台）（σ_L）=	23
安全库存（台）（Q_s）=	38
再订购点(台)（R）=	51

图 7-15　定量订货计算

（三）任务操作结果

当库内只有 51 台电动机时，应开始订货；依据经济订货量模型，订购数量为 90 台；年总成本为 12612 美元。

（四）任务小结

（1）定量订货法模型对库存水平进行连续监控，当库存量降至某一水平时就应订货。

（2）使用函数 ROUNDUP，将参数 number 向上舍入数字。

格式：ROUNDUP(number,num_digits)

参数 number 为需要向上舍入的任意实数；参数 num_digits 为四舍五入后的数字的位数。

八、评分标准

本学习任务操作评价标准如表 7-3 所示。

表7-3　活动操作评价标准

序号	评分点	分值	评分
1	观看云端视频，熟悉 Excel 的操作	25	
2	回答云班课中的相关测试题	25	
3	能够独立并快速地在软件中进行建模，并进行预测	50	

学习任务 2–
思考与练习

学习任务3　定期订货法模型应用

一、实训目的

通过本项目的实训操作，会使用Excel中的函数公式建立定期订货法模型，并进行预测。

二、实训学时

建议 2 学时。

三、实训地点

计算机房。

四、实训准备

为了更好地达到实训目的，要做好如下准备：

（1）确保电脑安装办公软件Excel。

（2）确保电脑等设备能正常使用。

（3）确保网络正常且稳定。

五、实训过程

（1）观看Excel中建立定期分析法模型的基础操作视频，并自学相关函数。

（2）在Excel中依次建立模型，并进行预测。

六、相关知识

（1）定期订货法的计算步骤。

（2）Excel函数（SUM、STDEV、NORMSINV）的用法。

七、任务实施

【任务1】用确定性定期订货法模型求解经济订货周期、最高库存量和年总成本。

145

（一）任务内容

某制造企业每年以单价 10 元购进某种物品 8000 件。每次订货成本为 30 元，单位每年储存成本为 3 元。如订货提前期为 10 日，一年有 250 个工作日，求经济订货周期、最高库存量和年总成本。

数据资源（确定性定期订货法）

（二）任务操作步骤

步骤 1：根据已知条件，建立模型，如图 7–16 所示。

步骤 2：根据已知条件，计算经济订货周期 T^*＝“（2*B4/（B3*B5））^0.5”＝0.05（年）＝“D8*250”＝12.5（日），如图 7–17 所示。

定期订货采购计算	
产品单位价格(元)（C）	10
订购数量(件)（D）	8000
每次订货成本(元)（S）	30
单位每年储存成本(元)（H）	3
订货提前期(日)（L）	10
年工作日(日)	250

图 7–16　已知数据模型

1	定期订货采购计算	
2	产品单位价格(元)（C）	10
3	订购数量(件)（D）	8000
4	每次订货成本(元)（S）	30
5	单位每年储存成本(元)（H）	3
6	订货提前期(日)（L）	10
7	年工作日(日)	250
8	经济订货周期(日)：	0.05（年）

图 7–17　经济订货周期计算结果

步骤 3：根据已知条件，计算最高库存量 Q_{max}＝“（（F8＋B6）/B7）*B3”＝720（件），如图 7–18 所示。

1	定期订货采购计算	
2	产品单位价格(元)（C）	10
3	订购数量(件)（D）	8000
4	每次订货成本(元)（S）	30
5	单位每年储存成本(元)（H）	3
6	订货提前期(日)（L）	10
7	年工作日(日)	250
8	经济订货周期(日)：	0.05（年）
9	最高库存量(件)：	720

图 7–18　最高库存量计算结果

步骤 4：根据已知条件，计算年总成本 TC＝“B3*B2＋B4/D8＋B3*D8*B5/2”＝81200（元），如图 7–19 所示。

（三）任务操作结果

经济订货周期为 0.05 年，即 12.5 日，最高库存量为 720 件，年总成本为 81200 元，如图 7–19 所示。

图 7-19　年总成本计算结果

【任务 2】用不确定性定期订货法模型求解经济订货周期、安全库存、最高库存和订货量。

（一）任务内容

某百货公司对 A 商品的去年的年需求量为 2000 件，预测今年的年需求量为 2500 件。每次订货成本为 70 元，每件的年储存成本为 7 元，百货公司的工作日记为 360 天，订货提前期为一周，缺货概率根据经验得 3.60%。预测未来一年的需求如表 7-4 所示，求经济订货周期、安全库存、最高库存和订货量。

数据资源（不确定性定期订货法）

表 7-4　预测未来一年的需求

月份	1	2	3	4	5	6	7	8	9	10	11	12
需求量/件	200	211	205	218	220	210	208	206	212	206	201	203

（二）任务操作步骤

步骤 1：根据已知条件，建立模型，如图 7-20 所示。

图 7-20　已知数据模型

步骤 2：计算 12 个月的需求总量和标准差。在单元格 N3 中输入"=SUM（B3：

M3）"，在单元格 O3 中输入"＝STDEV（B3: M3）"，如图 7-21 所示。

| O3 | | | f_x | =STDEV(B3:M3) | | | | | | | | | | |

▲	A	B	C	D	E	F	G	H	I	J	K	L	M	N	O
1															
2	月份	1	2	3	4	5	6	7	8	9	10	11	12	合计	标准差
3	需求量	200	211	205	218	220	210	208	206	212	206	201	203	2500	6.228

图 7-21　标准差计算

步骤 3：在单元格 D13 中输入"＝SQRT（2*D6/（D5*D7））"（年），计算经济订货周期。在单元格 D11 中输入"＝NORMSINV（1-D10）"，计算既定服务水平下标准差的倍数；在单元格 D14 中输入"D11*O3*（D9/30）^0.5"，计算安全库存，结果如图 7-22 所示。

▲	A	B	C	D	E	F	G
1							
2	月份	1	2	3	4	5	6
3	需求量	200	211	205	218	220	210
4							
5	年需求量（件）			2500			
6	订货成本（元/次）			70			
7	储存成本[元/（年·件）]			7			
8	工作日（天/年）			360			
9	订货提前期（天）			7			
10	缺货概率			3.60%			
11	z			1.799			
12							
13	经济订货周期			0.089	（年）	32.2（日）	
14	安全库存			5.412			

图 7-22　安全库存计算

步骤 4：在单元格 D15 中输入"＝D14＋（D9＋D13*360）/30*D5/12"，计算最高库存，结果如图 7-23 所示。

▲	A	B	C	D	E	F	G	H
1								
2	月份	1	2	3	4	5	6	7
3	需求量	200	211	205	218	220	210	208
4								
5	年需求量（件）			2500				
6	订货成本（元/次）			70				
7	储存成本[元/（年·件）]			7				
8	工作日（天/年）			360				
9	订货提前期（天）			7				
10	缺货概率			3.60%				
11	z			1.799				
12								
13	经济订货周期			0.089	（年）	32.2（日）		
14	安全库存			5.412				
15	最高库存			277.6				

图 7-23　最高库存计算

步骤5： 经济订货周期为0.089年，约为32天，近似1个月。所以1月的订货量等于2月的需求量，在单元格C18中输入"＝B3"，并横向填充至L18，结果如图7-24所示。

（三）任务操作结果

任务操作结果如图7-24所示。

图7-24　未来一年订货量预测结果

（四）任务小结

（1）样本偏差函数STDEV：用于估算样本的标准偏差。

格式：STEDEV（number1,number2,…）

参数number1,number2,…为对应于总体样本的1～30的参数。

（2）标准正态分布累积函数的逆函数NORMSINV：返回标准正态分布累积函数的逆函数。

格式：NORMSINV（probability）

参数probability为正态分布的概率值。

八、评分标准

本学习任务操作评价标准如表7-5所示。

表7-5　活动操作评价标准

序号	评分点	分值	评分
1	观看云端视频，熟悉 Excel 的操作	25	
2	回答云班课中的相关测试题	25	
3	能够独立并快速地在软件中进行建模，并进行预测	50	

学习任务3-
思考与练习

学习任务4　物动量ABC分类应用

物动量 ABC
分类法

一、实训目的

通过本项目的实训操作，会使用Excel进行物动量的商品ABC分类，包括做表与制图。

二、实训学时

建议2学时。

三、实训地点

计算机房。

四、实训准备

为了更好地达到实训目的，要做好如下准备：

（1）确保电脑安装办公软件Excel。

（2）确保电脑等设备能正常使用。

（3）确保网络正常且稳定。

五、实训过程

（1）教师讲授物动量的概念和基于物动量的ABC分类操作。

（2）学生观看Excel中制表与制图的基础操作视频。

（3）学生在Excel中进行ABC分类制表、制图操作。

学习任务 4–
相关知识

六、任务实施

某连锁专营店日常销售20种物品，各物品库存占用金额如表7-6所示。

表7-6　某店20种物品及其库存占用金额

物品名称	1	2	3	4	5	6	7	8	9	10
占用金额/万元	96	44	18	12	6	4	3	2.9	2.5	2.2
物品名称	11	12	13	14	15	16	17	18	19	20
占用金额/万元	2	1.8	1.5	1.2	1	0.6	0.5	0.4	0.3	0.1

对该店销售的20种物品进行ABC分类，并确定不同的库存管理方法。首先计算出各物品品目的比重和各物品库存占用金额的比重；其次用较小值（自高值向低值）对各物品品目和所占金额的比重进行累计；最后把累计结果标注在品目数累计资金占用累计坐标中。

将资金占用量累计为70%、品目数累计为10%的物品列为A类，将资金占用量累计在90%～100%而品目数累计在30%～100%的物品列为C类，其余为B类，如表7-7所示。

表 7-7 某店 20 类物品的 ABC 分类

品目名称	占用金额 /万元	所占比重 /%		比重累计 /%		分类
		品目	金额	品目	金额	
1	96	5	48	5	48	A
2	44	5	22	10	70	
3	18	5	9	15	79	B
4	12	5	6	20	85	
5	6	5	3	25	88	
6	4	5	2	30	90	
7	3	5	1.5	35	91.5	C
8	2.9	5	1.45	40	92.95	
9	2.5	5	1.25	45	4.2	
10	2.2	5	1.1	50	95.3	
11	2	5	1.0	55	96.3	
12	1.8	5	0.9	60	97.2	
13	1.5	5	0.75	65	97.95	
14	1.2	5	0.6	70	98.55	
15	1	5	0.5	75	99.05	
16	0.6	5	0.3	80	99.35	
17	0.5	5	0.25	85	99.6	
18	0.4	5	0.2	90	99.8	C
19	0.3	5	0.15	95	9.95	
20	0.1	5	0.05	100	100	
合计	200	100	100			

分类结果如表 7-8 所示。

表 7-8 ABC 分类结果

类别（品目）	A（1,2）	B（3,4,5,6）	C（其余）
品目所占比重 /%	10	20	70
金额所占比重 /%	70	20	10

八、评分标准

本学习任务操作评价标准如表 7-9 所示。

表 7-9　活动操作评价标准

序号	评分点	分值	评分
1	掌握物动量的定义与应用关键	25	
2	观看云端视频，熟悉 Excel 的操作	25	
3	能够独立并快速地在软件中制表、制图	50	

学习任务 4–
思考与练习

【**知识目标**】了解仓库数据分析的相关概念；了解数据分析的流程；理解进货作业、入库作业、存储作业、盘点作业、拣货作业的分析过程。

【**技能目标**】能够使用软件对进货作业进行供应商分析、卸货分析和验收分析；能够使用软件对入库作业进行总量分析、入库货位差异分析和入库效率影响因素分析；能够使用软件对存储作业进行库存整体分析和库存结构分析；能够使用软件对盘点作业进行盘点整体分析和盘点差异分析；能够使用软件对拣货作业进行订单分析、整体分析和效率分析。

【**素质目标**】培养效率意识，树立成本最低的经营理念，形成节俭的习惯思维。

【**思维导图**】

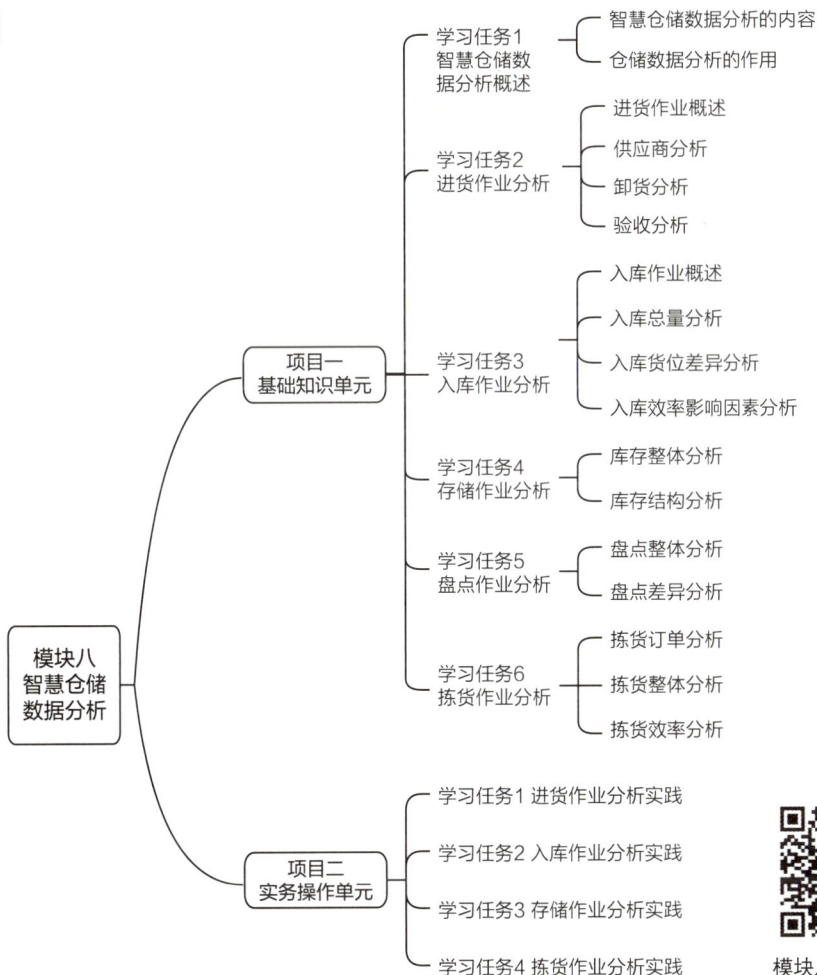

模块八引导案例

项目一　基础知识单元

学习任务 1　智慧仓储数据分析概述

随着电商、物流行业的快速发展，仓储运营数据分析越来越受到关注。通过分析仓储运营数据，企业可以更好地了解仓库运营情况，更快速、更准确地做出决策。

一、智慧仓储数据分析的内容

（一）进货作业分析

进货是仓储运营中重要的一环，也是影响整个运营效率的重要因素。进货作业分析包括采购成本分析、供应商绩效评估、库存管理分析等。通过对进货数据的分析，可以找出采购员选品误差、价格定位不准等问题，从而更好地优化采购工作。在进货作业分析中，可以使用异常分析发现问题点，如异常的进货量、异常的采购价格等，以便及时对其进行纠正。

（二）入库作业分析

入库是仓储运营的重要环节，入库作业分析包括流程分析、问题分析、改进措施等。通过对入库数据的分析，可以发现入库效率低下、入库质量差等问题，以便优化入库作业，提高入库效率和质量。在入库误差分析中，通过对商品入库误差情况的跟踪，找出入库误差的原因，如验货员工作失误、物流商包装不当等，以便及时解决问题。

（三）存储作业分析

存储是仓库运营过程中重要的一环，也是保障商品安全、高效出库的前提。存储作业分析包括库存数量分析、存储时效分析等。通过对存储数据的分析，可以发现仓库存储数量不足、存储物品过期等问题，以便及时调整入库数量，提高存储效率。在存储分析中，通过对商品存储时间的跟踪，找出存储时效较长的商品，以便及时排除过期商品，或采取其他措施防止商品过期。

（四）盘点作业分析

盘点是仓库运营中的常规工作，主要是确定实际库存状态，并与仓库管理系统的库存状态进行匹配。盘点作业分析包括盘点差异分析、盘点周期分析等。通过对盘点数据的分析，可以发现盘点过程中存在的误差，以便优化盘点作业流程，减少盘点误差。在盘点周期分析中，通过对商品盘点周期的跟踪，找出盘点周期较长的商品或未被盘点过的商品，以便及时盘点并减少盘点漏检的情况。

（五）拣货作业分析

拣货是仓库运营中的重要环节，直接影响企业出货效率和货品质量。拣货作业分析包括拣货效率分析、拣货误差分析等。通过对拣货数据的分析，可以发现拣货效率低下的原因和造成拣货误差的原因，提高出库效率。

二、仓储数据分析的作用

（一）数据分析在仓储中的作用

随着物流行业的不断发展，仓储成了物流行业中必不可少的一个环节。而随着物流行业的不断提升，仓储的要求也在不断提高。为了能够更好地管理仓储，提高运作效率，如今越来越多的企业开始应用数据分析来辅助仓储管理。

1.库存管理

库存管理是仓储中最重要的一环。数据分析可以帮助管理者更好地掌握库存情况。通过建立库存数据库和库存监控系统，管理者可以实时了解库存状况，及时调整库存，避免仓库过满或库存不足的情况发生。

2.商品分类管理

商品分类管理是仓储中不可或缺的一环。数据分析可以帮助管理者更好地对商品分类。通过对商品属性和销售数据的分析，结合仓储的实际情况，管理者可以调整商品分类，优化仓库布局，提高仓储效率。

3.货架布局管理

货架布局管理是仓储中的重要环节之一。数据分析可以帮助管理者更好地布局货架。通过对商品销售数据进行分析，结合货架高度、宽度、深度等，可以得出最优的货架布局方案，从而提高货架的利用率。

4.进出货管理

进出货管理是仓储中最烦琐的一环，也是最容易出现失误的一环。数据分析可以帮助管理者更好地进行进出货管理。通过建立进出货数据采集系统和监控系统，可以实时追踪货物的进出情况，及时发现和排除异常情况，保证货物的安全。

（二）数据分析在电商中的作用

电商是近年来发展最为迅猛的行业之一，数据分析在电商中的作用也越来越重要。通过对用户数据、商品数据、运营数据等进行分析，电商企业可以精准地制定运营策略，提高用户体验，增加销售额。

1.用户数据分析

用户数据是电商企业最重要的一种数据资源，也是最容易分析的一种数据。通过对用户数据的分析，电商企业可以了解用户的购买喜好、购买时间、购买频率等信息，进而精准地推送商品、定制服务和优惠活动，提高用户黏性和活跃度。

2.商品数据分析

商品数据是电商企业的核心竞争力之一。通过对商品数据的分析，电商企业可以了解不同商品的销售情况、热销品类、库存情况等信息，进而调整商品策略、定价策略、营销策略，提高销售额和利润。

3.运营数据分析

运营数据是电商企业整体运营情况的体现，包括访问量、转化率、订单量、运营成本等指标。通过对运营数据的分析，电商企业可以了解不同

学习任务1-
思考与练习

营销推广活动的效果，优化广告投放，降低运营成本，提高运营效率。

学习任务2　进货作业分析

一、进货作业概述

（一）进货作业的含义

进货作业是指企业为了满足生产或销售需要，从供应商处购买原材料、零配件、半成品或成品等物品的一系列活动。进货作业是企业运营中不可或缺的一环，它直接关系到企业的生产能力、产品质量和销售业绩等。

（二）进货作业流程

进货作业流程主要包括采购计划制订、供应商选择、询价、议价、合同签订、支付结算、验收入库等环节。首先，企业需要根据生产计划或销售预测，制订采购计划，明确所需物品的品种、数量、质量要求等。其次，企业需要选择合适的供应商，进行询价和议价，以获取最优惠的采购价格。再次，双方需要签订合同，明确交货期限、质量标准、付款方式等条款。在供应商交货后，企业需要进行验收入库，确保物品符合质量标准和数量要求。最后，企业需要按照合同约定的付款方式进行支付结算。

（三）进货作业分析构成

进货作业分析包括采购成本分析、供应商绩效评估、库存管理分析等。采购成本分析是企业对采购成本进行分析，以更好地控制采购成本，提高企业的盈利能力。供应商绩效评估是企业对供应商的绩效进行评估，以选择合适的供应商，提高采购效率和产品质量。库存管理分析是企业对库存进行分析，以便更好地控制库存水平，降低库存成本，并确保供应链顺畅运转。

二、供应商分析

（一）供应商及时性评价方式

在采购管理中，供应商的及时性是非常重要的。及时的供应商能够保证企业生产顺利进行，同时也能够降低企业的成本和风险。因此，对供应商的及时性进行评价是非常有必要的。

供应商的及时性评价可以从以下几个方面入手。

（1）交货时间：是评价供应商及时性的一个重要指标。企业可以通过比较供应商的承诺交货时间和实际交货时间来评价供应商的及时性。

（2）交货准确率：是指供应商按照订单要求交货的准确率。企业可以通过比较供应商的订单准确率和实际交货准确率来评价供应商的及时性。

（3）库存水平：是评价供应商及时性的一个重要指标。供应商应该保持足够的库存水平，以确保及时地满足企业的需求。

（4）响应时间：是评价供应商及时性的一个重要指标。供应商应该能够及时地回复企业的询价和订单，并提供准确的信息。

（二）供应商分析工具

企业的相关数据大多存放在Excel文件中，在进行供应商及时性分析时，对照评价结果直接计算数据即可求得结果。

三、卸货分析

（一）卸货总量分析

卸货总量是指在一定时间内，货车在仓库内卸下的货物总量。卸货总量分析可以帮助企业了解仓库的货物流动情况，并对仓库货物管理的效果进行评估。卸货总量分析应该从以下三个方面进行。

1. 卸货总量的变化趋势

通过对卸货总量的变化趋势进行分析，可以了解仓库货物流动的规律，并对货物管理措施的有效性进行评估。如果卸货总量呈现逐年增长的趋势，说明企业的业务在不断扩大，货物管理的效果也在不断提升；如果卸货总量呈现下降趋势，说明企业的业务受到了一定的影响，需要及时采取措施进行调整。

2. 卸货总量的季节性变化

在一年中，不同季节的货物流动情况也会有所不同。例如，在春节、清明节、中秋节等传统节日前后，货物的流动量会明显增加。对于仓库管理者来说，需要根据不同季节的货物流动情况，合理安排仓库的货物储存和卸货工作，以保证仓库正常运转。

3. 卸货总量的货物结构

货物的种类和数量分析也是卸货总量分析的重要内容。通过了解不同种类货物的流动情况，可以为企业提供更好的服务和支持，同时也可以为企业提供更好的货物管理方案。

为了更加快速简便地求得统计数据，可以运用Excel软件或SPSS软件快速实现卸货总量的描述性统计。

（二）卸货效率分析

卸货效率是指在一定时间内，货车在仓库内卸下的货物的数量与卸货时间的比值。卸货效率分析可以帮助企业了解卸货的效率和效益，并对卸货流程进行优化。卸货效率的分析应该从以下三个方面进行。

1. 卸货时间分析

卸货时间是卸货效率的重要组成部分。通过对卸货时间的分析，可以了解卸货流程中存在的瓶颈和问题，并对流程进行优化。例如，如果卸货时间较长，可以考虑增加卸货人员或者优化卸货流程，以提高卸货效率。

2. 卸货人员的效率分析

卸货人员的效率也是卸货效率的重要组成部分。通过对卸货人员的效率进行分析，可以了解卸货人员的工作能力和工作态度，从而采取措施提高卸货人员的工作效率。例如，可以通过培训和激励等方式，提高卸货人员的工作能力和工作积极性，以提高卸货效率。

3.卸货设备的效率分析

卸货设备的效率也是卸货效率的重要组成部分。通过对卸货设备的效率进行分析，可以了解卸货设备的使用情况和效果，从而采取措施提高卸货设备的效率。例如，可以通过维护和更新卸货设备，提高卸货设备的使用效率和使用寿命，以提高卸货效率。

（三）卸货月台使用情况分析

卸货月台是指用于货车卸货的平台，是仓库卸货的重要组成部分。卸货月台使用情况分析可以帮助企业了解卸货月台的使用情况和效果，从而对卸货月台进行优化。卸货月台使用情况的分析应该从以下两个方面进行。

1.卸货月台的数量和位置

卸货月台的数量和位置是卸货月台使用情况的重要组成部分。通过对卸货月台的数量和位置进行分析，可以了解卸货月台的使用情况和效果，并进行优化。例如，如果卸货月台数量不足，可以考虑增加卸货月台的数量或者重新规划卸货月台的位置，以提高卸货效率。

2.卸货月台的使用率

卸货月台的使用率是指卸货月台在一定时间内的使用频率。通过对卸货月台的使用率进行分析，可以了解卸货月台的使用情况和效率。

四、验收分析

验收分析是指对某项工作或项目的验收情况进行分析，从而得出相应的结论，给出建议。验收分析通常包括三个方面：验收总量分析、验收效率分析和验收差异分析。

（一）验收总量分析

验收总量分析是指对某项工作或项目的验收总量进行统计分析。这种分析可以帮助我们了解工作或项目的完成情况，以及验收的进度和质量。通过对验收总量进行分析，可以得出以下结论。

1.完成情况

验收总量分析可以帮助我们了解工作或项目的完成情况。如果验收总量达到了预期的目标，说明工作或项目已经完成了；如果验收总量没有达到预期的目标，说明工作或项目还未完成。

2.验收进度

验收总量分析可以帮助我们了解验收的进度。如果验收总量达到了预期的目标，说明验收比较顺利；如果验收总量没有达到预期的目标，说明验收进度比较缓慢。

3.验收质量

如果验收总量达到了预期的目标，但是验收质量不够好，说明工作或项目还需要改进；如果验收总量没有达到预期的目标，但是验收质量比较好，说明工作或项目已经取得了一定的成果。

（二）验收效率分析

验收效率分析是指对某项工作或项目的验收效率进行统计分析。这种分析可以帮助我们了解验收的效果，并找出影响验收效率的因素。通过对验收效率进行分析，可以得出以下结论。

1.验收效果

验收效率分析可以帮助我们了解验收的效果。如果验收效率比较高，说明验收的效果比较好；如果验收效率比较低，说明验收的效果不够好。

2.影响因素

验收效率分析可以帮助我们找出影响验收效率的因素，如验收人员的素质、验收流程的合理性、验收工具的可靠性等。通过对这些因素的分析，可以找出问题所在，从而采取相应的措施提高验收效率。

3.改进方案

验收效率分析可以帮助我们制订改进方案。通过对验收效率进行分析，可以找出问题所在，并提出相应的改进方案，如对验收流程进行优化、提高验收人员的素质、改进验收工具等。

（三）验收差异分析

验收差异分析是指对某项工作或项目的验收差异进行统计分析。这种分析可以帮助我们了解不同验收结果之间差异产生的原因，找出问题所在，从而采取相应的措施来解决问题。通过对验收差异进行分析，可以得出以下结论。

1.差异原因

验收差异分析可以帮助我们找出不同验收结果之间差异产生的原因，如不同验收人员的标准不一致、不同验收工具的可靠性不同等。通过对这些原因进行分析，可以找出问题所在，并采取相应的措施来解决问题。

2.解决方案

验收差异分析可以帮助我们制订解决方案。通过对验收差异进行分析，可以找出问题所在，并提出相应的解决方案，如统一验收标准、提高验收人员的素质、改进验收工具等。

3.验收效果

验收差异分析可以帮助我们评估验收的效果。通过对不同验收结果之间的差异进行分析，可以了解验收的效果如何，从而采取相应的措施来提高验收的效果。

总之，验收分析是一项非常重要的工作，可以帮助我们了解工作或项目的完成情况、验收的进度和质量，找出影响验收效率的因素，解决不同验收结果之间的差异问题等。

学习任务 2-
思考与练习

学习任务 3　入库作业分析

一、入库作业概述

（一）入库作业的概念和流程

入库作业是指将物品从外部环境转移到仓库内部，是仓库管理中的重要环节。入库作业的流程包括接收货物、验货、入库、登记、上架等环节。

1.接收货物

接收货物是入库作业的第一步，也是最关键的一步。在接收货物时，需要核对货物的数量、品种、规格等信息是否与订单一致。如果发现货物有问题，需要及时与供应商联系并做好记录。

2.验货

验货是为了确保货物的质量和数量符合要求。验货时需要检查货物的外观、包装、标识等是否完好无损。如果有问题需要及时处理。

3.入库

入库是将货物放入仓库的过程。在入库时需要注意货物的分类、归档和存放位置等问题。不同种类的货物需要分类存放，避免混淆。

4.登记

登记是指将货物的相关信息记录在仓库管理系统中。登记时需要记录货物的名称、数量、规格、生产日期、有效期等信息。

5.上架

上架是指将货物放置在指定的货架上，方便管理和取出。在上架时需要注意货物的分类和存放位置。

（二）入库作业分析的主要内容和目的

入库作业分析是指对入库作业流程进行分析，找出其中存在的问题并提出改进措施的过程。入库作业分析的主要内容包括流程分析、问题分析、改进措施等。

1.流程分析

流程分析是对入库作业流程进行逐步分解和分析，找出其中存在的问题。流程分析的目的是找出流程中的瓶颈和问题，为后续解决问题和改进措施提供依据。

2.问题分析

问题分析是对入库作业中存在的问题进行分析，找出其产生的原因和影响。问题分析的目的是找出问题的根源，为后续的改进措施提供依据。

3.改进措施

改进措施是针对入库作业中存在的问题提出具体措施。改进措施的目的是解决问题，提高入库作业的效率和质量。

入库作业分析的主要目的是提高入库作业的效率和质量，减少错误和损失。通过对入库作业流程的分析，可以找出问题的根源并提出改进措施，从而提高入库作业的效率和质量。同时，入库作业分析还可以帮助仓库管理人员更好地了解入库作业流程，提高管理水平和工作效率。

二、入库总量分析

（一）入库总量的概念

入库总量是指一个企业或组织在一定时间内所收到的所有货物的总量。这个概念在企业管理中非常重要，因为它可以反映企业的经营状况和资产状况。入库总量的大小和变化可以反映企业的销售情况、供应链管理水平、库存管理水平、资金状况等方面的信息。

入库总量可以分为直接入库和间接入库两种情况。直接入库是指货物直接从供应商或生产商处进入企业的仓库中，而间接入库是指货物先进入其他企业或组织的仓库，再通过转移、调拨、采购等方式进入本企业的仓库。

入库总量对于企业的经营管理非常重要。它不仅可以帮助企业了解自己的资产状况和库存管理水平，还可以为企业的决策提供参考依据。例如，在采购计划制订过程中，企业可以根据历史入库总量数据来预测未来的需求量，从而制订合理的采购计划，避免库存过多或过少的情况发生。

（二）入库总量分析的常用统计量

入库总量分析是企业管理中的一项重要工作，通过对入库总量进行分析，可以帮助企业了解自己的库存管理水平、资金状况、供应链管理水平等方面的信息。下面介绍一些常用的入库总量分析统计量。

1. 入库总量

入库总量是指在一定时间内，企业所收到的所有货物的总量。它可以反映企业的销售情况、供应链管理水平、库存管理水平、资金状况等方面的信息。

2. 入库总量变化率

入库总量变化率是指入库总量在两个时间点之间的变化程度。它可以反映企业在一定时间内的库存管理水平、资金状况等方面的变化情况。如果入库总量变化率为正值，说明企业的库存管理水平有所提高，资金状况有所改善；如果入库总量变化率为负值，说明企业的库存管理水平有所降低，资金状况有所恶化。

3. 入库总量占用资金

入库总量占用资金是指企业在一定时间内，为购买货物所支付的全部费用。它可以反映企业的资金状况和库存管理水平。如果入库总量占用资金过多，则说明企业的库存管理水平不高，需要加强库存管理；如果入库总量占用资金过少，则说明企业的库存管理水平较高，但可能存在库存不足的风险。

4. 入库总量周转率

入库总量周转率是指在一定时间内，企业的入库总量与库存平均值的比值。它可以反映企业的库存管理水平和资金状况。如果入库总量周转率较高，则说明企业的库存管理水平较高，资金利用效率较高；如果入库总量周转率较低，则说明企业的库存管理水平不高，需要加强库存管理，同时资金利用效率也不高。

三、入库货位差异分析

（一）入库货位差异的概念

入库货位差异是指在物流仓储管理中，实际入库的货物数量与应入库的货物数量不一致，或者入库的货物放置的位置与应放置的位置不一致的现象。这种差异可能会导致库存数量不准确，影响库存管理和物流运作效率。

入库货位差异的产生原因很多，可能是物流人员操作不当，或者是仓库管理系统出现故障等。因此，对入库货位差异进行分析和解决，对于提高仓储管理的效率和准确性具有重要意义。

（二）入库货位差异原因分析

1.物流人员操作不当

物流人员在操作时，可能会出现疏忽或者错误，导致实际入库的货物数量与应入库的货物数量不一致。例如，物流人员可能会将货物放错位置，或者将货物放置不当，导致货物数量不准确。

2.仓库管理系统出现故障

仓库管理系统是仓库管理的核心系统，如果出现故障，可能会产生入库货位差异。例如，仓库管理系统可能会出现数据错误或者数据丢失的情况，导致实际库存数量与系统中的库存数量不一致。

3.货物质量问题

货物质量问题也可能导致入库货位差异。例如，货物在运输过程中可能会被损坏，导致实际入库的货物数量与应入库的货物数量不一致。此外，货物可能会出现过期或者变质的情况，导致货物数量不准确。

4.仓库布局不合理

仓库布局不合理也可能导致入库货位差异。例如，仓库中货架的数量和位置不合理，导致物流人员无法顺利地将货物放置到准确的货位上。

5.仓库管理人员管理不当

仓库管理人员管理不当也可能导致入库货位差异。例如，仓库管理人员可能会忽略对货物的检查，导致实际入库的货物数量与应入库的货物数量不一致。

以上是入库货位差异的原因分析，针对不同的原因，可以采取不同的措施来解决入库货位差异问题。例如，对于物流人员操作不当导致入库货位差异的情况，可以加强培训和管理；对于仓库管理系统出现故障导致入库货位差异的情况，可以加强系统维护和升级；对于货物质量问题导致入库货位差异的情况，可以加强货物质量检查等。通过有效的措施来解决入库货位差异问题，可以提高仓储管理的效率和准确性，为企业的物流运作提供有力的支持。

四、入库效率影响因素分析

（一）入库效率的度量

入库效率是指企业在完成采购、生产等环节后，将货物存放到仓库中所需的时间和成本。入库效率直接影响企业的成本和客户满意度。因此，对于企业来说，提高入库效率是非常重要的。入库效率的度量可以从以下四个方面进行。

1.入库时间

入库时间是指从货物到达仓库门口到存放到仓库中所需的时间。一般来说，入库时间越短，入库效率就越高。

2.入库成本

入库成本是指在入库过程中所产生的成本，包括人力成本、设备成本、运输成本等。入库成本越低，入库效率就越高。

3.入库准确率

入库准确率是指将货物存放到正确的位置的效率。入库准确率越高，入库效率就越高。

4.入库错误率

入库错误率是指入库过程中出现错误的概率。入库错误率越低，入库效率就越高。

（二）入库效率影响因素分析方法概述

为了提高入库效率，需要对影响入库效率的因素进行分析。下面是入库效率影响因素分析的常用方法。

1.数据分析法

数据分析法是通过对入库过程中的数据进行分析，找出影响入库效率的因素。例如，可以通过分析入库时间、入库成本、入库准确率、入库错误率等数据，找出影响入库效率的因素。

2.流程分析法

流程分析法是通过对入库流程进行分析，找出影响入库效率的因素。例如，可以通过分析采购、生产、运输等环节，找出影响入库效率的因素。

3.问卷调查法

问卷调查法是通过对仓库管理人员、物流人员、采购人员等进行问卷调查，了解他们对入库效率影响因素的看法和建议。通过问卷调查可以了解到实际情况，找出影响入库效率的因素。

4.实地观察法

实地观察法是通过实地观察入库流程，找出影响入库效率的因素。例如，观察入库人员的工作流程、设备的使用情况、物品或产品的存储方式等，找出影响入库效率的因素。

综上所述，入库效率是企业非常重要的一个指标，影响着企业的成本和客户满意度。通过对入库效率影响因素的分析，可以找出影响入库效

学习任务3-
思考与练习

的因素，并采取相应的措施来提高入库效率，从而提高企业的竞争力。

学习任务4 存储作业分析

一、库存整体分析

（一）库存分析的意义

库存是企业经营中的重要组成部分，对于企业的生产、销售、财务等方面都有着重要的影响。因此，对于企业来说，进行库存分析是非常有必要的。

首先，库存分析可以帮助企业了解自己的库存结构和库存状况，从而制定出更加合理的库存管理策略。通过库存分析，企业可以了解哪些商品库存过多，哪些商品库存不足，哪些商品库存周转率低等，从而有针对性地采取措施，优化库存结构，提高库存周转率，降低库存成本。

其次，库存分析可以帮助企业预测市场需求和供应情况，从而更好地进行采购和销售。通过库存分析，企业可以了解市场需求的变化趋势，预测库存的销售情况，及时调整采购和销售计划，避免库存积压或库存不足的情况发生，提高企业的市场竞争力。

（二）库存整体分析指标

库存整体分析是指对企业库存进行全面、系统的分析，其指标包括库存结构、库存周转率等方面的指标。

1.库存结构

库存结构是指企业库存中各种商品的比例和数量。不同的商品具有不同的特点，库存结构的合理性直接影响企业的库存管理效果。库存结构分析可以从以下几个方面入手。

（1）ABC分析。ABC分析可以帮助企业了解哪些商品需重点关注，从而制定出更加合理的库存管理策略。

（2）库龄分析。库龄是指仓库中商品存放的时间。库龄分析可以帮助企业了解哪些商品存放时间过长，从而及时采取措施，避免产生过期损失或降低库存周转率。

（3）SKU分析。SKU是指库存中不同商品的种类数。SKU分析可以帮助企业了解自己的商品种类是否过多，是否需要进行精简，以降低库存成本。

2.库存周转率

库存周转率是指企业在一定时间内库存的销售额与库存平均值的比值。库存周转率越高，说明企业的库存管理效果越好，库存成本越低。库存周转率的计算公式如下：

$$库存周转率 = 销售额 / 平均库存$$

$$平均库存 = （期初库存 + 期末库存）/ 2$$

库存周转率分析可以从以下几个方面入手：

（1）比较不同时间段的库存周转率，了解库存周转率的变化趋势。

（2）比较不同商品的库存周转率，了解哪些商品的库存周转率低，从而采取措施，提高库存周转率。

（3）比较不同部门或不同仓库的库存周转率，了解哪些部门或仓库的库存管理效果好，哪些部门或仓库的库存管理效果差，从而进行优化。

二、库存结构分析

下面以某企业的ABC库存分析报告为例，展示如何进行库存结构分析。

（一）引言

本次报告基于ABC分类法，对某企业的库存结构进行了深入分析。通过数据分类和详细分析，我们发现该企业的库存结构存在不合理之处，以下将针对具体情况进行详细报告，并提出优化建议。

（二）库存现状分析

1.数据收集与分类

我们收集了该企业近一年的库存数据，并按照ABC分类法进行了详细分类。其中，A类商品共有100个品项，占库存品项总数的10%，但销售额或利润贡献占比高达75%；B类商品共有500个品项，占库存品项总数的25%，销售额或利润贡献占比约为20%；C类商品品项数超过1000个，占比超过65%，但销售额或利润贡献仅占5%。

2.库存结构问题

A类商品：虽然销售额或利润贡献高，但库存量控制相对较好。然而，由于部分A类商品的供应商依赖性强，存在一定的供应风险。

B类商品：库存量适中，但部分B类商品由于管理不当，存在积压现象，影响了库存周转率。

C类商品：由于品项数量庞大，且销售额或利润贡献较低，库存管理较为松散，存在大量闲置和浪费现象。

（三）库存管理问题

A类商品：供应商管理不够精细，对部分关键供应商的依赖性过强。需求预测不够准确，导致部分A类商品库存积压或短缺。

B类商品：缺乏有效的库存周转策略，导致部分B类商品积压。采购计划不合理，部分B类商品采购量过大或过小。

C类商品：缺乏有效的库存控制机制，导致大量C类商品闲置。库存管理流程烦琐，效率低。

（四）优化建议

A类商品：加强与关键供应商的合作关系，降低供应风险。提高需求预测的准确性，根据市场变化及时调整库存计划。设立安全库存制度，确保生产稳定。

B类商品：制定合理的库存周转策略，避免库存积压。优化采购计划，根据销售数据和市场趋势调整采购量。加强库存监控，及时发现并处理库存异常。

C类商品：精简C类商品品项数量，降低库存管理成本。引入JIT（just-in-time，准时生产）管理方式，减少C类商品的库存量。简化库存管理流程，提高管理效率。

（五）结论

通过ABC分类法对该企业的库存进行分析，我们发现其库存结构存在不合理之处。A类商品虽然销售额或利润贡献高，但供应商管理和需求预测仍需加强；B类商品库存周转策略需优化；C类商品则存在大量闲置和浪费现象。针对这些问题，我们提出了相应的优化建议。通过实施这些建议，企业可以优化库存管理，提高库存周转率，降低库存成本，从而增强企业的竞争力。

学习任务4–
思考与练习

学习任务5 盘点作业分析

一、盘点整体分析

（一）盘点概述

1.盘点的含义

盘点是指对企业的资产、负债、收入、成本等进行全面的、系统的、定期的核对、检查和统计的活动。盘点是企业日常管理的重要环节，其目的是确保企业资产负债表的真实性、完整性和准确性，为企业的决策提供可靠的依据。

2.盘点的种类

盘点可以分为定期盘点和临时盘点两种。定期盘点是指按照一定的时间周期进行盘点，通常是每年或每季度进行一次。临时盘点是指在特定的情况下进行盘点，如企业内部有重大的资产损失或盗窃行为等。

3.盘点的内容

盘点的内容主要包括固定资产盘点、存货盘点、应收账款盘点、应付账款盘点等。其中，存货盘点是企业盘点中最重要的环节之一，因为存货是企业经营的核心资产之一，其盘点的准确性关系到企业的财务状况和经营效益。

4.盘点的注意事项

盘点前需要做好准备工作，包括制订盘点计划、确定盘点范围、制定盘点程序和流程等。盘点过程中需要注意保密，防止信息泄露和内部盗窃行为。盘点结束后需要及时整理盘点数据，对盘点结果进行分析和比对，发现问题及时纠正。

（二）几种常用的盘点抽样方法

在进行盘点时，由于资产数量庞大，往往需要采用抽样的方法进行盘点。下面介绍几种常用的盘点抽样方法。

1.随机抽样法

随机抽样法是指从全部资产中随机抽取一定数量的资产进行盘点，由此来推算全部资产的情况。这种方法简便易行，适用于资产分布比较均匀的情况。

随机抽样法的具体步骤如下：

（1）确定抽样数量，根据资产总量和置信度确定抽样数量。

（2）随机抽取资产，采用随机数表或随机数生成器等进行抽取。

（3）对抽取的资产进行盘点，记录盘点结果。

（4）根据盘点结果推算全部资产的情况。

2.分层抽样法

分层抽样法是指将全部资产按照一定的分类标准进行分层，然后在每一层中进行抽样。这种方法适用于资产分布不均匀、资产分类比较明确的情况。

分层抽样法的具体步骤如下：

（1）确定分类标准，将全部资产按照此分类标准进行分层。

（2）确定每层的抽样数量，根据每层的资产总量和置信度确定抽样数量。

（3）在每层中进行抽样，采用随机抽样或系统抽样等方式进行抽取。

（4）对抽取的资产进行盘点，记录盘点结果。

（5）根据盘点结果推算全部资产的情况。

3.整群抽样法

整群抽样法是指将全部资产按照一定的分类标准进行分组，然后以组为单位进行抽样并进行盘点。这种方法适用于资产分类比较明确、资产分布不均匀的情况。

整群抽样法的具体步骤如下：

（1）确定分类标准，将全部资产按照此分类标准进行分组。

（2）确定抽样数量，根据整体的资产总量和置信度确定抽样的小组数量。

（3）对抽取的小组进行全面盘点，记录盘点结果。

（4）根据盘点结果推算全部资产的情况。

总之，盘点是企业日常管理的重要环节，采用合适的盘点抽样方法可以提高盘点效率和准确性，为企业的决策提供可靠的依据。

二、盘点差异分析

随着企业规模的不断扩大，库存管理成了企业管理中不可或缺的一环。而盘点差异分析则是库存管理中的一项重要工作，它可以帮助企业及时发现库存管理中的问题，及时采取措施加以解决。

（一）初盘库存差异总量

初盘库存差异总量是指在初次盘点中，实际库存数量与账面库存数量之间的差异总量。初盘库存差异总量反映了企业库存管理的精度和准确性。初盘库存差异总量过大会导致企业库存管理混乱和不稳定，影响企业的正常运营。因此，企业需要及时对初盘库存差异总量进行分析，找出差异的原因，采取有效措施加以解决。

初盘库存差异总量的分析可以从以下几个方面入手。

1.盘点人员的素质和操作技能

盘点人员的素质和操作技能直接影响盘点的准确性。如果盘点人员素质不高或者操作技能不熟练，就容易出现漏盘、重盘、错盘等情况，导致初盘库存差异总量过大。

2.仓库管理制度的完善程度

仓库管理制度的完善程度直接影响库存管理的精度和准确性。如果仓库管理制度不完善，就容易出现货物存放位置不清、货物数量不准确等问题，导致初盘库存差异总量过大。

3.货物的特性

货物的特性也会对初盘库存差异总量产生影响。比如，易碎品、易腐品、易损品等货物在运输和存储过程中容易出现损坏、变质等情况，导致初盘库存差异总量过大。

4.仓库设施和设备的状况

仓库设施和设备的状况也会对初盘库存差异总量产生影响。比如，仓库温度、湿度、通风等环境因素不良，或者仓库设备老化、损坏等情况都会影响货物存储和保管，导致初盘库存差异总量过大。

通过对初盘库存差异总量的分析，企业可以找出问题所在，采取有效措施加以解决，提高库存管理的精度和准确性，确保企业的正常运营。

（二）盘点差异类型结构

盘点差异类型结构是指在盘点过程中，实际库存数量与账面库存数量之间的差异类型和比例。盘点差异类型结构分析可以帮助企业了解库存管理中存在的问题，从而采取措施加以解决。

盘点差异类型结构的分析可以从以下几个方面入手。

1.盘盈和盘亏

盘盈是指实际库存数量大于账面库存数量的情况，盘亏是指实际库存数量小于账面库存数量的情况。盘盈和盘亏的比例反映了企业库存管理的精度和准确性。如果盘亏比例过大，就说明企业存在库存管理不当的问题，需要及时采取措施加以解决。

2.漏盘和重盘

漏盘是指实际库存数量少于账面库存数量的情况，重盘是指实际库存数量多于账面库存数量的情况。漏盘和重盘的比例反映了盘点人员的素质和操作技能。如果漏盘和重盘的比例过大，就说明盘点人员的素质和操作技能需要提高。

3.货品损坏和丢失

货品损坏和丢失是指在库存管理过程中出现货品损坏或丢失的情况。货品损坏和丢失的比例反映了仓库管理制度的完善程度和货品的特性。如果货品损坏和丢失的比例过大，就说明仓库管理制度需要完善，货品的特性也需要加以考虑。

通过对盘点差异类型结构的分析，企业可以了解库存管理中存在的问题，采取措施加以解决，提高库存管理的精度和准确性，确保企业正常运营。

（三）盘点准确率

盘点准确率是指在盘点过程中，盘点结果与实际库存数量之间的差距，通常用百分比表示。盘点准确率是评估盘点效果的重要指标之一，它反映了企业盘点工作的质量和效率。

盘点准确率的计算方法是：盘点准确率＝［（实际库存数量－盘点结果）/实际库存数量］×100%。例如，实际库存数量为1000件，盘点结果为950件，则盘点准确率为

$[（1000－950）/1000］×100\%＝5\%$。

盘点准确率直接关系到企业的利润和成本。如果盘点准确率低，就会导致企业无法准确掌握库存情况，难以做出正确的采购和销售决策，甚至会出现库存积压或缺货现象，影响企业的经营效益。如果盘点准确率高，则企业能准确把握库存情况，有效地控制成本，提高生产效率和客户满意度。

为了提高盘点准确率，企业可以采取以下措施：

（1）建立完善的盘点制度和流程，确保盘点工作的规范化和标准化。

（2）采用先进的盘点技术和设备，如条码识别、RFID等，提高盘点的准确性和效率。

（3）加强库存管理，定期清点库存，及时发现库存异常情况，并加以纠正。

（4）加强培训和管理，提高员工的盘点技能和责任心，确保盘点工作认真和细致。

总之，盘点准确率是企业盘点工作的重要指标，提高盘点准确率是企业加强库存管理、提高经营效益的必要手段之一。

学习任务 5–思考与练习

🖱 学习任务 6 拣货作业分析

一、拣货订单分析

拣货作业

（一）EIQ分析简介

EIQ分析是物流中心的POS系统，进行物流系统的系统规划，从客户订单的品类、数量与订购次数等观点出发，进行出货特征的分析。订货件数（order entry，E）、货品种类（item，I）、数量（quantity，Q）是物流特性的关键因素。EIQ分析就是利用E、I、Q这三个物流关键因素，来研究物流系统的特征，以进行基本的规划。在拣货作业分析中，EIQ方法可以帮助企业深入了解拣货订单的特征和趋势，发现潜在的问题和机会，提高拣货效率和准确性。

EIQ方法包括四个方面的分析：数据分析、业务分析、竞争分析和战略分析。其中，数据分析是EIQ方法的基础，它可以帮助企业从大量的数据中发现有价值的信息，为业务分析、竞争分析和战略分析提供支持。

（二）EIQ分析步骤

EIQ分析通常包括以下五个步骤。

1.数据采集和整理

在进行EIQ分析之前，首先需要采集和整理拣货订单的数据。数据可以来自企业内部的订单管理系统，也可以来自第三方数据提供商。在整理数据时，需要将数据进行清洗和标准化，确保数据的准确性和一致性。

2.数据分析

在数据采集和整理完成后，就可以开始进行数据分析了。数据分析可以采用各种方

法，包括统计分析、机器学习、数据挖掘等。通过数据分析，可以发现拣货订单的特征和趋势，例如订单数量、订单类型、订单周期等。

3.业务分析

在数据分析的基础上，可以进行业务分析。业务分析可以帮助企业深入了解拣货订单的业务特征，例如订单来源、订单处理流程、订单配送方式等。通过业务分析，可以发现潜在的问题，例如订单处理效率低下、配送方式不合理等。

4.竞争分析

在业务分析的基础上，可以进行竞争分析。竞争分析可以帮助企业了解竞争对手的拣货订单情况，例如订单数量、订单类型、订单处理效率等。通过竞争分析，可以发现竞争对手的优势和劣势，为企业制定更好的拣货订单策略提供参考。

5.战略分析

在竞争分析的基础上，可以进行战略分析。战略分析可以帮助企业制定更好的拣货订单策略，例如优化订单处理流程、改进配送方式、增加订单数量等。通过战略分析，可以使企业在竞争中获得更大的优势，提高拣货效率和准确性。

EIQ分析是一种非常有效的企业智能分析方法，可以帮助企业深入了解拣货订单的特征和趋势，发现潜在的问题和机会，提高拣货效率和准确性。在进行EIQ分析时，需要采集和整理数据，进行数据分析、业务分析、竞争分析和战略分析，从而制定更好的拣货订单策略。

二、拣货整体分析

（一）拣货整体分析的意义

在物流领域，拣货是一个非常重要的环节。它是指将仓库中的商品按照订单要求进行分拣、配送的过程。拣货的效率和准确度直接影响物流配送的质量和成本。因此，对拣货过程进行整体分析，可以帮助企业发现问题，提高效率，降低成本，提升客户满意度，具有重要的意义。

首先，拣货整体分析可以帮助企业发现问题。通过对拣货过程进行分析，可以发现拣货效率低下、拣货错误率高等问题。同时可以发现拣货过程中可能存在的安全隐患，如货物摔落、人员受伤等。发现问题是解决问题的前提，只有及时发现问题，才能及时解决问题，避免问题扩大化带来的损失。

其次，拣货整体分析可以帮助企业提高拣货效率。通过对拣货过程进行分析，可以找出拣货效率低下的原因，并采取相应的措施进行改进。比如，优化拣货路线，减少拣货时间；提高拣货人员的技能水平，提高拣货效率；采用自动化拣货设备，提高拣货效率和准确度。通过不断地优化拣货过程，可以提高拣货效率，降低成本，提高企业的竞争力。

最后，拣货整体分析可以提升客户满意度。拣货的准确度直接影响订单的配送质量。如果拣货错误率高，就会导致订单配送延误、错发、漏发等问题，降低客户的满意度。通过对拣货过程进行整体分析，可以找出拣货错误率高的原因，并采取相应的措施进行改进，提高拣货准确度，提升客户满意度。

（二）拣货整体分析的指标

拣货整体分析的指标可以从以下几个方面进行考虑。

1.拣货效率指标

拣货效率指标包括拣货时间、拣货人员效率、拣货车辆效率等。拣货时间是指从开始拣货到完成拣货所需的时间。拣货人员效率是指每个拣货员每小时拣货的商品数量。拣货车辆效率是指每辆拣货车每小时所拣的商品的数量。这些指标可以反映出企业的拣货效率，帮助企业找出拣货效率低的原因，并采取相应的措施进行改进。

2.拣货准确度指标

拣货准确度指标包括拣货错误率、漏发率、错发率等。拣货错误率是指拣货过程中出现错误的数量占总数量的比例。漏发率是指拣货过程中漏发商品的数量占总数量的比例。错发率是指拣货过程中错发商品的数量占总数量的比例。这些指标可以反映企业的拣货准确度，帮助企业找出拣货准确度低的原因，并采取相应的措施进行改进。

3.安全指标

安全指标包括拣货过程中货物摔落、人员受伤等安全隐患的数量。这些指标可以反映出企业的拣货安全情况，帮助企业找出拣货过程中存在的安全隐患，并采取相应的措施进行改进。

4.客户满意度指标

客户满意度指标包括订单配送延误率、错发率、漏发率等。这些指标可以反映出客户对企业配送服务的满意度，帮助企业找出客户不满意的原因，并采取相应的措施进行改进。

综上所述，拣货整体分析是企业提高物流配送质量和控制成本的重要手段。通过对拣货过程进行整体分析，企业可以发现问题，提高效率，降低成本，提升客户满意度。拣货整体分析的指标可以从拣货效率、拣货准确度、安全和客户满意度等方面进行考虑。

三、拣货效率分析

拣货效率是指在物流中心或仓库中，整个拣货流程或系统完成订单拣选任务的效率。它是一个宏观概念，涵盖了所有影响拣货流程的因素，包括拣货策略、系统设计、设备使用、员工配置、流程优化等。拣货效率通常通过订单处理时间、错误率、成本和客户满意度等指标来衡量。对于仓库管理来说，拣货效率是一个非常重要的指标，因为它直接影响到仓库的运营成本和客户满意度。因此，仓库管理人员需要深入了解影响拣货效率的因素和拣货效率的分析指标。

（一）影响拣货效率的因素

1.仓库布局

仓库的布局对拣货效率有很大影响。如果仓库布局合理，货物摆放有序，拣货员就可以快速地找到需要的货物，从而提高拣货效率。相反，如果仓库布局混乱，货物摆放杂乱无章，拣货员就需要花费大量的时间去寻找货物，从而降低拣货效率。

2.仓库管理系统

仓库管理系统可以帮助管理人员实时掌握仓库的库存情况和货物的位置，从而提高拣货效率。如果仓库管理系统不够完善，管理人员无法准确地掌握库存情况和货物位置，拣货员就需要花费更多的时间去查找货物，从而降低拣货效率。

3.拣货员技能水平

拣货员的技能水平对拣货效率有很大影响。如果拣货员技能水平高，他们就可以快速地找到需要的货物并进行拣货，从而提高拣货效率。相反，如果拣货员技能水平低，他们就需要花费更多的时间去寻找货物和进行拣货，从而降低拣货效率。

4.拣货工具和设备

拣货工具和设备对拣货效率也有很大影响。如果拣货工具和设备齐全、先进，拣货员就可以快速地完成拣货任务，从而提高拣货效率。相反，如果拣货工具和设备不足或过时，拣货员就需要花费更多的时间拣货，从而降低拣货效率。

（二）拣货效率的分析指标

1.拣货员效率

拣货员效率是指拣货员在一定时间内完成拣货任务的能力。通过对拣货员工作效率的分析，管理人员可以了解拣货员的工作效率和工作能力，并采取相应的措施来提高拣货效率。

2.拣货准确率

拣货准确率是指拣货员在拣货过程中的准确率。通过对拣货准确率的分析，管理人员可以了解拣货员的工作质量和工作能力，并采取相应的措施来提高拣货效率。

3.拣货速度

拣货速度是指拣货员完成一定任务数量所用的时间。通过对拣货速度的分析，管理人员可以了解拣货员的工作效率和工作能力，并采取相应的措施来提高拣货效率。

4.拣货错误率

拣货错误率是指拣货员在拣货过程中出现的错误率。通过对拣货错误率的分析，管理人员可以了解拣货员的工作质量和工作能力，并采取相应的措施来提高拣货效率。

综上所述，对于仓库管理人员来说，了解影响拣货效率的因素和拣货效率的分析指标非常重要。只有深入了解这些因素和指标，才能采取相应的措施来提高拣货效率，从而降低运营成本，提高客户满意度。

学习任务6–
思考与练习

项目二　实务操作单元

学习任务 1　进货作业分析实践

一、实训目的

通过本项目的实训操作，掌握使用 Excel 软件对进货作业中供应商供货的及时性与卸货效率进行分析的方法。

二、实训学时

建议 2 学时。

三、实训地点

计算机房。

四、实训准备

为了更好地达到实训目的，要做好如下准备：

（1）确保电脑安装办公软件 Excel。

（2）确保电脑等设备能正常使用。

（3）确保网络正常且稳定。

五、实训过程

（1）学习并掌握通过 Excel 快速实现数据统计分析的方法。

（2）使用 Excel 导入企业数据，对照评价指标直接计算数据，求得结果。

六、相关知识

（1）供应商及时性评价指标：平均每车延迟时间、及时配送率。

（2）Excel 软件的基本操作。

七、任务实施

【任务 1】采用平均每车延迟时间和及时配送率来评价供应商供货的及时性。

（一）任务内容

某仓储中心 3 家供应商在 2023 年 1 月分别进行了数次送货作业，请基于平均每车延迟时间和及时配送率评价不同供应商的供货及时性。

（二）任务操作步骤

步骤 1：在 Excel 软件中，函数实际上是一个预先定义的特定计算公式。计算及时性统计量时，可用的统计函数有 SUM。

步骤 2：根据表 8-1 提供的货车时间记录数据，计算各供应商的平均每车延迟时间和及时配送率。

表 8-1 货车时间记录数据

供应商编号	日期	约定到货时间	实际到货时间	总到货数量
SS01	2023-01-01	2023-01-01 10:30	2023-01-01 10:15	15000
SS01	2023-01-11	2023-01-11 14:00	2023-01-11 13:50	20000
SS01	2023-01-21	2023-01-21 15:00	2023-01-21 15:00	25000
SS01	2023-01-31	2023-01-31 15:00	2023-01-31 14:55	25000
SS02	2023-01-04	2023-01-04 10:30	2023-01-04 10:40	13000
SS02	2023-01-14	2023-01-14 12:00	2023-01-14 11:50	17000
SS02	2023-01-24	2023-01-24 11:30	2023-01-24 11:15	14000
SS03	2023-01-07	2023-01-07 10:30	2023-01-07 10:45	7000
SS03	2023-01-17	2023-01-17 11:00	2023-01-17 11:05	6000
SS03	2023-01-27	2023-01-27 12:00	2023-01-27 11:45	7000

解答：计算各供应商的平均每车延迟时间和及时配送率。

①平均每车延迟时间：每车延迟时间的平均值。

由表 8-1 可知：

SS01 供应商：4 次送货的车辆均未延迟送货，延迟时间均为 0。

平均延迟时间＝（0＋0＋0＋0）/4＝0（分）

SS02 供应商：除 2023 年 1 月 4 日延迟 10 分钟到达交货地点外，其余均未延迟送货。总延迟时间为 10 分钟。

平均延迟时间＝（10＋0＋0）/3＝3.33（分）

SS03 供应商：2023 年 1 月 7 日延迟 15 分钟到达交货地点，2023 年 1 月 17 日延迟 5 分钟到达交货地点，2023 年 1 月 27 日未延迟送货。总延迟时间为 20 分钟。

平均延迟时间＝（15＋5＋0）/3＝6.67（分）

②及时配送率：按照规定时间配送的货物数量占所有货物总量的比例。

由表 8-1 可知：

SS01 供应商：4 次送货的车辆均未延迟送货。其按照规定时间配送的货物数量即为所有货物总量，如图 8-1 所示。

及时配送率＝（15000＋20000＋25000＋25000）/（15000＋20000＋25000＋25000）＝100%。

供应商编号	日期	约定到货时间	实际到货时间	总到货数量		供应商	及时性
SS01	2023-01-01	2023-01-01 10:30	2023-01-01 10:15	15000		=SUM(F3:F6)/SUM(F3:F6)	
SS01	2023-01-11	2023-01-11 14:00	2023-01-11 13:50	20000			
SS01	2023-01-21	2023-01-21 15:00	2023-01-11 15:00	25000		SS02	70.45%
SS01	2023-01-31	2023-01-31 15:00	2023-01-31 14:55	25000		SS03	35.00%

图 8-1 SS01 供应商及时性

SS02 供应商：2023 年 1 月 4 日延迟送货，其余两次未延迟送货。其按照规定时间配送的货物数量为 17000＋14000，而所有货物总量为 13000＋17000＋14000，如图 8-2 所示。

及时配送率＝（17000＋14000）/（13000＋17000＋14000）＝70.45%。

供应商编号	日期	约定到货时间	实际到货时间	总到货数量
SS01	2023-01-01	2023-01-01 10:30	2023-01-01 10:15	15000
SS01	2023-01-11	2023-01-11 14:00	2023-01-11 13:50	20000
SS01	2023-01-21	2023-01-21 15:00	2023-01-11 15:00	25000
SS01	2023-01-31	2023-01-31 15:00	2023-01-31 14:55	25000
SS02	2023-01-04	2023-01-04 10:30	2023-01-04 10:40	13000
SS02	2023-01-14	2023-01-14 12:00	2023-01-14 11:50	17000
SS02	2023-01-24	2023-01-24 11:30	2023-01-24 11:15	14000

供应商	及时性
SS01	100%
=SUM(F8:F9)/SUM(F7:F9)	
SS03	35.00%

图 8-2　SS02 供应商及时性

SS03 供应商：2023 年 1 月 7 日延迟送货，2023 年 1 月 17 日延迟送货，2023 年 1 月 27 日未延迟送货。其按照规定时间配送的货物数量为 7000，而所有货物总量为 7000＋6000＋7000，如图 8-3 所示。

及时配送率＝7000/（7000＋6000＋7000）＝35%。

供应商编号	日期	约定到货时间	实际到货时间	总到货数量
SS01	2023-01-01	2023-01-01 10:30	2023-01-01 10:15	15000
SS01	2023-01-11	2023-01-11 14:00	2023-01-11 13:50	20000
SS01	2023-01-21	2023-01-21 15:00	2023-01-11 15:00	25000
SS01	2023-01-31	2023-01-31 15:00	2023-01-31 14:55	25000
SS02	2023-01-04	2023-01-04 10:30	2023-01-04 10:40	13000
SS02	2023-01-14	2023-01-14 12:00	2023-01-14 11:50	17000
SS02	2023-01-24	2023-01-24 11:30	2023-01-24 11:15	14000
SS03	2023-01-07	2023-01-07 10:30	2023-01-07 10:45	7000
SS03	2023-01-17	2023-01-17 11:00	2023-01-17 11:05	6000
SS03	2023-01-27	2023-01-27 12:00	2023-01-27 11:45	7000

供应商	及时性
SS01	100%
SS02	70.45%
=F12/SUM(F10:F12)	

图 8-3　SS03 供应商及时性

步骤 3：根据计算结果，分析哪个供应商存在供货不及时的问题。

衡量供应商供货及时性的指标有平均延迟时间和及时配送率，从上面的计算结果可知，SS02供应商和SS03供应商存在供货不及时的问题。

（三）任务操作结果

供应商及时性结果如图8-4所示。

供应商编号	日期	约定到货时间	实际到货时间	总到货数量
SS01	2023-01-01	2023-01-01 10:30	2023-01-01 10:15	15000
SS01	2023-01-11	2023-01-11 14:00	2023-01-11 13:50	20000
SS01	2023-01-21	2023-01-21 15:00	2023-01-11 15:00	25000
SS01	2023-01-31	2023-01-31 15:00	2023-01-31 14:55	25000
SS02	2023-01-04	2023-01-04 10:30	2023-01-04 10:40	13000
SS02	2023-01-14	2023-01-14 12:00	2023-01-14 11:50	17000
SS02	2023-01-24	2023-01-24 11:30	2023-01-24 11:15	14000
SS03	2023-01-07	2023-01-07 10:30	2023-01-07 10:45	7000
SS03	2023-01-17	2023-01-17 11:00	2023-01-17 11:05	6000
SS03	2023-01-27	2023-01-27 12:00	2023-01-27 11:45	7000

供应商	及时性
SS01	100%
SS02	70.45%
SS03	35.00%

图8-4 供应商及时性结果

（三）任务小结

从进货作业分析来看，供应商及时性是关键的因素。评价供应商供货及时性主要采用每车延迟时间和及时配送率两个指标。本任务的实施主要借助Excel软件，对照评价指标直接计算数据即可求得分析结果。

【任务2】 对卸货总量进行描述性统计，以正确评估卸货效率。

（一）任务内容

已知C仓库和D仓库在2023年2月每日的卸货托数，如表8-2所示。请分别计算每日卸货托数的均值、中位数、众数、方差、标准差和变异系数。

卸货作业

表8-2 C仓库和D仓库每日的卸货托数

日期	C仓库每日卸货托数	D仓库每日卸货托数	日期	C仓库每日卸货托数	D仓库每日卸货托数
2023-02-01	84	76	2023-02-04	145	44
2023-02-02	15	128	2023-02-05	116	113
2023-02-03	48	161	2023-02-06	150	107

日期	C 仓库每日卸货托数	D 仓库每日卸货托数	日期	C 仓库每日卸货托数	D 仓库每日卸货托数
2023-02-07	95	147	2023-02-18	135	66
2023-02-08	192	180	2023-02-19	142	147
2023-02-09	131	79	2023-02-20	158	144
2023-02-10	85	84	2023-02-21	163	133
2023-02-11	57	194	2023-02-22	47	87
2023-02-12	168	184	2023-02-23	19	185
2023-02-13	93	52	2023-02-24	107	75
2023-02-14	21	106	2023-02-25	125	166
2023-02-15	81	116	2023-02-26	186	158
2023-02-16	200	18	2023-02-27	26	19
2023-02-17	58	27	2023-02-28	163	103

（二）任务操作步骤

步骤 1：在 Excel 软件中加载数据分析工具插件。默认情况下，Excel 数据分析工具插件不会出现在菜单栏中，需要将其激活才能调用，具体方法如图 8-5 所示。

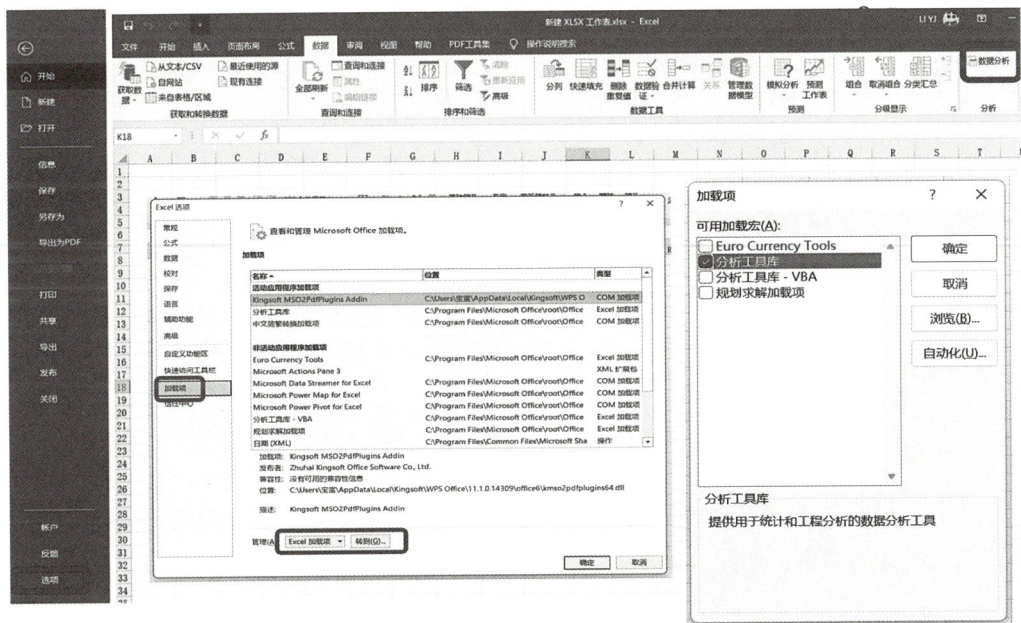

图 8-5　Excel 中加载分析工具插件

步骤 2：单击"数据"选项卡，单击分析模块下的"数据分析"选项，在分析工具库中选择"描述统计"并单击"确定"，如图 8-6 所示。

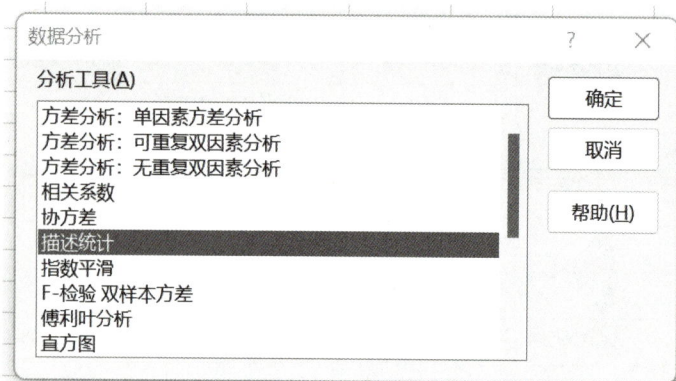

图 8-6　Excel 数据分析插件界面

步骤 3：根据分析需求选择输入区域，即需分析的数据，同时选择输出区域。根据实际需要也可以将输出数据放在新的工作簿中，需要注意的是，务必勾选"汇总统计"，然后单击"确定"，见图 8-7 所示。

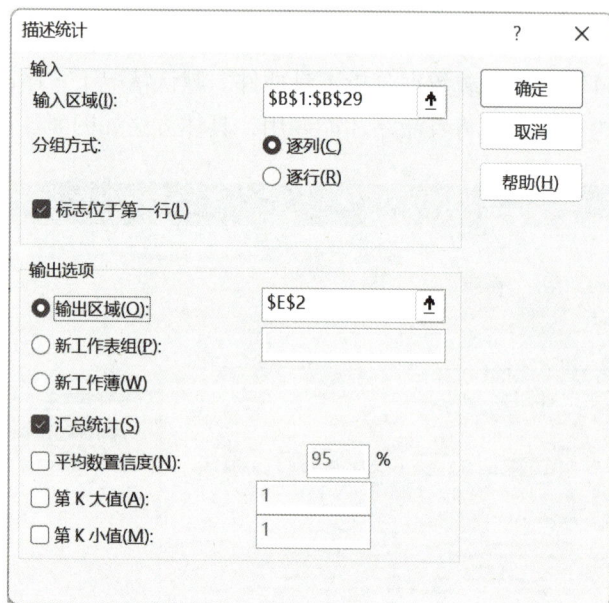

图 8-7　描述性统计页面

在上一步中勾选"汇总统计"后，单击"确定"，系统跳转到描述统计界面，即可看到汇总统计的结果，如图 8-8 所示。

C仓库每日卸货托数		D仓库每日卸货托数	
平均值	107.5	平均值	110.6786
标准误差	10.61352	标准误差	9.879439
中位数	111.5	中位数	110
众数	163	众数	147
标准差	56.16147	标准差	52.27708
方差	3154.111	方差	2732.893
峰度	-1.11879	峰度	-0.94548
偏度	-0.14013	偏度	-0.17412
区域	185	区域	176
最小值	15	最小值	18
最大值	200	最大值	194
求和	3010	求和	3099
观测数	28	观测数	28

图 8-8　汇总统计结果

本任务要求计算每日卸货托数的变异系数。但是在图 8-7 中并没有给出变异系数的值，因此需要按照定义计算出每日卸货托数的变异系数，公式如下：

$$CV = S/\bar{x}$$

其中，CV 是变异系数，S 是标准差，$\bar{x}$ 是平均值。

因此，C 仓库的变异系数 = 56.16/107.5 = 0.52，D 仓库的变异系数 = 52.27/110.68 = 0.47。

（三）任务操作结果

卸货作业分析结果如图 8-9 所示。

	A	B	C	D	E	F	G	H	I	J
1	日期	C仓库每日卸货托数	D仓库每日卸货托数							
2	2023-02-01	84	76		C仓库每日卸货托数			D仓库每日卸货托数		
3	2023-02-02	15	128							
4	2023-02-03	48	161		平均值	107.5		平均值	110.6786	
5	2023-02-04	145	44		标准误差	10.61352		标准误差	9.879439	
6	2023-02-05	116	113		中位数	111.5		中位数	110	
7	2023-02-06	150	107		众数	163		众数	147	
8	2023-02-07	95	147		标准差	56.16147		标准差	52.27708	
9	2023-02-08	192	180		方差	3154.111		方差	2732.893	
10	2023-02-09	131	79		峰度	-1.11879		峰度	-0.94548	
11	2023-02-10	85	84		偏度	-0.14013		偏度	-0.17412	
12	2023-02-11	57	194		区域	185		区域	176	
13	2023-02-12	168	184		最小值	15		最小值	18	
14	2023-02-13	93	52		最大值	200		最大值	194	
15	2023-02-14	21	106		求和	3010		求和	3099	
16	2023-02-15	81	116		观测数	28		观测数	28	
17	2023-02-16	200	18							
18	2023-02-17	58	27							
19	2023-02-18	135	66							
20	2023-02-19	142	147							
21	2023-02-20	158	144							
22	2023-02-21	163	133							
23	2023-02-22	47	87							
24	2023-02-23	19	185							
25	2023-02-24	107	75							
26	2023-02-25	125	166							
27	2023-02-26	186	158							
28	2023-02-27	26	19							
29	2023-02-28	163	103							

图 8-9　卸货作业分析结果

（四）任务小结

通过计算，发现C仓库与D仓库的每日卸货托数平均值相差不大，从每日卸货托数的方差、标准差和变异系数可以看出，C仓库每日卸货托数的波动大于D仓库，D仓库的每日卸货总量相较于C仓库更为稳定。

八、评分标准

本学习任务操作评价标准如表8-3所示。

表8-3 活动操作评价标准

序号	评分点	分值	评分
1	观看云端视频，熟悉 Excel 的操作	25	
2	回答云班课中的相关测试题	25	
3	能够独立并快速地在软件中进行分析	50	

学习任务 1–
思考与练习

🔖 学习任务 2　入库作业分析实践

一、实训目的

通过本项目的实训操作，掌握在Excel中计算选定指标对于仓库每小时入库件数的影响程度的方法，以在今后的工作中能够不断分析其他指标对于入库效率的影响。

二、实训学时

建议 2 学时。

三、实训地点

计算机房。

四、实训准备

为了更好地达到实训目的，要做好如下准备：

（1）确保电脑安装办公软件Excel。

（2）确保电脑等设备能正常使用。

（3）确保网络正常且稳定。

五、实训过程

（1）观看Excel中进行入库作业分析的基础操作视频，并自学相关函数。

（2）在Excel中依次建立模型，并进行分析。

入库作业

六、相关知识

（1）入库效率的度量。

（2）变量相关关系的分析方法。

（3）回归分析理论。

七、任务实施

【任务】将每天入库货物平均体积作为影响因素，研究其对每小时入库件数，也就是入库效率的影响。

（一）任务内容

以某仓库2023年10月每天入库货物的数据为基础，对入库效率进行评估。

（二）任务操作步骤

步骤1：加载数据，如表8-4所示。

表8-4　某仓库2023年10月每天入库货物数量

日期	每货位入库件数	每天入库货物平均体积	每小时入库件数
2023-10-01	15	735	370
2023-10-02	18	678	420
2023-10-03	26	614	646
2023-10-04	23	629	591
2023-10-05	23	638	560
2023-10-06	22	667	525
2023-10-07	25	619	628
2023-10-08	27	639	685
2023-10-09	22	644	540
2023-10-10	35	592	780
2023-10-11	23	627	600
2023-10-12	27	622	681
2023-10-13	26	668	589
2023-10-14	32	593	779
2023-10-15	23	653	575
2023-10-16	44	523	964
2023-10-17	37	543	895
2023-10-18	27	600	694
2023-10-19	36	569	918
2023-10-20	38	568	922
2023-10-21	70	325	1657

续表

日期	每货位入库件数	每天入库货物平均体积	每小时入库件数
2023-10-22	22	644	539
2023-10-23	26	627	663
2023-10-24	79	321	1703
2023-10-25	67	346	1583
2023-10-26	93	155	2266
2023-10-27	78	328	1680
2023-10-28	40	564	877
2023-10-29	29	615	702
2023-10-30	31	606	735
2023-10-31	38	557	843

步骤 2：绘制散点图，以每小时入库件数为 y 轴，每天入库货物平均体积为 x 轴，绘制散点图，如图 8-10 所示。随着每天入库货物平均体积的增加，每小时入库件数下降，两者之间呈现较强的负线性关系。

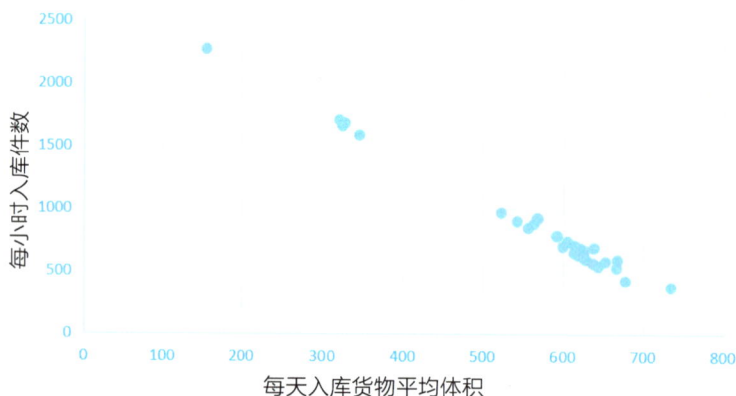

图 8-10　绘制散点图

步骤 3：进行皮尔逊相关系数计算。散点图初步描述了每天入库货物平均体积与每小时入库件数之间的大致关系，但是两者关系程度的精确度量需要采用皮尔逊相关系数指标。采用 CORREL 函数可计算两个变量之间的相关系数，在某个空白的单元格中输入公式"CORREL（B2:B32,C2:C32）"即可计算得到相关系数值，为 −0.99486。

通过计算可发现，每小时入库件数与每天入库货物平均体积的相关系数值为 −0.99486，该数值小于 0，绝对值大于 0.9，即可认为每小时入库件数与每天入库货物平均体积存在很强的负线性相关关系。

步骤 4：综合上面的分析可知，每小时入库件数与每天入库货物平均体积存在很强的负线性相关关系。结合物流知识可知，入库货物体积越大，搬运和入库的劳动量越大，会影响每小时入库件数。因此，以每天入库货物平均体积为自变量，以每小时入库件数为因变量，可建立一元线性回归方程，由此研究每天入库货物体积对每小时入库件数的影响程度。

$$y=\beta_0+\beta_1x+\varepsilon$$

其中，y表示每小时入库件数，x表示每天入库货物体积，β_0为常数项，ε为残差项。采用Excel进行参数估计，具体操作步骤如下。

（1）添加数据分析选项。单击菜单栏的"文件"，单击"选项"，选择加载项中的"分析工具库"，选择"Excel加载项"。单击"转到"，进入加载宏界面，在该界面中勾选"分析工具库"，单击"确定"，即可发现在数据菜单标签页的右侧多了数据分析功能。如果该选项已经使用过，则该步骤可省略。

（2）单击"数据分析"，在弹出的对话框中选择"回归"，如图8-11所示。

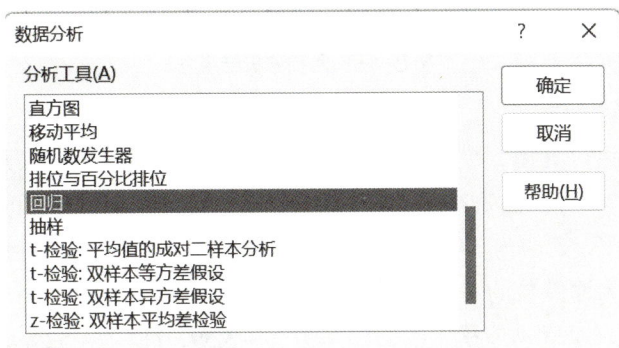

图8-11　回归分析

（3）在"Y值输入区域"选择"每小时入库件数"所在的区域，在"X值输入区域"选择"每天入库货物平均体积"所在的区域，单击"确定"，如图8-12所示。

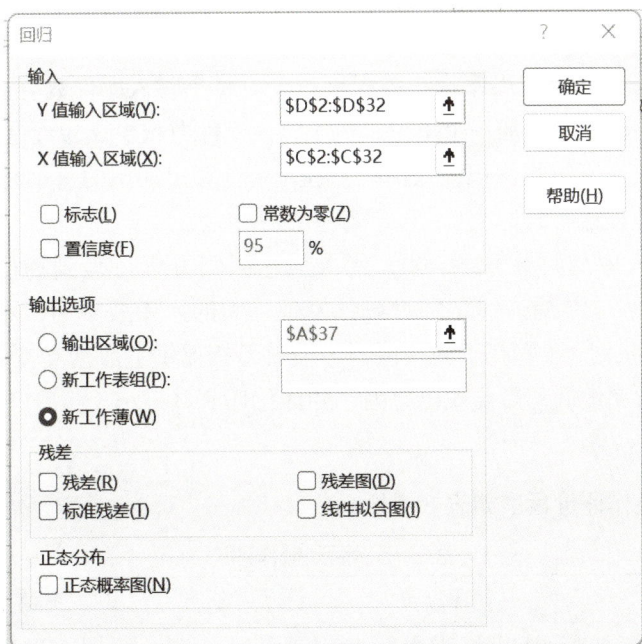

图8-12　设置因变量和自变量

通过上述操作，即可在新的工作簿中得到回归分析结果，如图 8-13 所示。

SUMMARY OUTPUT

回归统计	
Multiple R	0.994858179
R Square	0.989742797
Adjusted R Sq	0.989389101
标准误差	45.89698836
观测值	31

方差分析

	df	SS	MS	F	ignificance F
回归分析	1	5894673.882	5894673.882	2798.281522	2.13E-30
残差	29	61089.47268	2106.533541		
总计	30	5955763.355			

	Coefficients	标准误差	t Stat	P-value	Lower 95%	Upper 95%	下限 95.0%	上限 95.0%
Intercept	2773.543748	37.1307777	74.69662421	1.03383E-34	2697.603	2849.485	2697.603	2849.485
X Variable 1	-3.390819361	0.064100136	-52.89878564	2.1331E-30	-3.52192	-3.25972	-3.52192	-3.25972

图 8-13　回归分析结果

（三）任务操作结果

通过回归分析可以看出，模型的拟合优度值（R^2 值）为 0.9897，意味着每小时入库件数的变动有 98.97% 可以由每小时入库件数与每天入库货物体积之间的线性关系解释，说明模型拟合度良好。F 值为 2798.2815，其显著性概率值小于 0.05，说明每天入库货物体积是影响每小时入库件数的一个显著因素。

自变量（每天入库货物体积）的回归系数为 -3.39，t 值为 -52.8988，对应的 P 值小于 0.05，具有统计学意义，说明每天入库货物体积会对每小时入库件数产生负向影响，并且每天入库货物体积每增加一个单位，每小时入库件数减少 3.39 个单位。最终建立的回归方程为：

$$y = -3.39x + 2773.54 + \varepsilon$$

（四）任务小结

由上述分析可知，每天入库货物体积是一个对每小时入库件数有显著影响的因素，并且每天入库货物体积每增加一个单位，每小时入库件数减少 3.39 个单位。基于估计的回归方程，将每天入库货物体积代入回归方程，可计算出期望的每小时入库件数，这对于评价作业效率是有意义的。

例如，某天入库货物体积为 400，代入上述回归方程可得到期望的每小时入库件数为 1417.54。但是经过统计发现当天的入库效率为每小时 1500 件，则当天的入库效率高于期望值，为绩效考核提供了数据支持；反之，则说明入库效率偏低，需要找出原因，并优化环节。

学习任务 2-
思考与练习

八、评分标准

本学习任务操作评价标准如表 8-5 所示。

表 8-5　活动操作评价

序号	评分点	分值	评分
1	观看云端视频，熟悉 Excel 的操作	25	

续表

序号	评分点	分值	评分
2	回答云班课中的相关测试题	25	
3	能够独立并快速地在软件中进行建模，并进行分析	50	

学习任务 3　存储作业分析实践

存储作业

一、实训目的

通过本项目的实训操作，掌握在 Excel 中进行库存整体分析的方法。

二、实训学时

建议 2 学时。

三、实训地点

计算机房。

四、实训准备

为了更好地达到实训目的，要做好如下准备：

（1）确保电脑安装办公软件 Excel。

（2）确保电脑等设备能正常使用。

（3）确保网络正常且稳定。

五、实训过程

（1）观看在 Excel 中进行库存整体分析的基础操作视频，并自学数据透视表。

（2）在 Excel 中依次建立模型，并进行分析。

六、相关知识

（1）库存整体分析指标。

（2）Excel 数据透视表的用法。

七、实施过程

【任务 1】进行库存指标统计和计算。

（一）任务内容

根据表 8-6 中的库存数据，计算平均每存储单元存储品数、件数和平均库存深度。

表 8-6　库存数据

SKU 编号	容器编号	件数
a	1	2
b	2	18
b	3	32
c	3	14
c	1	2

（二）任务操作步骤

步骤1：分别按照容器编号和SKU编号进行统计，如表8-7和表8-8所示。

表8-7　按容器编号进行统计

容器编号	品数	件数
1	2	4
2	1	18
3	2	46

表8-8　按SKU编号进行统计

SKU 编号	件数
a	2
b	50
c	16

步骤2：计算结构性指标，如表8-9所示。

表8-9　结构性指标计算

指标	单位	数值
平均每储存单元存储品数	品/存储单元	（2＋1＋2）/3＝1.7
平均每存储单元存储件数	件/存储单元	（4＋18＋46）/3＝22.7
平均库存深度	件/品	（2＋50＋16）/3＝22.7

（三）任务操作结果

结果如表8-9所示。

【任务2】利用Excel透视表针对库存数据进行库存整体分析指标计算。

（一）任务内容

根据表8-10的库存数据，利用Excel的数据透视表计算平均每存储单元存储品数、件数和平均库存深度。

表8-10　库存数据

SKU 编号	存储单元编号	件数
934	9704	1
832	9711	8
77	9714	12
990	9715	13
303	9718	4
839	9725	16
797	9727	2
473	9735	12

续表

SKU 编号	存储单元编号	件数
721	9740	30
283	9760	16
672	9769	4

（二）任务操作步骤

步骤 1：选中全部数据区域，单击“插入”，选择“数据透视表”，在字段列表中分别选中“SKU 编号”和“件数”，得到按 SKU 编号统计的数据，如图 8-14 所示。

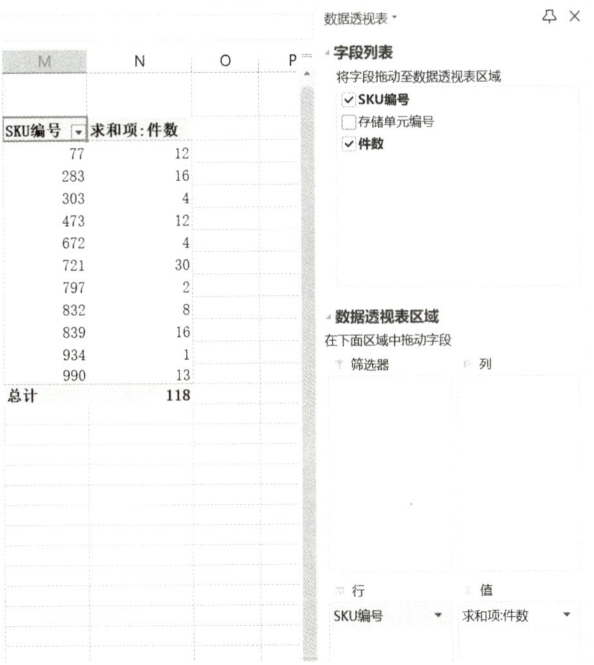

SKU编号	求和项:件数
77	12
283	16
303	4
473	12
672	4
721	30
797	2
832	8
839	16
934	1
990	13
总计	118

图 8-14　按 SKU 编号统计数据

步骤 2：按同样的方法在字段列表中分别选中“存储单元编号”和“件数”，得到按存储单元编号统计的数据，如图 8-15 所示。

存储单元编号	求和项:件数
9704	1
9711	8
9714	12
9715	13
9718	4
9725	16
9727	2
9735	12
9740	30
9760	16
9769	4
总计	118

图 8-15　按存储单元编号统计数据

步骤 3：运用结构性指标公式进行计算。

总件数为 118，总品数为 11，存储单元数为 11。

平均每存储单元存储品数：11/11＝1。

平均每存储单元存储件数：118/11＝10.72。

平均库存深度：118/11＝10.72。

（三）任务操作结果

结果如表 8-11 所示。

表 8-11　结构性数据

指标	单位	数值
平均每储存单元存储品数	品 / 存储单元	（1+8+12+13+4+16+2+12+30+16+4）/11=10.72
平均每存储单元存储件数	件 / 存储单元	11/11=1
平均库存深度	件 / 品	（1+8+12+13+4+16+2+12+30+16+4）/11=10.72

（四）任务小结

需要正确运用公式进行数据运算，运用 Excel 进行数据筛选，运算时需谨慎认真。在完成数据整理后可通过计算部分数据的准确性来进行验证。

八、评分标准

本学习任务操作评价标准如表 8-12 所示。

表 8-12　活动操作评价

序号	评分点	分值	评分
1	观看云端视频，熟悉 Excel 的操作	25	
2	回答云班课中的相关测试题	25	
3	能够独立并快速地在软件中进行建模，并进行分析	50	

学习任务 4　拣货作业分析实践

学习任务 3-思考与练习

一、实训目的

通过本项目的实训操作，掌握 Excel 中利用数据透视表对拣货效率进行分析的方法。

二、实训学时

建议 2 学时。

三、实训地点

计算机房。

四、实训准备

为了更好地达到实训目的，要做好如下准备：

（1）确保电脑安装办公软件Excel。

（2）确保电脑等设备能正常使用。

（3）确保网络正常且稳定。

五、实训过程

（1）观看在Excel中进行拣货作业分析的基础操作视频。

（2）在Excel中依次进行分析计算。

拣货作业

六、相关知识

（1）拣货作业分析的意义。

（2）拣货作业分析的指标。

七、任务实施

【任务】利用数据透视表对拣货作业进行效率分析。

（一）任务内容

获取原始数据，在Excel中打开，利用数据透视表进行拣货作业的效率分析。利用Excel数据透视表分别计算每个仓库的拣货效率指标。

数据资源（数据透视表应用）

（二）任务操作步骤

步骤1：加载原始数据，如图8-16所示。

	A	B	C	D	E	F	G	H
1	仓库编号	任务号	商品编码	商品数量	拣选时间	拣选时间（小时）	工作站编码	
2	202394512	station-bbef014a47d640679eefebd	100000947906	1	2023/1/1 16:13	2023/1/1 16:00	101	
3	202394512	station-ccb2d68d773d46079dda59	100000947906	1	2023/1/1 16:13	2023/1/1 16:00	101	
4	202394512	station-bbef014a47d640679eefebd	7652258	1	2023/1/1 16:13	2023/1/1 16:00	101	
5	202394512	station-ccb2d68d773d46079dda59	7652258	1	2023/1/1 16:13	2023/1/1 16:00	101	
6	202394512	station-bbef014a47d640679eefebd	8443447	2	2023/1/1 16:12	2023/1/1 16:00	101	
7	202394512	station-ccb2d68d773d46079dda59	8443447	2	2023/1/1 16:12	2023/1/1 16:00	101	
8	202394512	station-bbef014a47d640679eefebd	7652112	1	2023/1/1 16:14	2023/1/1 16:00	101	
9	202394512	station-ccb2d68d773d46079dda59	7652112	1	2023/1/1 16:14	2023/1/1 16:00	101	
10	202394512	station-bbef014a47d640679eefebd	100001172775	5	2023/1/1 16:13	2023/1/1 16:00	101	
11	202394512	station-ccb2d68d773d46079dda59	100001172775	5	2023/1/1 16:13	2023/1/1 16:00	101	
12	202394512	station-bbef014a47d640679eefebd	8656384	2	2023/1/1 16:12	2023/1/1 16:00	101	
13	202394512	station-ccb2d68d773d46079dda59	8656384	2	2023/1/1 16:12	2023/1/1 16:00	101	
14	202394512	station-bbef014a47d640679eefebd	3022459	3	2023/1/1 16:12	2023/1/1 16:00	101	
15	202394512	station-ccb2d68d773d46079dda59	3022459	3	2023/1/1 16:12	2023/1/1 16:00	101	
16	202394512	station-bbef014a47d640679eefebd	7437665	1	2023/1/1 16:14	2023/1/1 16:00	101	
17	202394512	station-ccb2d68d773d46079dda59	7437665	1	2023/1/1 16:14	2023/1/1 16:00	101	
18	202394512	station-bbef014a47d640679eefebd	100000947908	3	2023/1/1 16:12	2023/1/1 16:00	101	
19	202394512	station-ccb2d68d773d46079dda59	100000947908	3	2023/1/1 16:12	2023/1/1 16:00	101	
20	202394512	station-bbef014a47d640679eefebd	6600317	1	2023/1/1 16:12	2023/1/1 16:00	101	
21	202394512	station-ccb2d68d773d46079dda59	6600317	1	2023/1/1 16:12	2023/1/1 16:00	101	
22	202394512	station-bbef014a47d640679eefebd	6735891	2	2023/1/1 16:12	2023/1/1 16:00	101	

图8-16　原始数据（部分）

步骤2：选中全部数据单点击"插入"，选择"插入数据透视表"，同时勾选左下角的"将此数据添加到数据模型"进行透视。数据透视表设置如图8-17所示。在右下角"Σ值"区域中，"商品编码"选择"非重复计数"，"商品数量"选择"总和"。

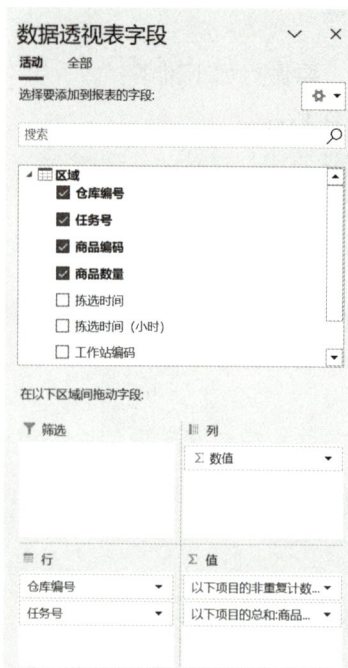

图 8-17　数据透视表设置

（三）任务操作结果

结果如图 8-18 所示。

图 8-18　数据透视表（部分）

（四）任务小结

本任务主要介绍了利用数据透视表对拣货作业的数据进行分析，要求学生掌握Excel中数据透视表的使用。

八、评分标准

本学习任务操作评价标准如表 8-13 所示。

表 8-13　活动操作评价标准

序号	鉴定评分点	分值	评分
1	观看云端视频，熟悉 Excel 的操作	25	
2	回答云班课中的相关测试题	25	
3	能够独立并快速地在软件中进行操作	50	

学习任务 4–
思考与练习

智慧仓储典型
案例分析

参考文献

［1］北京中物联物流采购培训中心.物流管理职业技能等级认证教材（中级）[M].南京：江苏凤凰教育出版社，2019.

［2］伯黎醒，高明浩，任星宇.智慧仓储精细化管理[M].北京：电子工业出版社，2023.

［3］操露.智慧仓储实务——规划、建设与运营[M].北京：机械工业出版社，2023.

［4］陈胜利，李楠.仓储管理与库存控制[M].北京：经济科学出版社，2015.

［5］党争奇.智能仓储管理实战手册[M].北京：化学工业出版社，2020.

［6］李汉卿，姜彩良.大数据时代的智慧物流[M].北京：人民交通出版社，2018.

［7］刘媛媛，王海燕.供应链节点变化对牛鞭效应影响的系统动力学仿真研究[J].物流技术，2006（6）：50-53.

［8］刘志学，龚美凤.第三方物流合作陷阱的表现形式与防范对策[J].中国物流与采购，2002（12）：14-16.

［9］柳荣.智能仓储物流、配送精细化管理实务[M].北京：人民邮电出版社，2020.

［10］王骏.物流技能竞赛指导[M].北京：中国人民大学出版社，2017.

［11］王猛，魏学将，张庆英.智慧物流装备与应用[M].北京：机械工业出版社，2021.

［12］王晓阔，范蓉，许玲玲.智能仓储大数据分析[M].北京：清华大学出版社，2022.

［13］王兴伟，王凯.仓储管理实务[M].合肥：安徽大学出版社，2022.

［14］薛威.仓储作业管理[M].4版.北京：高等教育出版社，2022.